2023年浙江传媒学院科研与创作项目（Z301B23512）
"外语专业依托项目的课程思政实施途径研究"
2022年度河北省高等教育教学改革研究与实践项目（2021GJJG195）
"翻译专业依托项目的联动式课程思政创新途径研究"

新文科背景下翻译专业建设研究与实践

Research and Practice on the Development of Translation and Interpreting Program in the Context of New Liberal Arts

张明芳 ／ 著

中国国际广播出版社

图书在版编目（CIP）数据

新文科背景下翻译专业建设研究与实践 / 张明芳著. —北京：中国国际广播出版社，2023.11
ISBN 978-7-5078-5455-8

Ⅰ.①新… Ⅱ.①张… Ⅲ.①翻译－人才培养－研究－中国 Ⅳ.①H059

中国国家版本馆CIP数据核字（2023）第239114号

新文科背景下翻译专业建设研究与实践

著　　者	张明芳
责任编辑	尹　航
校　　对	张　娜
版式设计	邢秀娟
封面设计	赵冰波

出版发行	中国国际广播出版社有限公司 ［010-89508207（传真）］
社　　址	北京市丰台区榴乡路88号石榴中心2号楼1701
	邮编：100079
印　　刷	天津市新科印刷有限公司
开　　本	710×1000　1/16
字　　数	300千字
印　　张	17.5
版　　次	2023年12月 北京第一版
印　　次	2023年12月 第一次印刷
定　　价	68.00元

版权所有　盗版必究

前　言

　　新时代、新技术、新需求、新国情赋予了文科教育新使命，并对文科教育提出新要求。2018年8月，全国教育大会召开前夕，党中央明确提出，"要努力发展新工科、新医科、新农科、新文科"，自此"新文科"概念在我国被正式提出。2019年3月23—24日，在第四届全国高等学校外语教育改革与发展高端论坛上，教育部高等教育司司长吴岩做了题为《识变 应变 求变——新使命 大格局 新文科 大外语》的发言，深入探讨了外语教育面临的巨大挑战，指出高等外语教育发展要着力培养"一精多会""一专多能"的高素质国际化复合型人才。随着2020年《新文科建设宣言》和2021年《新文科研究与改革实践项目指南》的发布，我国的新文科建设逐步走向高潮。我国新文科的"新"不仅指将以数字技术、计算机技术和信息技术等为代表的新技术融入文科教育，还包含文科内部之间，文科与理、工、农、医等学科的交叉融合。新文科体现需求导向和问题导向，一方面满足国家、社会发展对文科人才的需求，另一方面通过跨学科甚至是超学科的方法解决国内面临的特别问题和国际社会面临的共同问题。这就需要文科专业的人才培养、课程设置、教学方式等打破传统的学科视域，跨越专业壁垒，寻求升级改造或交叉融合的新路径。

　　新时代下，国家需要培养"会语言、通国家、精领域"的翻译人才，翻译专业担负着培养语言服务、国际交流及国际经济合作等领域复合型人才的重任。我国的翻译专业自2006年获批至今已有十余年的发展积淀，取得了令人瞩目的成绩，进入了新的发展阶段。然而，长期以来重翻译技能、轻综合素质，重专业教育、轻通识教育，重应用能力、轻人文素养的教育观念，直接影响了翻译人才的培养质量。新文科建设给翻译专业带来了机遇和挑战。当前，翻译专业的新文科建设仍然面临以下问题：如何解决专业知识体系之间的接口问题？如何实施翻译专业融合教育？如何落实需求导向？在新文科背景下，要根据翻译专业自身的人文性、工具性、科学性、文化性特征，立足社会需求，面向学生全面发展，坚持守正创新，跨越专业藩篱，引入信息技术，转换升级现有专业以满足新时代对翻译人才的新要求。

笔者自2000年起，先后在省属重点骨干高校的英语专业和翻译专业从事外语教学与研究及管理工作。2015—2022年，担任翻译系主任，致力于翻译专业建设。在学院统筹规划和翻译系各位老师的努力下，学校翻译专业从规范发展到内涵发展再到特色发展，2017年通过学校新建专业评估和省教育厅学位申请评估，2019年获批省级一流专业建设点，2022年获批国家级一流专业建设点。在此期间，笔者成功申报了各级别教研和科研项目，陆续发表了数篇学术论文，内容主要涉及翻译或语言服务人才培养、翻译专业课程设置、翻译实践教学与翻译专业课程思政等，在翻译专业建设方面积累了一定的理论知识和实践经验。针对当前新文科背景下翻译专业建设中的问题和挑战，笔者在总结前人研究的基础上，借鉴全人教育、OBE等先进育人理念，依据相关理论，试图从翻译专业的人才培养、课程设置、课程思政、实践教学和创新创业教育等方面探讨翻译专业建设中的一些共性问题和解决路径，为新文科背景下的翻译专业建设添砖加瓦。本书中关于翻译专业的建设实践主要以笔者所在省属重点骨干高校的翻译专业为例。

本书共有八章。第一章首先介绍了新文科概念的由来，讨论了新文科的定义及内涵，并回顾了新文科与外语专业建设研究，主要涉及外语专业新文科建设路径与复合型外语人才培养研究。第二章论述了新文科背景下翻译专业融合式教育，包括需求融合、目标融合、内容融合与方法融合。第三章从翻译人才培养研究概况和需求分析入手，重点论述了翻译专业定位、特色与创新，基于 OBE 的复合型翻译人才培养方案以及翻译专业产学研协同培养模式。第四章梳理了翻译专业课程设置研究概况，介绍、分析了部分高校翻译专业的课程设置，并论述了翻译专业"1+3"课程体系、课程特色、课程群建设以及新文科背景下依托项目的课程研究。第五章回顾了国外德育改革与研究概况以及国内外语课程思政研究现状，并分别对翻译专业思政和翻译专业课程思政途径进行研究，构建了翻译专业核心价值体系、支撑关系矩阵及依托项目的联动式课程思政途径，对依托项目的翻译专业课程思政教学进行了实证研究。第六章构建了从课堂到课外、从校内到校外的多维立体的实践教学体系，介绍了翻译专业的实践、实训教学条件，依托项目的翻译实践，依托项目的翻译工作坊平台与教学模式架构，产教协同育人和专创融合育人的实践与成效。第七章简要回顾了国内创新创业教育研究现状，构建了面向翻译专业学生的创新创业能力指标体系，调查了七所高校翻译专业学生创新创业能力情况，提出翻译专业创新创业教育途径，并介绍了翻译专业依托项目的创新创业教育实践与成效。第八章分别从宏观层面和微观层面论述了翻译专业建设规划的顶层设计和翻译专业教育教学的具体举措。

　　鉴于笔者的认知水平、时间和篇幅有限，本书无法涉及翻译专业建设的方方面面。因此，仅讨论了新文科背景下翻译专业人才培养、课程设置、课程思政、实践教学、创新创业教育、专业规划和教育教学改革等方面的内容，以期为外语类一流专业建设提供理论支撑、实证数据和实践路径。

　　在此，特别感谢在本书编写过程中给予悉心指导和大力支持的各位专家学者、共同工作过的翻译系同人，还要感谢中国国际广播出版社耐心、规范和专业的工作。在本书撰写过程中，笔者参考借鉴了国内外相关文献资料和研究成果，谨在此向这些作者表示由衷的敬意和感谢。由于经验和水平有限，书中难免有疏漏和不妥之处，恳请广大读者、同行、专家批评指正。

张明芳
2023 年 3 月于杭州

目 录

第一章　新文科背景下外语专业建设 / 001

第二章　新文科背景下翻译专业融合式教育 / 016

第三章　基于 OBE 的复合型翻译人才培养 / 037

第四章　新文科背景下翻译专业课程建设 / 065

第五章　新文科背景下翻译专业课程思政建设 / 117

第六章　新文科背景下翻译专业的实践教学体系 / 170

第七章　新文科背景下翻译专业依托项目的创新创业教育 / 189

第八章　新文科背景下翻译专业建设规划和教育教学改革 / 208

参考文献 / 215

附　录 / 236

第一章
新文科背景下外语专业建设

2006年,教育部发布《关于公布2005年度教育部备案或批准设置的高等学校本专科专业结果的通知》(教高〔2006〕1号),翻译作为一门专业取得了合法地位(仲伟合,2011)[20]。同年,复旦大学、广东外语外贸大学与河北师范大学三所高校获批翻译专业(Bachelor of Translation and Interpreting,BTI),开始招收翻译专业本科生。2007年,教育部批准设立翻译硕士(MTI)专业学位,2012年翻译专业从"目录外专业"进入"基本专业目录"。2022年,翻译(0551)在《研究生教育学科专业目录(2022年)》中被列为一级学科,与此同时,共新增23个专业博士学位,翻译博士专业学位(Doctor of Translation and Interpreting,DTI)也是其中一个。这一年,成为专业博士学位新增数量最多、涵盖学科领域最广的一年(穆雷等,2022)。西方和中国香港地区的高校早在20世纪70年代就开始培养翻译方向的本科生、硕士生和博士生(2006),而我国本科翻译专业虽起步较晚,但经过十余年的建设,已取得显著的发展与进步。截至2022年2月,全国累计有301个翻译本科专业(BTI)授权点,301所培养高校,其中部分本科院校开设了翻译本科第二学位。截至2022年9月,全国共有316个翻译硕士专业学位(MTI)授权点,319所培养高校(中国地质大学、中国石油大学和中国矿业大学三所高校均设置了异地办学校区)。我国翻译专业教育已经进入了规模化发展阶段,在新时代面临新文科建设带来的机遇与挑战。本章具体内容包括"新文科"概念的由来、"新文科"的定义及内涵、新文科与外语专业建设。

一、"新文科"概念的由来

（一）国外"新文科"概念

相当一部分学者认为，"新文科"是美国希拉姆学院（Hiram College）于2017年首次提出的，但是有的学者并不认同这一说法。希拉·托拜厄斯（Sheila Tobias）曾提到，"任何为文科生定义和整合有关工程和技术的课程的努力，都必须考虑到一个主要前身，斯隆基金会的新文科倡议（New Liberal Arts Initiative），其在1980—1990年斥资2000万美元，定义、启动并实施了一系列范围广泛的课程和项目，将技术和定量素养纳入古典文科的研究领域"。由此可以看出，"新文科"概念于1980年由美国斯隆基金会首次提出。1981年，美国学者史蒂芬·怀特（Stephen White）出版"新文科"小册子。1982年，《自然》（Nature）杂志对此发表了一篇短评，即《文科的新出路》。1984年，麻省理工学院出版跨学科的语言研究专著《语言的生物学视野》，同时纽约州立大学研究基金会也出版了"新文科系列"的研究专著。"新文科"自1980年首次提出，已有40多年的历史。2017年，美国希拉姆学院的院长瓦洛塔（Varlotta）面对财政和招生压力，表示"文理学院的传统教学理念、科目和安排已经完全不能适应新时代的要求。如果继续因循守旧，文理学院就消失了"，因此她提出"新文科"，主张文科专业应进行专业重组，把以数字技术、计算机技术和信息技术为代表的新技术融入哲学、文学和语言学等课程，以打破专业壁垒，进行综合性的跨学科学习（胡开宝，2020）[14]。希拉姆学院重新组建了5个跨学科学院：艺术、人文和文化学院（School of Arts, Humanities and Culture），教育、公民领导力与社会变革学院（School of Education, Civic Leadership and Social Change），健康与医学人文学院（School of Health and Medical Humanities），斯卡伯勒商业与传播学院（School of Scarborough Business and Communication），科学与技术学院（School of Science and Technology）。前两个学院均体现了文文结合，第三和第四个学院分别体现了文商结合和文医结合。希拉姆学院为学生开设29个专业和38个辅修专业，新文科的教学安排主要包含4个要素：一年级的共同体验（Common first year experience）、专业融合（Integrated major）、连贯性内核（Coherent core）和体验式学习（Experiential learning）。一年级的共同体验面向学生的思考与自我反省，专业融合指学院内部和跨学院的专业融合，连贯性内核指的是学生本位的学科关联和融合，体验式学习强调将所学运用于现实世界。此外，希拉姆学院还推出体验式、高影响力活动项目（Experiential, High Impact Activities）以及技术和跋涉项目（Tech and Treck）。体验式、高影响力活动项目中的体验式活动通过希拉姆连接项目（Hiram Connect）实施，在课堂体验和课外体验之间建立连接，主要经历4个步骤：持续问题研讨会（Enduring Questions Seminar）、专业申报（Declaration of Major）、体验式学习（Experiential Learning）、毕业项目（Capstone Project）。第一个步骤：持续问题研讨会面向大一新生，设在第一学期，主要介绍大学生活和学习，引导学生考虑想要从生活中得到什么，以及个人以前的经验和理解怎样与新观点相适应或受到新观点的挑战。第二个步骤：专业申报，大二（或更早）学生与顾问深入讨论他们毕业后将从事的职业，并根据他们的愿望选择专业。第三个步骤：体验式学习，这正是希拉姆连接项目的核心，目的是教会学生如何在课堂所学和世界上正在发生的事情之间建立联系，并由高影响活动（High Impact Activities），如实习、出国留学、重大研究项目等实现。第四个步骤：毕业项目，在第三步的基础上，学生将选择并仔细分析与各自研究领域相关的问题或主题，并向观众展示他们的研究发现或项目。学生的学术经验和旅程反思将为他们下一步的成功做好准备。在体验式学习的过程中，学生在本科阶段要不断回答5个问题（the 5 C questions）。①课程（Curriculum）：我应该知道什么？知道后应该怎么做？我应该学习什么？②事业（Career）：我可以从事什么工作？我应该怎样为从事这项工作做准备？③呼唤（Calling）：我在哪里可以找到人生的意义？什么会给我人生目标？④人物（Character）：我想成为谁？我将如何成为最好的自己？⑤社区（Community）：我属于哪里？我可以在哪里服务？这5个问题都是从学生角度出发，实际上就是关于"学什么、怎么学、为什么学"的问题，逐步从个体发展到社区服务。技术和跋涉项目（Tech and Treck）是一个综合性的移动技术项目，通过收集整理文件、多媒体演示、学术成果展示等，让学生分享他们在课堂、留学、实习中的经历和想法，帮助学生开辟通往更高学位的道路。该项目的主要目标是"反思性技术运用"（mindful technology），即教会学生在本科学业中创造性和批判性地使用技术指导自己。

（二）国内"新文科"概念

"新文科"在我国的提出基于复杂的时代背景。第一，21世纪人类面临一系列新问题，如人口问题、粮食问题、环境问题、生态问题、能源问题等，同时人类面临越来越多超越国界的问题，如恐怖主义、跨国犯罪、贫富差距、金融危机、传染疾病等，这些复杂问题很难依靠单一学科、单一领域、单一国家得以解决，需要从跨学科甚至超学科视角各方通力合作解决。第二，新技术改变了文科的人才培养方式和学术研究范式。大数据逐渐应用到文科的学术研究，被称为第四范式。通过数据采集、分析和挖掘，发现和揭示新的问题，再运用和发展相应的理论，使得理论基于数据和事实，它更多关注的是问题或数据之间的相关关系。这也打破了人文社会科学研究"单打独斗"的封闭研究模式，转而走向开放和共享的协作研究和学习模式（周毅 等，2019）[54]。例如，语料库和术语库是翻译文本数据化的体现，智慧教室、慕课、微课、仿真实训室等信息化和智能化技术改变了传统的文科人才培养方式和教学方式。第三，新需求推动了传统文科向新文科的转变。当今社会需要更多的知识密集型、知识复合型、知识创新型人才，而对劳动密集型人才的需求明显减少。社会发展不仅需要高素质的科技人才，而且需要高素质的文科人才，这就迫切需要提高文科教育质量，需要文科教育的创新发展。第四，新国情对文科教育提出了新要求。新国情需要我们理论自信、文化自信、制度自信，打造具有中国特色、中国风格、中国气派的哲学社会科学学术话语体系与中国特色对外话语体系，增强我国的文化软实力及中国特色对外话语的国际传播能力，传播中国文化和中国方案，贡献中国智慧，从而赢得国际话语权。

新时代赋予了文科教育新使命，而文科人才培养质量不能满足新时代国家和社会发展的需求，这就要求文科教育必须加快创新发展。2018年8月，全国教育大会召开前夕，党中央明确提出，"要努力发展新工科、新医科、新农科、新文科"，自此"新文科"概念在我国被正式提出。2019年2月26日，在教育部召开的2018年全国教育事业发展基本情况年度发布会上，教育部高等教育司副司长范海林提出通过大力发展新工科、新医科、新农科、新文科，优化学科专业结构，推动形成覆盖全部学科门类的中国特色、世界水平的一流本科专业集群。2019年3月23—24日，在第四届全国高等学校外语教育改革与发展高端论坛上，教育部高等教育司司长吴岩做了题为《识变 应变 求变——新使命 大格局 新文科 大外语》的发言。发言围绕新时代高等外语教育的"三变、两新、两大"，即识变、应变、求变、新使命、大格局、新文科、大外语，深入探讨了外语教育面临的巨大挑战，提出了改革与发展的总体要求、总体思路、总体措施和总体目标，指出高等外语教育发展要着力培养"一精多会""一专多能"的高素质国际化复合型人才。2019年4月29日，教育部、中央政法委、科技部等13个部门联合启动"六卓越一拔尖"计划2.0，明确地提出要"全面推进新工科、新医科、新农科、新文科建设，提高高校服务经济社会发展能力"。随后，2019年6月20日，吴岩司长又在高等学校专业设置与教学指导委员会第一次全体会议上指出，以"四新"的质量革命推动高等教育的内涵式发展。2020年11月3日，新文科建设工作会议在山东大学（威海）召开，会议发布了《新文科建设宣言》，对新文科建设做出了全面部署，即要坚持走中国特色的文科教育发展之路，坚持尊重规律、立足国情、守正创新和分类推进，构建世界水平、中国特色的文科人才培养体系。《新文科建设宣言》的发布将我国的新文科建设推向高潮。2021 年 3 月 5 日，教育部办公厅发布《关于推荐新文科研究与改革实践项目的通知》（教高厅函〔2021〕10 号），并公布《新文科研究与改革实践项目指南》，设新文科建设发展理念、专业优化、人才培养模式改革、重点领域分类推进、师资队伍建设、特色质量文化建设研究与实践 6 个选题领域、22 个选题方向，项目建设周期一般为 3 年。

二、"新文科"的定义及内涵

自 2018 年"新文科"概念在中国正式提出，学者们陆续探讨了新文科的内涵与特征。王铭玉和张涛（2019）[3] 认为，"新文科是相对于传统文科而言的，以全球新科技革命、新经济发展、中国特色社会主义新时代为背景，突破传统文科的思维模式，以继承与创新、交叉与融合、协同与共享为主要途径，促进多学科交叉与深度融合，推动传统文科的更新升级，从学科导向转向以需求为导向，从专业分割转向交叉融合，从适应服务转向支撑引领"。周毅和李卓卓（2019）[54-55] 将新文科的特征归纳为四"新"：新交叉、新功能、新范式和新路径。新交叉指在史哲融通、政经哲融合等人文社会科学领域相关学科专业之间的整合基础上，在更大跨度范围内进行学科专业交叉人才培养。新功能指新文科具有重要的文化属性，新文科的发展将为文化自信的确立培养人文社会科学人才。新范式是第四范式在文科教育中的实践探索。科学研究经历了从"实验归纳"到"模型推演"，再到"仿真模拟"的三次范式革命，现在正在经历第四次范式革命，即"数据密集型科学发现"（Data-Intensive Scientific Discovery）。第四范式为人文和社会科学研究提供了"第三只眼"——数据之眼，即可以通过数据采集、分析和挖掘，发现和揭示新的问题，再运用和发展相应的理论，使理论基于数据和事实，它更多关注的是问题或数据之间的相关关系。这也打破了人文社会科学研究"单打独斗"的封闭研究模式,转而走向开放和共享的协作研究和学习模式。新路径强调文科教育的质量发展路径,具体需要两个模式:一是对现有文科人才培养模式、课程体系与内容等进行升级改造,目标是引导现有文科人才在已有行业或专业领域中发挥创新和引领作用,从而实现该专业领域内卓越拔尖人才培养;二是直接对接新兴领域的实践需要,培育或创造一个全新的文科人才培养路径,以适应新兴领域对文科人才的特定需求,这类专业培养应具有明确的指向性和针对性。胡开宝(2020)[14]认为,新文科是指对传统文科进行学科重组,实现文科内部以及文科与自然科学学科之间交叉与融合之后形成的文科,其特征主要表现为问题导向、交叉融合、新技术应用和创新性发展。本质上,新文科是对现代高等教育知识精细化、专业化和学科化的反拨。赵奎英则认为,新文科不只代表着学科之间的交叉融合,还与"超学科"概念有相通之处,代表着一种最高层次的不同学科之间、学科与非学科之间的交叉、跨越和融合,专业内学者与"专业外"的各行各业人士的跨界合作,代表着一种解决生活世界存在的复杂问题、打破学科与非学科界限的新型研究和教育。

由此可见,学者们对新文科提出了自己理解和阐释,虽表述各异,但达成一定共识,即交叉融合、需求导向与问题导向。我国新文科的"新"不仅指将以数字技术、计算机技术和信息技术等为代表的新技术融入文科教育,还包含文科内部之间,文科与理、工、农、医等学科的交叉融合。新文科以需求为导向,而非以学科为导向,旨在满足国家、社会发展对文科人才的需求,这就要求文科专业的人才培养、课程设置、教材建设等打破传统的学科视域,从国家、社会发展需求入手。问题导向则强调文科教育面向解决现实世界存在的复杂问题,需要跨越学科和专业壁垒,通过跨学科甚至超学科的方法解决国内面临的特别问题和国际社会面临的共同问题。此外,新文科具有重要的文化属性,文科专业的发展要以文化自信为指导,发现、表达、传播、挖掘、保存和创新文化(周毅 等,2019)。

对于翻译专业建设，要尊重世界文化的多样性，同时积极翻译并传播中国特色社会主义文化，即中华优秀传统文化、革命文化和社会主义先进文化，传播中国文化、中国声音、中国方案，向世界贡献中国智慧。新文科还意味着研究范式和教育教学方式的转变，即运用大数据、人工智能、云计算等现代信息技术手段，从传统文科的研究范式和教育方式转向开放与共享的协作研究和教育教学方式。协作研究不仅仅是学科之间的跨学科协作，还是学科和非学科之间的协作，这就意味着各行各界的跨界协作。互联网、人工智能、云计算、大数据等现代信息技术手段正与文科教育教学深度融合，为教育教学方式逐渐向混合式教学、翻转课堂、智慧教学、协作教学、虚拟仿真教学等方式的转变提供技术支撑与保障。

三、新文科与外语专业建设

本研究以"新文科 外语专业""新文科 复合型外语人才"为主题检索中国知网 2018 年 1 月 1 日—2022 年 9 月 4 日的中文文献，共获得 103 篇相关文献。由图 1.1 可以看出，关于新文科背景下的外语专业建设和复合型外语人才培养的研究主要集中在 2019—2022 年，由 2019 年的 3 篇、2020 年的 16 篇、2021 年的 53 篇上升至 2022 年的 74 篇，保持逐年递增趋势。自 2020 年《新文科建设宣言》发布以来，近两年的研究迅速增长。随着 2021 年《新文科研究与改革实践项目指南》的发布，可以预见，未来又将继续涌现一系列的新文科建设研究成果。

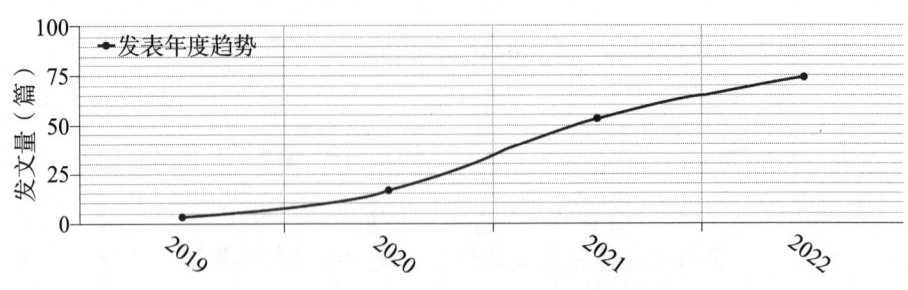

图 1.1　2019—2022 年相关研究发表数量变化趋势

根据图 1.2 的关键词统计，该领域的研究主要集中在新文科、外语专业、文科建设、课程思政、外语人才培养、外语学科等主题上。参考图 1.2，结合文献研读，笔者将该领域研究分为 7 项内容：外语学科 / 专业的新文科建设途径、复合型外语人才培养、外语专业课程思政、外语教学、外语教师发展、外语专业学生能力培养与外语专业教材改革。下面重点介绍前两项研究内容。

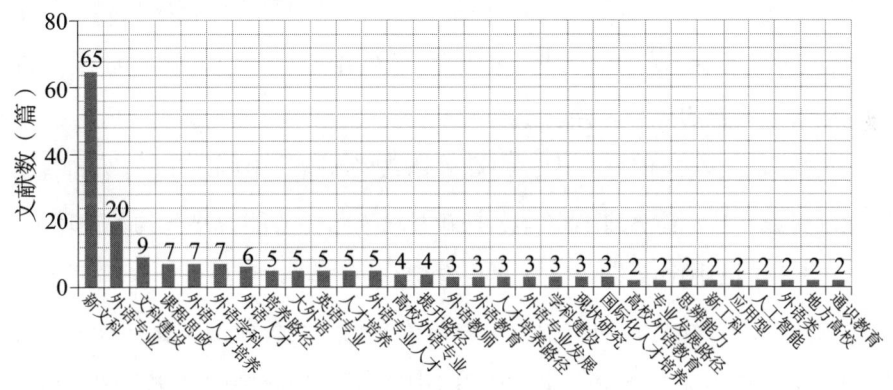

图 1.2　关键词统计图

（一）外语学科 / 专业的新文科建设途径

学者们针对外语学科或外语专业的新文科建设，从不同视角提出了相应的建设路径和方法。

（1）学科、专业融合，促进外语学科、专业内涵建设。周毅和李卓卓（2019）[55] 认为，新文科的建设路径有两种，一是对现有文科人才培养模式、课程体系与内容等进行升级改造，目标是引导现有文科人才在已有行业或专业领域中发挥创新和引领的作用，从而实现该专业领域内卓越拔尖人才培养；二是直接对接新兴领域的实践需要，培育或创造一种全新的文科人才培养路径，以适应新兴领域对文科人才的特定需求。王铭玉和张涛（2019）[3] 提出，"以继承与创新、交叉与融合、协同与共享为主要途径，促进多学科交叉与深度融合，推动传统文科的更新升级，从学科导向转向以需求为导向，从专业分割转向交叉融合，从适应服务转向支撑引领"。

胡开宝（2020）[17]建议开设以外语专业为主，以信息技术或人工智能技术相关专业为辅的外语专业跨学科专业，还可以将与大数据技术、信息技术或人工智能技术相关的课程有机融入现有外语专业课程体系。唐衍军和蒋翠珍指出，人文社会科学领域的教育不应局限于各自的专业，要与信息科学、统计学、人工智能、脑科学、大数据与云计算、网络信息安全等学科紧密结合，走向多学科融合的新文科发展道路。王俊菊认为，外语学科应顺应当今从分化走向综合、从碎片走向整合的大趋势，追求学科融合和学科破壁，走"外语+人文""外语+社科""外语+理工""外语+医学""外语+农科"等融通复合之路。

（2）融入现代信息技术，提高外语教学质量。例如，唐衍军和蒋翠珍强调将数字技术融入课程教学，是新文科人才核心能力培养的关键环节。

（3）传播中国文化，建立文化自信。彭青龙认为，外语学科要利用与生俱来的语言优势，助力中华优秀传统文化、红色革命文化与社会主义先进文化对外传播，让世人全面认识中国，深切理解中国梦想、中国精神以及中国价值观的积极内涵。外语教育已进入历史新节点，面临文科新使命：如何对中国优秀文化进行国际传播？如何构建中国特色对外话语体系？如何讲好中国故事？

（4）引入现代信息技术，转变外语学科研究范式。胡开宝（2020）[14]认为，新文科一方面强调采用科技手段研究人文社会科学，另一方面关注与科技发展相关的人文社科问题，主张从文科视角分析科技发展的前景。A（Artificial intelligence，人工智能）B（Big data，大数据）C（Cloud computing，云计算）现代科技手段的运用推动了外语学科由传统研究范式转向第四研究范式。例如，数字人文研究作为一种开放共享的协作研究，通过挖掘、分析数据，发现新问题，运用或发展相应的理论，理论以数据和事实为基础，它更多关注的是问题或数据之间的相关关系。

（5）立足中国，构建中国特色外语学科话语体系。郭英剑从四个方面，即外语学科的思想理论体系、完备的外语学科知识体系、中国学者的自主性、国际舞台上的话语权论述了如何构建中国特色外语学科话语体系，并指出要处理的三对矛盾：民族性与世界性、外国知识与中国立场、输入与输出。总之，由于外语学科具备人文性、工具性、科学性、文化性的学科属性，外语学科的新文科建设要坚持守正创新，一方面加强传统文科或专业的升级改造，另一方面根据国家、社会发展需求从新专业、新模式、新课程、新方法、新理论等方面进行系统建设。

（二）复合型外语人才培养

马骁认为，新文科建设的根本是优化课程设置体系、培养复合型人才。我国外语界大致形成了两种复合型外语人才培养模式。一是"外语＋专业知识""外语＋专业方向"的专业复合式，主要培养懂外语的专门人才或从事各类专业的口译、笔译人才。比如，在加强外语基本功的同时，为学生提供用中文或外文开设的经贸、外交、法律、新闻或其他专业知识课，培养专业复合型人才。二是"外语＋外语"的语言复合式，主要指培养的人才除了母语，能够比较熟练地掌握两种以上的外语，具有多外语交流能力。与单一性语言类人才不同的是，此类人才各种语言能力均衡发展，相关国际知识丰富，能够适应经济全球化对外语人才的需求（蒋洪新，2019）[11]。为了响应国家的新文科建设和双一流建设，各类高校在复合型外语人才培养上做了积极的探索和实践。

（1）新文科背景下外语类高校复合型外语人才培养实践。上海外国语大学从国家和区域发展需求出发，积极探索高端国际化外语人才培养新机制，构建并实践了"多语种＋领域方向"语言复合式外语人才（卓越国际化人才）培养体系。"多语种"指精通两门以上外语，"领域方向"指与社会经济文化发展紧密结合的学科领域。两者并不是简单地相加，而是通过课程整合、实践活动和协同培养等方式达到深度融合，以辅修专业平台、项目证书平台和大类课程平台等形式面向多语种学生进行多维度、多层次复合培养。北京外国语大学坚持"内涵、融合、特色"发展，突出多语种特色，积极探索"英法双语＋专业方向""英语＋其他联合国工作语言+专业方向""英语+非通用语+专业方向"等复合型外语人才培养模式。同时，北京外国语大学外国语学院坚持"人文为本，多元发展"理念，在拓实传统语言文学的基础上，转向区域国别领域导向的培养模式（王寰，2021）[152-154]。西安外国语大学在外语类专业中推行"外语+专业"和"外语+外语"复合型人才培养模式，在非外语类专业中推行"专业+外语"模式。在专业培养中加大模块化、特色鲜明的课程群建设，鼓励开发综合性、问题导向、学科交叉的新型课程，设置10个分层次、可组合、可进阶的跨学科、跨专业课程群，学生可自由选择课程模块进行第二专业学习。由低到高设有4学分的校本特色课程让学生了解另一专业的基础知识、8学分的微专业学习让学生初步掌握另一专业核心知识，还有20学分的辅修专业课程、60学分的辅修学位课程。跨学科、跨专业课程群体现了个性化、模块化、多元化的复合型人才培养模式（王军哲，2020）[4]。大连外国语大学通过建立复合型教师队伍、基于内容的教学和国别与区域融合型教材实施"外语+国别与区域"的复合型外语人才培养模式。

（2）新文科背景下综合性高校复合型外语人才培养。山东大学作为全国新文科教育研究中心，利用其综合性高校的优势，引领新文科建设。山东大学提出"新专业、新模式、新课程、新理论"四位一体的新文科建设模式，打破学科专业壁垒，推动文科专业之间深度融通，设置"国际政治+国际经济与贸易""英语+国际经济与贸易""英语+法律""英语+国际政治"新文科方向双学士学位人才培养项目，培养国家急需的复合型国际化人才；还首创"微专业"项目，围绕某个特定学术领域、研究方向或者核心素养，提炼开设一组核心课程，打造轻量型专业结构，并立项45个微专业项目，探索形成了"3M"（主修Major，辅修Minor，微专业Micro）多元化人才培养体系。南京大学外国语学院曾尝试"多项选择，分类培养"的模式，把外语人才分为研究语言文学文化的高深学问类、融合文史哲经管法的经邦济世类和高端语言能力服务的就业创业类。四川大学通过跨学院合作打造了一系列跨学科通识课程，如3个学院联合开设"智人的觉醒：生命科学与人类命运"课程，9个学院共同打造"生命哲学：爱、美、识"课程等，突出厚通识、宽视野和多交叉。

（3）新文科背景下师范类高校复合型外语人才培养。王卓等制定了师范类英语专业人才培养方案，提出"五化"方案，即课程模块特色化、语言技能知识化、专业知识技能化、课程设置贯通化和课堂教学技术化。王卓（2022）[85]从OBE理念出发，论述了师范类外语专业文学课程设置、课程体系、课程内容和授课模式，在内涵、外延、机制、重心等方面均呈现出全新的特点，提出"反向设计、正向施工"的文学教育体系。苗兴伟（2021）认为，师范类院校的外语专业融合了外语专业和教师教育专业的内容，具有复合型人才培养的特点。要根据"内涵式发展、分类卓越"的要求优化专业结构，建设符合新时代要求的师范人才培养体系，实施"分类卓越"培养路径，加强外语课程思政建设，将信息技术深度融入外语课程教学，加强跨学校和跨区域的交流与合作。

（4）新文科背景下复合型商务外语人才培养。王立非和宋海玲（2021）[33]以新文科建设的核心任务为指引，探讨了复合型商务英语专业定位和人才培养的核心理念，阐述了商务英语人才培养的"五复合"路径。

（5）新文科背景下翻译人才培养。胡安江（2021）[68]提出，翻译专业教学管理和人才培养需要充分树立分工合作、开放共享的翻译教育互联网思维，不断深化技术赋能意识和学科融合理念，全面推进翻译专业在线数字教育，充分对接职业化与市场化对翻译人才培养的新需求，积极构建翻译人才的国际化培养体系。韩林涛、刘和平（2020）[59]基于北京语言大学翻译专业在跨学科语言服务本科人才培养方面的经验，从培养目标、契合点、培养内容和手段等不同角度探索了"翻译+技术"人才培养模式。

综上所述，外语复合型人才培养模式主要有三种：外语+专业（方向）、外语+外语、专业+外语，具体通过跨专业课程模块、辅修专业、双学位、微专业、项目证书等实施复合培养，体现了模块化、个性化、多元化的外语人才培养特点，有利于拓宽学生的知识面，培养学生的跨学科思维并增强其竞争力。

复合型外语人才出现于20世纪80年代末,主要有外语+专业(方向)、复语(多语)、专业+外语三种模式。前两者为外语类专业所采用的复合型人才培养模式,后者为非外语类专业采用的复合型人才培养模式。这说明外语界在40年前就已经开始探索学科与专业的复合,但复合的领域或专业一般局限在本学科和人文社科领域,主要采用外语+人文、外语+外语、外语+社科模式。自2018年"新文科"概念正式提出,学科与专业的融合扩展到更广泛的领域或学科,出现"外语+理、工、农、医"等。然而,目前外语专业的新文科建设仍然存在以下几个问题。

一是接口问题。如何解决好学科专业或知识体系之间的科学衔接和有机组合是一个难题(周毅 等,2019)[54]。目前,国内高校主要通过增加某个相关专业课程模块或课程群,以专业选修、专业辅修、双学位等形式实施"外语+"复合型人才培养,这就难免导致不同专业或领域课程只简单叠加,实际并没有建立起关联,反而增加学生的学习负担,影响外语专业课程的学习,出现"1+1<2"的效果。

二是融合问题。国内个别代表性高校在学科、专业融合方面做了很好的尝试。例如:西安外国语大学设置了跨学科、跨专业课程群,主要是以综合性、问题导向、学科交叉为特点的新型课程;山东大学采用3M模式,首创微专业;四川大学通过跨学院合作打造了一系列跨学科通识课程。但是其他大多数高校由于缺乏跨学科师资队伍、科学的顶层设计、融合性教材等,还难以开设上述跨学科课程。

三是导向问题。新文科背景下的专业建设和人才培养已经从学科导向转向需求与问题导向。需求导向和问题导向虽然已被广泛接受,但是在实际的课程设置和人才培养方面,还存在以学科导向为主的现象。需求导向更多地体现的是国家和社会的发展需求,往往忽视学生个人的发展需求和问题导向,问题导向的综合性课程设置更是罕见。

针对上述问题,笔者有以下几点建议。

第一，如何解决专业知识体系之间的接口问题？一方面，坚持问题导向，整合相关课程，建立相关专业知识之间的系统联系，开设综合性课程，这种整合具有一定的难度和挑战性；另一方面，设置综合性实践项目，让学生在做项目的过程中，学习和运用专业知识、跨学科知识，实现不同专业知识之间的关联与互动，将课堂学习延伸至课外与校外。

第二，如何解决专业融合问题？首先要考虑与哪个学科或专业融合，这种融合是否符合国家与社会发展需求、是否符合学生个人发展需求、是否符合本校的办学特色与定位。其次要做好顶层设计，通过跨学院合作联合打造融合性课程、融合性师资队伍与融合性教材。

第三，如何解决导向问题？需求导向要真正落实，需要采用基于OBE的反向设计理念，基于社会、行业、学生和学科需求分析，根据《普通高等学校本科专业类教学质量国家标准》（简称《国标》）、《普通高等学校本科外国语言文学类专业教学指南》（简称《指南》）、学校相关政策确定人才培养目标、毕业要求，设置相应的课程体系，并使各门课程做到逻辑衔接、循序渐进、融会贯通，避免脱节和不必要的重复。

第二章
新文科背景下翻译专业融合式教育

复合型外语人才培养的改革与实践在我国取得了令人瞩目的成就，不仅满足了我国经济社会发展的需要，而且还带动了外语学科的发展，提高了我国外语教育事业的整体水平（文旭 等，2018）[51]。自2018年新文科概念提出，外语类高校、综合类高校、师范类高校、理工类高校积极探索新文科背景下的复合型外语人才培养，试图突破学科壁垒，跨越专业藩篱，引入信息技术，转换升级现有专业或创建新专业以满足新时代对外语人才的新要求，并取得了一系列成就与成果。然而，复合型外语人才培养仍面临一些问题和挑战：由于职业化倾向和功利主义倾向，外语专业的学科属性趋于模糊；教育理念和教学方式相对落后，不利于满足学生个性化需求，阻碍了学生全面发展；课程设置与培养目标不匹配，直接影响外语人才培养质量；课程体系注重技能训练，固守教学套路，学生思辨和创新能力不足；外语专业教师大多缺乏诸如经济、外贸、法律、新闻等相关专业知识，难以达到复合型外语人才培养对师资的要求（文旭 等，2018）。蒋洪新（2019）[12]认为，我国外语专业复合型人才培养仍存在以下不足：重技能轻素质、重专业轻通识、重应用轻文化。在近年的新文科建设中，外语类专业面临着专业知识体系之间的接口问题、融合问题、需求导向的落实问题。如何克服上述不足、解决上述问题也正是新文科背景下翻译专业建设的关键所在。笔者遵循《指南》的指导思想，依据全人教育理念、人本主义理念和 I-CARE 学习理论，从需求分析入手，试图构建翻译专业新文科建设途径——翻译专业融合式教育。

一、翻译专业融合式教育的政策与理论依据

（一）《指南》的指导思想

《指南》把翻译专业的人才培养目标描述为"旨在培养具有良好的综合素质和职业道德、较深厚的人文素养、扎实的英汉双语基本功、较强的跨文化能力、厚实的翻译专业知识、丰富的百科知识和必要的相关专业知识，较熟练地掌握翻译方法和技巧，能适应国家与地方经济建设和社会发展需要，能胜任各行业口笔译等语言服务及国际交流工作的复合型人才"（教育部高等学校外国语言文学类专业教学指导委员会英语专业教学指导分委员会，2020）[25]。这一人才培养目标描述不仅涵盖了知识、能力和素质目标，而且强调了需求导向，指明了人才特征，即复合型人才。其中知识目标包括专业知识、百科知识和必要的相关专业知识，这就意味着译者不仅是一位专家，也是一位杂家，不仅要拥有厚实的翻译专业知识，还要涉略其他相关百科知识或跨学科知识。能力目标由社会需求、翻译专业属性以及翻译活动特点决定，涉及双语应用能力、跨文化能力和翻译能力，前两项能力是翻译能力的前提。素质目标包含综合素质、职业道德和人文素养。从最后一句可以看出，翻译专业的人才培养从学科导向转为需求导向，即满足国家、社会和语言服务行业的发展需求。

（二）全人教育与人本主义理念

1. 全人教育

全人教育理念是由美国教育思想家罗恩·米勒（Ron Miller）首次提出的。他认为全人教育就是要让教育符合自然的基本现实。自然是动态的、相互联系的，而我们的教育系统是静态的、支离破碎的。他将"全人教育"

定义为对人的整体教育，包括身体、心灵和精神。全人教育的目标是帮助学生看到事物之间存在的内在联系，其核心是追求个人和社会的持续成长，涉及联结性、包容性和平衡感三个原则。具体来说，联结性是指学科之间的联系、学校成员之间的联系、他人与自我的联系。包容性指教育工作者面对不同水平和背景的学生应该平衡传导性学习（Conductive Learning）、交换性学习（Exchange Learning）和转换性学习（Transformational Learning）三种方法。平衡感指在各种学习重点之间找到平衡，如个人学习和团体学习、分析思维和直觉思维、内容和过程、学习和评估等。文旭（2018）将全人教育概括为五个方面：重视全面挖掘个人的能力和潜力，强调教育的目的是培育人的整体发展，强调联系，寻求个体间的理解与生命的意义；关注人生经验，而不是狭隘的"基本技能"；强调学习者要对身处其间的文化、道德、政治环境具有批判性思维，致力于人类文化的创造和改造；侧重培养学生的人文精神；倡导跨学科知识的整合学习。文旭提出的第一个方面体现了教育的整体性与包容性，第二、第五个方面与罗恩·米勒的连接性相一致，第三、第四个方面分别强调批判性思维和人文精神，二者是针对我国外语人才培养中的问题而提出。全人教育是"以人为本"和"以社会为本"的结合。

在我国，有关全人教育的智慧渊源可以追溯到《易经》和《道德经》。《易经》提倡的"天人合一"显示了人与自然的紧密联系，有助于人类与自然和谐共存。《道德经》提倡的"道法自然"也阐述了个人与宇宙万物的相互联系，并指导人类在生活中遵循自然之道。而全人教育强调自然的完整性和系统性，帮助学生看到世界万物之间存在的自然联系，这正与我国《易经》《道德经》倡导的"天人合一""道法自然"有着异曲同工之处。早在2000多年前，孔子就对教育目标、教育内容、教育方法提出了自己的主张和见解，回答了"为什么教、教什么、怎么教"的问题。他提出"为君子"的教育目标，引导弟子们在为学、为政、为人的修习中充分认识世界，并树立起合理的、坚定又恰切的人生观、价值观，从而成为一个随心所欲而不逾矩的全面发展的人（郑晨瑶，2021）[50]。这一教育目标体现了全人教育理念，突出了教育不仅满足社会发展需求，还满足个性发展需求的特点，强调了知行合一的教育之道。教育目标的实现有赖于教育内容。根据"为君子"的教育目标，孔子将"文、行、忠、信"作为教育内容，以礼和内在道德性为核心，坚持因材施教，全面培养学生的知、情、意、行。孔子的教育内容在融合社会需求和个体需求的基础上，通过文本内容和社会实践结合、学思行结合，在传授知识的同时，塑造学生的品格与个性。孔子的教育方法面向学生自主发展，通过师生对话、启发引导、因材施教，使学生从"知之"到"好之"再到"乐之"，达到知、情、意、行的协调发展。尽管孔子是从"教"的视角提出教育主张，但是同时也折射出"学"的一面，回答了"为什么学、学什么、怎么学"的问题。孔子关于全人教育的主张和理念具有前瞻性，对当代高校人才培养工作仍具有引领价值，对当前的课程思政教育也具有积极的参考价值。

2. 人本主义理念

西方学者从不同角度解析了学习。行为主义把学习看作习惯养成的过程，而习惯是通过不断地模仿与重复养成的。为了促使习惯的养成，教师或家长要懂得恰当地使用强化与惩罚的手段。信息加工理论认为，学习是感觉登记、储存、加工等循环往复的过程。认知主义认为，人的认知发展有着阶段性的规律。当儿童的认知发展到一定阶段时，我们要为他们提供相应的学习内容。社会建构主义认为，人的学习和发展是由两个过程同时发生而获得的。一个是自我建构的过程，另一个是社会建构的过程。人本主义则认为，人的学习是通过驱力作用发生的。这些理论实际上是通过对学习活动本质的分析，使我们对学习策略的选择、学习动机的由来以及学习效果的评价有据可查。正如罗杰斯（Rogers）所说，教学应把认知与情感合二为一，从而培养出完整的人。事实上，学习是认知、情感和行为共同参与的过程，也是知行合一的过程，学习应该在适宜的环境和条件下发生，应该符合社会与个体需求，是个体主动建构知识、获得经验与增长能力的过程。

　　根据建构主义知识观，知识不是对现实的纯粹客观的反映，并不能绝对准确无误地概括世界的法则，提供对任何活动或问题解决都适用的方法。在具体的问题解决中，知识是不可能一用就准、一用就灵的，而是需要针对具体问题的情境对原有知识进行再加工和再创造。那么课本知识，只是一种关于某种现象的较为可靠的解释或假设，并不是解释现实世界的"绝对参照"。教学不能把知识作为预先决定了的东西教给学生，只能由学生自己建构完成，以他们自己的经验为背景，分析知识的合理性。在学习过程中，学生不仅理解新知识，而且对新知识进行分析、检验和批判。建构主义学习观认为，学习意义的获得是每个学习者以自己原有的知识经验为基础，对新信息重新认识和编码，建构自己的理解。它主张以学生为中心的教学，强调复杂学习环境和真实的任务，强调社会协商和相互作用，主张用多种方式表征教学内容，主张理解知识建构过程。教学应在教师指导下以学习者为中心，当然，强调学习者主体作用的同时，也不能忽视教师的主导作用。教师从传统的传递知识的权威转变为学生学习的辅导者，成为学生学习的高级伙伴或合作者。教师是意义建构的帮助者、促进者，而不是知识的提供者和灌输者。学生是学习信息加工的主体，是意义建构的主动者，而不是知识的被动接收者和被灌输的对象。简言之，教师是教学的引导者，监控学习和探索的责任由教师为主转向学生为主，最终要使学生达到独立学习的程度。建构主义观认为，教学绝不是教师给学生灌输知识、技能，而是学生通过驱动自己学习的动力机制积极主动地建构知识，课堂的中心应该在于学生而不在于教师。

　　人本主义学习论代表罗杰斯主张废除教师中心，提倡以学生为中心。他认为，对教师而言，构建真实的问题情境有助于促进学习者学习，进而有助于学习者最终使用语言，因为他们可以体验到语言项目与语篇因素的互动。人本主义学习论和建构主义学习论同时强调人的主体性，即发现、领会、获得和掌握的感觉来自学习者内部。只有学习者自己决定学习的目的、评价的准则，以及对达到目的的程度负起责任时，他才是在真正地学习，这种学习才是理性的，而只有在理性精神的引领下学习者才能形成正确的学习观。同时，人本主义学习论和建构主义学习论都注重有意义的学习和在自我反思与评价中建构知识，通过自我意识、过程意识和任务意识的培养形成更有效的学习策略、语言使用策略和元认知策略，使学习者学会学习。

（三）I-CARE 学习理论

I-CARE学习理论指面向个人（Individual）全面发展的合作学习（Cooperative Learning）、自主学习（Autonomous Learning）、研究性学习（Research-based Learning）与体验式学习（Experiential Learning），这四种学习方式都是基于建构主义理论和人本主义学习观存在的。四种学习方式不仅能体现学生内部因素与外部环境的交互作用，而且可促使学生实现认知与行为、理性与感性的完美结合。它们之间相互交叉、相互作用、相互补充，使学习者获得知识、能力和素质的全面发展，从而培养出"完整的人"。合作学习注重创建适宜的外部和心理环境，促使学习者形成积极的态度，提高情感策略的使用效果；自主学习更关注学习者自我调节的能力，强调认知策略与元认知策略的培养，充分体现了学生的个性化发展；研究性学习关注学生的自主探究，通过多样化的探究活动展开学习，以学生的个性发展为旨归，学生在探究中建构个人意义；体验式学习是通过体验的转换而创造知识的过程，包括具体体验、反思观察、抽象概括和主动实践，学生在体验中不断丰富自己的认知。四种学习模式的结合不仅使外语学习中的环境因素和学习者因素同时作用于个体，而且完整地体现了社会建构主义环境、学生、教师与任务四大要素对有效学习的重要作用。这四种学习模式存在本质的内在联系，它们相互包含、相互交叉、相互依赖、相互渗透，四者互惠互补、各具优势。如果将四者有机地结合起来，融入整个教学过程，将构成一个适宜学习的软环境，不仅有助于满足学生的个性化需求，而且有助于学生的全面发展。

1. 合作学习

合作学习指学生以小组的形式学习，小组成员互相帮助、共同进步（Slavin，1995）[2]，其主要成效在于改善课堂的社会心理气氛、大面积提高学生的学业成绩以及促进学生形成良好的非认知心理品质（靳玉乐，2005）。王坦（2001）[12]指出，合作学习的理念强调学生认知方面的学习成就、情意方面的学习动机和社会技能方面的人际关系改善；合作学习的重要特征之一就是强调教学动态因素之间的合作互动性。合作学习同时对策略指导有重要作用（Williams et al.，1997）[159]。在合作学习的讨论、交流过程中，认知上的冲突有助于发展更高层的学习策略；同时，掌握了更有效学习策略的学生也为小组其他成员起到指导和榜样作用。有效的合作学习中，合作小组成员的互动是积极、相互尊重、相互宽容的，因而有助于激发学习者主动学习的兴趣和积极性，也有利于自我意识的形成。合作学习创设了一种轻松愉悦的学习环境，从而能调动外语学习者积极的情感因素；学生会使用更有效的情感策略应对学习焦虑，在良好的学习氛围中建立自尊，激发内在动机。合作学习是培养社会情感和提高社交技能的有效策略（Kagan，1992；Slavin，1995；Johnson，1999）。

2. 自主学习

自主学习主要是"学习者独立做出选择的愿望和能力"（Littlewood，1996）。齐莫曼（Zimmerman，1989，1998，2002）建构并完善了自主学习模型，认为自主学习涉及自我、行为、环境三者之间的相互作用。自主学习包括计划、行为或意识控制、自我反思三个阶段。自主学习者不仅要主动对自己的学习过程、学习环境和认知情感进行监控和调节，还要观察和运用各种策略调整自己的学习行为，营造和利用学习环境中的物质和社会资源。Zimmerman（1990）指出，学习自主性强的学习者由于能够系统地运用一系列学习和自我调节策略，其学习成绩一般要好于学习自主性差的同学。相关研究表明（Zimmerman，2000；庞维国，2003；徐锦芬，2007），自主学习能力与动机水平、自我效能感成正相关。Schunk 和 Ertmer 指出，学习者感觉到自己的能力越强,他们越会选择有挑战性的学习目标,使用的自主学习策略也更为有效。Pintrich 和 De Groot(1990)认为,自我效能与通过使用元认知策略进行的自我调节有关,提高自我效能感可增加学生对认知策略的应用。课外的和基于网络的自主学习中心能够满足学习者个性化的要求,使他们能够根据自身的特点,选择自己喜欢的方式及合适的时间,按自己的节奏学习(郭丽,2000),从而为学习者提供一个发展自主学习能力的良好环境与物质条件。另外,计算机网络技术能为学习者提供丰富的学习材料和多样化的练习机会,既能提高学生学习的兴趣,又可以降低学习焦虑并培养批判性思维能力,因而有助于学生创造出属于自己的一套学习策略和学习方式(徐锦芬,2007)[87]。可见,自主学习过程包含认知策略和元认知策略的运用、动机的激发和情感的调节、学习与环境资源的管理以及它们之间的相互作用,可有效促进外语学习能力的持续发展。

3. 研究性学习

研究性学习至少被大规模地倡导过三次。第一次发生于 18 世纪末到 19 世纪的欧洲,主要倡导者是卢梭(J. J. Rousseau)、裴斯泰洛齐(J. Pestalozzi)、福禄贝尔(F. Frobel)等人。这个时期对研究性学习的倡导直接受启蒙运动的影响,其目的是把人的精神从中世纪的蒙昧、迷信、盲从中解放出来,让理性的光辉照亮人的心灵。第二次发生于 19 世纪末至 20 世纪初的美国,主要倡导者为杜威(J. Dewey)、克伯屈(W. Kilpatrick)等进步主义者以及康茨(G. Counts)、拉格(H. Rugg)等改造主义者。这个时期对研究性学习的倡导主要是应工业化时代和社会民主化的需求,并且受实验科学的影响,其目的是培养适应现代社会需要的改造自然和社会的人。第三次发生于 20 世纪 50 年代末至 70 年代的美欧诸国以及亚洲的韩国、日本等国,主要倡导者为美国的布鲁纳(J. Bruner)、施瓦布(J. Schwab)、费尼克斯(P. Phenix)等人,他们在理论上系统论证了"发现学习""探究学习"的合理性,推动了课程改革运动——学科结构运动。这个时期对研究性学习的倡导主要是适应"冷战"时期科技、军事与空间竞争的需要,目的是培养"智力的卓越性",造就智力超群的社会"精英"(张华 等,2000)。20世纪80年代以来,世界各国教育改革的步伐不断加快,纷纷出台各种举措,都把学习方式的转变视为重要内容。美国研究性学习主要以基于问题的学习和基于项目的学习形式展开;法国在初中、高中和大学预备班全面开展研究性学习;日本以综合活动课程的形式开展研究性学习;韩国的研究性学习将学生的学习内容分为知识和研究活动两个层次;德国开展课题学习(王爱芬,2005)[48]。

学者们对研究性学习做出各自的定义。

(1)研究性学习是指学生在教师指导下,以类似科学研究的方式去获取知识和应用知识的学习方式,它是一种以问题为基础,以探究活动为过程的综合性学习。在学习过程中,学生需要的是"指导",而不是"传授"。教师的主要职责是创设一种有利于研究性学习的情境和途径。学习者将模拟科学家的研究方法和研究过程,提出问题并解决问题(程海东,2001)。

(2)研究性学习是指学生基于自身兴趣,在教师的指导下,从自然、社会和自身生活中选择并确定研究专题,主动地获取知识、应用知识、解决问题的学习领域。研究性学习强调学生通过实践,增强探究和创新意识,学习科学方法,发展运用知识的能力。学生通过研究性学习活动,形成一种积极的、主动的自主、合作、探究的学习方式(朱慕菊,2002)[30]。

(3)研究性学习是指学生在教师指导下,以类似科学研究的方式去获取知识和应用知识的学习方式(张肇丰,2000)[43]。

(4)研究性学习是"学生在教师指导下,从学生生活和社会生活中选择和确定研究专题,主动地获取知识、应用知识、解决问题的学习活动"。研究性学习作为一种崭新的课程领域和学习方式,承担着追寻学习的真正意义,唤回了在传统学习文化的泛滥中悄然隐退的人的尊严(钟启泉,2005)。

第二章　新文科背景下翻译专业融合式教育

研究性学习的目标包括：获得亲身参与科学探究的体验；培养学生问题意识，提高他们发现问题和解决问题的能力；学会合作分享，培养学生的合作精神和人际交往能力；培养学生的科学精神、科学道德和科学态度；培养学生关注现实、关注人类发展的意识和责任感以及对社会的责任心和使命感（曹长德，2007）[10]。

研究性学习的内涵有三个层面。一是作为一种课程类型，它是独立于所有学科之外的综合实践课，它的宗旨是有目的、有计划地组织学生参加某一"课题"或某一"问题"研究和解决的实践，使学生获得直接经验，亲历科学研究的基本过程。二是作为一种教学策略，它主要指教师通过引发、支持、指导学生的研究性学习活动完成教学任务。实施了研究性教学策略的教学可以称为研究性教学。三是作为一种学习方式，它通过类似"科学研究"的方法和形式学习，是一种发现性学习。研究性学习的重心在"学习"，它并不要求学生像科学家那样专门以知识发现或问题解决为己任。研究性学习尊重学生的中心角色，尊重学生的情感与体验。它既是自主性的学习，又是与教师、与同伴合作的学习。学习者在探究问题中体验，在实践中学会学习、学会与人交流与合作，在学到知识的同时，也在能力、情感、价值观等方面有所收获，增强了内心对社会和知识的体验、思考和理解，促进了思想、智力、情感的协调发展，从而全面提高素质（张虹 等，2003）。由此可见，研究性学习作为一类综合实践活动课程，具有综合性、实践性和活动性；作为一种教学组织形式，具有多样性、参与性与自主性；作为一种学习方式，具有学习性、研究性和经验性（石中英，2002）[14]。研究性学习与全人教育理念高度一致。

综上所述，研究性学习具有综合性、探究性、个性化、体验性、自主性、合作性、生成性等特点。综合性指学生综合运用各种知识全面或完整地认识世界，解决现实世界中较为复杂的问题，体现出跨学科性，即跨越学科的逻辑体系，超出专业课程内容范围。探究性指研究性学习是基于问题的学习，学生需要通过类似科学的研究方法和研究手段分析问题、解决问题，并提出新问题。个性化指研究性学习尊重学生的兴趣、爱好和特长，适应学生个性化发展需求，可以为学生提供个性化发展的空间和机会。体验性指研究性学习注重学生对生活的感受和体验，强调学生的亲身经历，让学生在亲身体验中发现和探究问题，体验和感受生活，发展实践能力和创新能力。自主性指学生根据问题，自己制订研究计划，学习和使用各种资源、工具和软件进行探究活动。合作性指学生面对复杂的综合性问题时，需要依靠学习伙伴的集体智慧分工协作，通过合作学习和研究，学生可以取长补短，取得高质量的成果。与此同时，在共同参与的过程中，学生还需要了解不同人的个性，学会交流与合作。这种合作包括合作的精神与合作的能力，如彼此尊重、理解，以及容忍的态度，表达、倾听与说服他人的方式方法，制定并执行合作研究方案的能力等（张肇丰，2000）[43]。生成性是相对确定性而言的，表明研究性学习不以获得知识技能为目标，而以研究问题、解决问题、获得学习经验为旨归，学习的结果各具特色，具有不确定性，即使没有达到预期的研究目标，研究过程中的体验也是一种结果（曹长德，2007）[10]。

根据研究性学习的特征与内涵，其优势或价值可以总结为以下几点。

第一，研究性学习重点在于学生的学习过程和学习方式，可以使学生体验到丰富且完整的学习过程。

第二，研究性学习为学生提供动态、开放、多元的学习环境，使学生拥有更多获取知识的方式与渠道，有利于学生获取信息和知识。同时，通过对知识的探究和应用，通过对所学知识的综合运用，建立合理的知识结构，可以培养学生的研究能力和创新思维品质。

第三，研究性学习可以满足所有学生多样化的学习兴趣和要求，可以让学习保持探究趣味，由学生自己选择主题或研究性，制订、调控学习计划，有利于培养学生的自主学习能力。

第四，研究性学习是对知识的批判性考查，可以在问题解决的过程中获得对知识的理解与应用，可以培养学生的批判性思维能力。

4. 体验式学习

20世纪初，美国学校教育存在过于注重间接经验的传授和接受性学习，学生与现实社会的距离太远，学生解决社会实际与生活实际问题的能力得不到发展等问题。针对这些问题，教育家杜威提出了"做中学"的教学思想。到了80年代，心理学家库伯（D. Kolb）吸收其尊重人性、个性和情意的人本主义教育思想并加以继承和发展，提出了"体验式学习循环模式"，认为学习应该是由具体体验、反思观察、抽象概括与行动应用所组成的完整过程，"是通过体验的转换而创造知识的过程"。体验式学习理论结合皮亚杰的成人连续性发展思维的体验、观念、反思和行动四个维度，既注重勒温（Lewin）学习模式中的反馈过程，又强调杜威学习模式中的发展特征，把学习看作整合统一了体验（experience）、感知（perception）、认知（cognition）与行为（behavior）四个方面的过程。在库伯看来，学习首先应是一个过程，而不是一个结果。教师的主要精力应集中于让学生参与到过程之中，而不是过分强调学习结果，这样才可以最大限度地改善学生的学习方式。根据库伯的体验学习模式，Kohonen（2001）提出了学校环境下的体验式外语教育模式，如图2.1所示。在Kohonen的体验式外语教育模式中，外语学习是一个体验（experience）、反思（reflect）、概括（conceptualise）与应用（apply）不断循环的过程，在这个过程中，学习者形成个人意识（personal awareness）、过程意识（process awareness）和任务意识（task awareness）。其中，个人意识指自我概念、自我认同、自尊、自我指向和自主；过程意识指对学习过程的管理，即对逐渐增加的自我组织的、意义沟通的语言学习的管理和自我评价，包括学习策略、元认知知识、自我反思及人际交往技能的管理；任务意识则包括语言知识和跨文化交际能力。外语教学应该创设一种充分考虑到学习者健康发展的学习环境，将学习任务和学习者自身的经历结合起来，并为他们提供更开放、更充足的空间表达自己的思想和交流不同的观点，使他们有一种安全感、归属感并且了解自己的学习目的和学习能力。一个使学习者感到安全的社团会促使学习者形成健康的自我概念和较高的自尊，激发其学习动机并培养其学习责任感。体验式学习认为，具体的经历为反思提供依据，因而强调在整个学习生活中贯穿有意识的不断反思。个人意识、过程意识和任务意识的培养，可以形成更有效的学习策略、语言使用策略和元认知策略，使学习者学会学习。

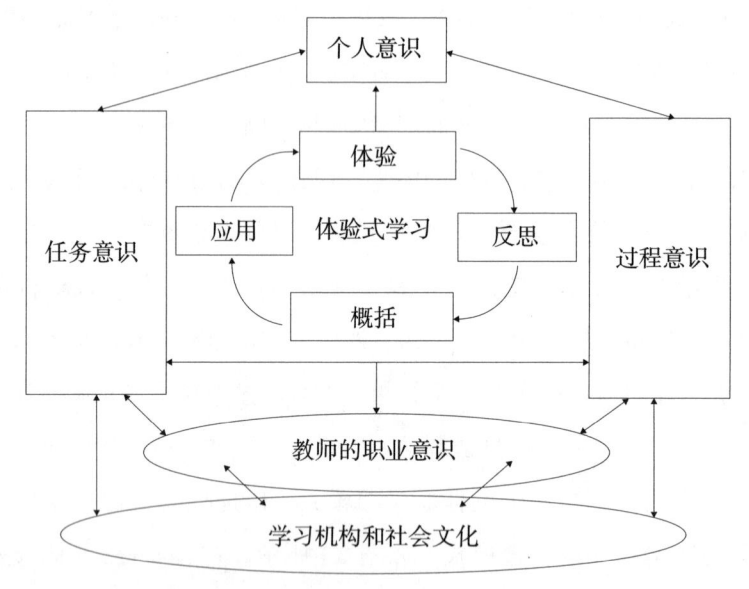

图 2.1　学校环境下的体验式外语教育模式（Kohonen，2001：50）

国内学者也对体验式学习做出一些解释。

（1）谭玮认为，体验式学习既是一种学习方式，也是一种动态的学习过程。体验式学习是学生认知过程中不可缺少的重要环节之一，也是学生习得英语语言的有效途径。在英语教学中，体验式学习具有交互性、亲历性、真实性、生成性和创造性等特性。

（2）石雷山、王灿明强调体验式学习，要求学习者能够运用四种不同类型的学习能力：具体体验能力使得个体能够超越实际的情境；反思观察能力允许个体对各种不同的体验进行反思；抽象概括能力被用于符号表征或对过去的体验进行解释；行动应用能力被用于检验建立在先前理论解释基础上的假设，以期能够解决实践中的问题。

（3）庞维国认为，体验式学习主要表现在学习的真实性、自然性和基础性上。根据学习目标、内容、过程的差异，可以把体验式学习分为认知体验式学习、情感体验式学习、行为体验式学习三类；在学校教育情境中运用体验式学习，教师应重点把握经验构筑和学习反思两个核心环节，以直接经验和反思为基础进行学习。他还评价了体验式学习的优势和不足。从心理学角度看，体验式学习的优势在于它不仅能够帮助学习者有效地进行情节记忆和情绪记忆，有助于获取程序性知识，还可以发展学习者的实用智力（practice intelligence），即适应、改造、选择与个体自身生活密切相关的真实世界环境的能力，以及学习过程中的自我决定性。其不足在于夸大学习的情境性。首先，单凭这种学习方式获得的知识有限，所以，它费时费力。其次，某些知识本身只能通过间接方式学习，其局限性也非常突出。最后，体验式学习太过强调直觉经验，因而有时会带来错误知识。

由于教学内容的丰富性、教育目标的整体性、学生个人需求的多样性，学生的学习方式也必然是多样且变化的。合作学习、自主学习、研究性学习和体验式学习均建立于人本主义学习观和建构主义理论，但各有所重，彼此互相包含、相互促进，它们可以为学生创设一个自主式、合作式、立体式、互动式、体验式的学习环境，使学生在知识、能力和素质方面得到全面发展。

二、翻译专业融合式教育

新文科倡导打破学科、专业壁垒，突出需求导向与问题导向。然而，传统的外语教育以学科为导向，而学科又是人为划分的，学科、专业划分清晰，缺少关联与互动，学生通常会局限于某一学科、专业的学习，造成知识面单一、思维狭窄、缺乏创新性。因此，传统学科导向的外语教育不能满足新时代对外语人才的要求。翻译专业长期以来也受学科导向影响。虽然《指南》提出复合型翻译人才培养目标，部分高校开设了一些科技翻译、法律翻译、商务翻译、工程翻译、旅游翻译等课程,有些高校采用"翻译+专业"方向模式,开设了相关专业课程模块,还有些高校开放辅修专业、辅修学位或微专业平台,学生通过上述途径会学到一些跨学科、跨专业知识,但是多数属于学科与专业知识的简单叠加,没有达到有机融合,学生往往需要付出更多的时间和精力学习相关的跨学科或跨专业课程。而学习负担加大,往往造成顾此失彼的结果,即翻译专业知识、技能没打牢,其他相关专业知识也只是蜻蜓点水、略知一二,而且专业知识和跨学科知识之间没有关联和互动。如今,问题导向理念已被广泛接受和认可,问题导向的教育教学可以连接学校与社会,可以整合相关学科或专业知识。如何建设问题导向的课程?如何实施问题导向的教学?如何开展问题导向的实践?这些问题还有待深入探讨和实践。因此,融合式教育成为翻译专业新文科建设的必由之路,如何实施融合式教育则是翻译专业新文科建设中要解决的关键问题。

全人教育是对人的整体教育,包括身体、心灵和精神,其目标是帮助学生看到事物之间存在的内在联系,让学生获得整体发展。全人教育是人才培养的大势所趋,以完整人的培养为己任,这个完整的人就是德智体美劳全面自由协调可持续发展的人,就是致力在贯通融合中实现"五育"并举(李政涛 等,2020)。新文科强调学科、专业的交叉融合。全人教育理念和新文科建设思想是融合式教育的指导理论,融合式教育是落实全人教育理念和新文科建设的重要途径。融合式教育内涵丰富,涉及不同维度,包括学科融合、专业融合、校内与校外教育融合、课堂与课外融合、科研与教学融合、理论与实践融合、信息技术与教育教学融合、通识教育与专业教育融合、线上与线下教学融合等。本部分从需求融合、目标融合、内容融合和方法融合4个维度探讨新文科背景下翻译专业的融合式教育,重点回答教(学)什么、为什么教(学)、如何教(学)的问题。

(一)需求融合

新文科倡导从学科导向转为需求导向。全人教育坚持"人本位"和

"社会本位"相结合,这就意味着二者之间存在交汇点,可以彼此融合。然而,目前新文科建设中大都讨论的是国家需求,即能够服务国家战略、国家对外交流的翻译人才,个人需求往往被忽视。与此相比,美国希拉姆学院的新文科建设更强调个人需求,即基于个人的兴趣、爱好、特长、性格、学习风格和学习水平的学生需求。希拉姆学院新文科的连贯性内核(coherent core)和体验式学习(experiential learning)体现了"以人为本"理念,满足了学生的个体需求。连贯性内核是学生本位的学科关联和融合,即根据学生自身知识体系和学习需求确定学习哪些学科及专业知识;体验式学习是以学生为主体,通过高影响活动(high impact activities),如实习、出国留学、重大研究项目等,教会学生如何在课堂所学和世界上正在发生的事情之间建立联系。国家需求和个人需求反映了不同主体的需求,这就造成主体定位的四种不同观点:国家主体说、个人主体说、兼顾说、超越说(融合说)。国家主体说强调国家是首要主体;个人主体说强调个人是首要主体;兼顾说主张国家和个人双主体兼顾;超越说既不主张国家主体为先或个人主体为先,也不主张二者兼顾,而是实现二者的超越和融合,二者的融合依赖于社会关系。国家主体说强调国家主体,体现了中国特色社会主义事业对人才的需求,而个人需求强调学生个人主体,学生作为受教育的对象,自身的发展需求一定要得到满足。从这个意义上看,二者都必须考虑,缺一不可。兼顾说的双主体主张容易造成国家需求和个人需求的割裂,不利于全人教育。超越说或融合说显得更具说服力,通过社会关系需求力图寻找二者之间的交汇点以达到二者之间的融合(傅艳蕾 等,2013)。因此,应坚持"社会本位"和"学生本位"相结合,通过社会关系需求实现国家需求和个人需求的融合。

(二)目标融合

《指南》规定了复合型翻译人才的知识、能力和素质要求。知识要求为:翻译专业学生应具备英语语言、文学和文化基础知识,了解英语国家的历史和当代社会的基本情况；熟悉中国语言文化知识，了解英汉语言及中外文化的差异，了解中国国情和国际形势；掌握翻译的基本理论，较熟练地运用口笔译技能与策略；掌握较宽广的人文社会科学和自然科学基础知识。能力要求为：翻译专业学生应具有良好的英汉双语运用能力、翻译能力、跨文化能力和初步的翻译研究能力；具有熟练使用现代信息技术和翻译工具的能力，具有良好的终身学习能力、思辨能力和创新创业能力；具有第二外国语运用能力。素质要求为：翻译专业学生应拥有正确的世界观、人生观、价值观，拥有良好的道德品质；具有较深厚的人文素养和创新与合作精神；具有中国情怀、国际视野和社会责任感。翻译专业融合式教育的知识、能力和素质要求是贯通的，要实现三者的衔接转化，即要实现知识向能力转化，能力向素质转化。其中转化为能力的知识包括翻译专业知识、相关的人文社会科学基础知识和相关的自然科学基础知识，这三种知识不是简单的叠加，而是交叉融合性知识，是可以迁移的知识，是可以解决复杂问题的知识。转化为素质的能力包括翻译能力、跨文化能力、双语运用能力、现代信息技术与翻译工具使用能力、终身学习能力、思辨能力以及创新创业能力，这种能力是适应国家、社会（行业）与个人发展需求的能力。而其中的素质是以正确的世界观、人生观和价值观为底线，以深厚的人文素养为专业基础，还有创新合作精神、国际视野、家国情怀及社会责任感，这种素质是人才核心竞争力之所在。学生经过知识内化、能力发展、素质提升，最终实现全人教育。

（三）内容融合

根据《指南》，翻译专业的课程体系由公共基础类课程、专业核心课程、专业方向课程和实践教学环节（含毕业论文）四部分组成。公共基础类课程包括公共必修课程和通识选修课程。专业核心课程由语言技能课程、专业知识课程和专业技能课程组成，主要包括综合英语、英语视听说、英语口语、英语阅读、英语写作、英语国家概况、翻译概论、英汉笔译、汉英笔译、应用翻译、联络口译、交替传译、专题口译、翻译技术、中国文化概要、英语国家文学概论、语言学导论、跨文化交际等课程。专业方向课程由专业知识和技能课程及研究方法课程组成，主要包括文学、文化、语言学、口笔译、国别和区域等专业方向的系列课程。实践教学环节主要由专业实践课程、专业实习、创新创业实践、社会实践活动和国际交流组成。新文科倡导由学科导向转为需求导向，并非否定学科划分的作用，而是强调以需求导向为主，目的是满足国家、社会与个人的发展需求。新文科还提倡打破学科与专业壁垒，这就需要课程之间关联互动、交叉融合。根据后现代课程观，课程被看作一种模体，它自然没有起点和终点，但它有界限，有交叉点或焦点。构筑在模体上的课程模式是非线性、非序列性的，但它由各种交叉点予以界定，充满相关的意义网络。课程越丰富，交叉点越多，构架的联系性越多，意义也就越深化（多尔，2000）[230]。因此，《指南》的各课程模块不仅有单独设置的必要，更重要的是要实现课程模块之间的融合，课程融合大势所趋。

（四）方法融合

传统的知识传授型、技能训练型方法无法满足学生的全面发展与个性发展需求，不利于实现知识、能力和素质目标。《指南》提出，翻译专业教学要因材施教，根据教学目标和内容选择合适的教学方法，重视启发式、讨论式和参与式教学方法的使用，促进学生的全面发展和个性发展。全人教育研究奠基人、美国教育思想家罗恩·米勒提倡教育工作者在面对不同水平和背景的学生时应该平衡传导性学习、交换性学习和转换性学习三种方法。传导性学习涉及一种从教师到学生的单向信息流动，重点在于积累事实信息和基本技能。交换性学习的特点是让学生和教师进行更多互动，重点是解决问题和发展认知技能，有利于学生研究广泛的问题。转换性学习旨在让学生和所学主题建立重要联系，并通过讲故事等艺术形式培养学生的内心生活。这三种教学导向应作为整体性学习的组成部分。《指南》倡导依据教学目标和内容，重视启发式、讨论式和参与式教学方法，罗恩·米勒则提倡依据学生的不同种族和不同能力，采取整体性学习。二者依据不同，前者依据作为教学客体的教学目标和内容，后者依据作为教学主体的学生。二者共同强调融多种方法为一体的整体性学习，整体性学习面向学生的全面发展和个性发展。教无定法，如果片面使用一种方法，学生的发展就会受到限制。在教学中，要根据学生需求与教学内容恰当选用合适的教学方法。此外，第一课堂学习还要延伸至第二课堂，以建立课堂所学与课外、校外、社会之间的联系，学科之间的联系，学校成员之间的联系，他人与自我的联系。要把社会与学校紧密联系在一起，缩短学生成才与社会需求之间的距离，从而加速学生的社会化进程。此处论及的方法融合既包括第一课堂的方法融合，也包括第一课堂与第二课堂的融合。

三、翻译专业融合式教育框架构建

本研究依据上述全人教育理念、I-CARE 学习理论和后现代课程观，遵循《国标》、《指南》、"新文科"建设的指导思想，试图构建翻译专业融合式教育框架，如图 2.2 所示。图中的 "I" 代表 Integration（一体化）和 Individualization（个性化），前者表示需求、目标、内容和方法的融合，后者表示翻译专业融合式教育既面向学生的全面发展又兼顾学生的个性化发展。翻译专业融合式教育包括需求融合（I-SP）、目标融合（I-KAV）、内容融合（I-TI，TM，TT）和方法融合（I-CARE）。需求融合指国家需求、社会需求与个人需求的融合。目标融合指知识传授、能力培养和价值塑造三维目标的融合。内容融合指翻译+思政、翻译+专业、翻译+技术的融合。方法融合指第一课堂的合作式学习、体验式学习、研究性学习和自主性学习的融合及其与第二课堂（课外实践、校内实践、校外实践和海外研修）的融合。

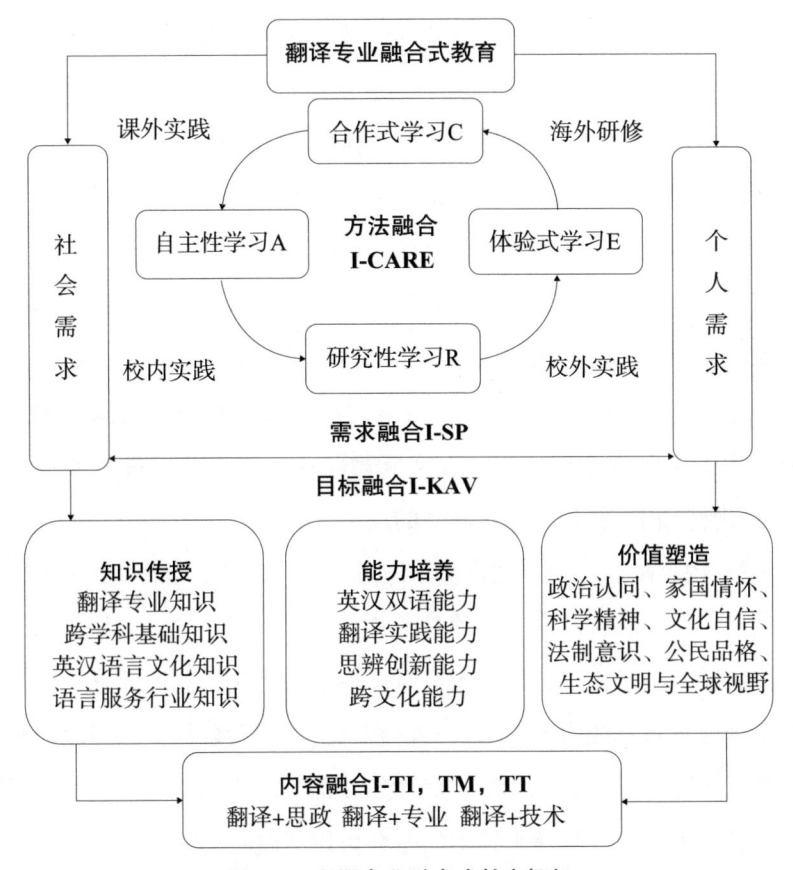

第二章　新文科背景下翻译专业融合式教育

```
              翻译专业融合式教育
     课外实践    ┌合作式学习C┐    海外研修
  社          自主性学习A  方法融合  体验式学习E        个
  会                       I-CARE                    人
  需                                                 需
  求          └──研究性学习R──┘                      求
     校内实践                     校外实践
              需求融合I-SP
              目标融合I-KAV

   ┌知识传授─┐   ┌能力培养─┐   ┌价值塑造────┐
   │翻译专业知识│   │英汉双语能力│   │政治认同、家国情怀、│
   │跨学科基础知识│ │翻译实践能力│   │科学精神、文化自信、│
   │英汉语言文化知识││思辨创新能力│  │法制意识、公民品格、│
   │语言服务行业知识││跨文化能力 │   │生态文明与全球视野 │
   └──────┘   └─────┘   └────────┘

        内容融合I-TI，TM，TT
        翻译+思政 翻译+专业 翻译+技术
```

图 2.2　翻译专业融合式教育框架

（1）需求融合。这里的需求包括国家需求、社会需求和个人需求，通过社会需求实现国家需求和个人需求的融合。片面考虑某一方的需求就会影响复合型翻译人才培养目标的实现。国家需求是为响应新时期国家的"一带一路"倡议，推动中国文化走出去，讲好中国故事，需要培养具有深厚的家国情怀、过硬的专业能力、宽广的国际视野、创新的合作精神的复合型翻译人才。如今，以翻译为核心的语言服务行业在社会经济发展中发挥着越来越重要的作用，而在当今大数据、信息化、人工智能化、云计算时代下，翻译技术出现转向，"人工+机器翻译"成为提供语言服务的主流发展趋势，不断涌现的互联网辅助人工翻译平台正成为语言服务行业变革的新兴力量，语言服务行业对翻译人才提出新的要求，这也是社会需求。个人需求指学生个人的发展需求。学生需求主要包括接受专业教育的需求、丰富知识与认识世界的需求，以及完善个性、提升素质的需求。学生需求与国家、社会需求密切相关，存在交叉融合点。

（2）目标融合。翻译专业融合式教育中的目标融合涉及三维目标，即知识传授、能力培养和价值塑造。知识传授目标包括翻译专业知识、跨学科基础知识、英汉语言文化知识与语言服务行业知识；能力培养目标包括英汉双语能力、翻译实践能力、思辨创新能力和跨文化能力；价值塑造目标包括政治认同、家国情怀、科学精神、文化自信、法制意识、公民品格、生态文明与全球视野。在实际教学中，三者不是并行割裂的，而是相互支撑、相互转化、相互融合的。

（3）内容融合。内容融合主要通过翻译+思政、翻译+专业和翻译+技术实现。这种融合不是三者简单叠加，而是有机融合。翻译+思政主要有三个途径：一是挖掘、提炼现有翻译专业课程中的思政元素；二是将相关的课程思政素材或内容引入现有课程；三是设置翻译专业思政课程。翻译+专业指设置相关专业或跨专业知识的翻译课程，这类课程具有挑战性，教材开发至关重要。翻译+技术的融合可以通过不同途径实现，一是开设专门的翻译技术课程，二是将翻译技术分别融入翻译技能课程和翻译实践课程。

（4）方法融合。方法融合遵循全人教育的联结性、包容性和平衡感原则。一方面指第一课堂中多种学习方法的融合，即合作式学习（cooperative learning）、自主性学习（autonomous learning）、研究性学习（research-based learning）和体验式学习（experiential learning）四种学习方式 CARE 的融合；另一方面指第一课堂与第二课堂的融合，也就是通过 CARE 四种学习方式将第一课堂拓展至第二课堂，将第一课堂学习的知识和技能运用到第二课堂，通过课外实践、校内实践、校外实践和海外研修使学生亲身体验、检验第一课堂所学，发现课堂所学与社会所需之间的差距，从而加快社会化进程，尽快适应社会发展，增强自身的社会适应能力。

第三章
基于 OBE 的复合型翻译人才培养

复合型外语人才出现于 20 世纪 80 年代末，主要有外语＋专业（方向）、外语＋外语（复语或多语）、专业＋外语三种模式。《指南》将翻译专业的人才培养目标描述为，"能适应国家与地方经济建设和社会发展需要，能胜任各行业口笔译等语言服务及国际交流工作的复合型人才"。本章重点探讨新文科背景下基于 OBE 的复合型翻译人才培养。第一部分从需求分析入手，依次分析社会需求和个人需求。社会需求主要从国家、区域社会、语言服务行业进行需求分析，主要采用问卷调查和线上访谈的方式对企事业单位的翻译人才需求进行调查分析。个人需求分析部分为某高校翻译专业 2018—2020 届毕业生的就业与需求情况调查。需求分析为翻译专业人才培养目标、毕业要求及课程体系的制定提供参考依据和实证数据。第二与第三部分依次介绍翻译专业的定位、特色与创新，基于 OBE 的复合型翻译人才培养方案及翻译专业产学研协同培养模式。

一、翻译人才的需求分析

Mountford 认为，需求是用人单位或社会期望学生通过语言学习所达到的水平。Widdowson（1981）则认为，需求是学生的学习或工作要求，即在语言课程结束后学生能做什么。由此可见，在教育领域，需求既包括社会需求，也包括学生需求。需求分析（needs analysis）指通过内省、访谈、观察和问卷等手段对需求进行研究的技术和方法，已广泛应用于教育、经贸、制造和服务等方面（杨金蕊 等，2013）[75]。需求分析可以是归纳式也可以是推理式，本章采用二者结合的方式分别从社会和学生两个层面对翻译人才培养进行需求分析。

（一）国家、社会和语言服务行业对翻译人才的需求

"一带一路"倡议是中国政府提出的以经济发展带动世界各国繁荣和谐的新愿景和行动，它不仅仅是一个倡议，而且是我们与国际社会共同构建的人类命运共同体的一个组成部分。"一带一路"建设内容包括"政策沟通、设施联通、贸易畅通、资金融通、民心相通"，要实现"政策沟通、设施联通、贸易畅通、资金融通、民心相通"，首先需要语言铺路。语言服务行业以翻译为核心，这意味着翻译人才的市场需求巨大，急需"一带一路"沿线国家相关的小语种翻译人才。此外，党的十八大以来，我国连续推出文化"走出去"政策，其中《关于进一步加强和改进中华文化走出去工作的指导意见》《关于加快发展对外文化贸易的意见》《关于加强"一带一路"软力量建设的指导意见》等文件先后印发，统筹对外文化交流、文化传播和文化贸易，推进文化"走出去"的力度与日俱增。党的十九届六中全会提出："加快国际传播能力建设，向世界讲好中国故事、中国共产党故事，传播好中国声音，促进人类文明交流互鉴，国家文化软实力、中华文化影响力明显提升。"中国文化如果想要真正"走出去"，并且"走进去"，还需要翻译助力，重点克服语言障碍、文化差异和意识形态的隔阂。我们已由翻译世界转向翻译中国，翻译在推进文化"走出去"、构建中国特色话语体系、增强国际传播能力及树立大国形象等方面发挥着至关重要的作用。文化"走出去"战略的实施有赖于国家翻译实践，即由国家策划、组织、主导、监管的翻译活动，是国家实现长远战略目标、实施对外塑造国家形象的重要行为，具有规模化、机构化、制度化等特征，同时也是中国国际传播的主要平台与核心载体

（高乾 等，2022）[132]。在当前文化多样化、经济全球化、政治多极化的新形势下，国家翻译实践对中国文化外译和地方文化外译都发挥着举足轻重的作用。

中国语言服务行业的发展，经历了从萌芽、成长到繁荣几个阶段，正在向专业化和国际化迈进（崔启亮，2019）。"一带一路"倡议的推进使语言服务的业务范围大幅扩大、质量大幅提高、涉及语种大幅增加（仲伟合，2016），这意味着翻译人才的市场需求巨大，语言服务行业涉及的翻译服务领域十分多样。《2019 中国语言服务行业发展报告》数据显示，信息技术、教育培训、政府外宣成为语言服务方受访企业承接的前三名翻译订单领域，占比分别为 63%、52%、45.3%。翻译规模趋于完善，所译领域无所不包，翻译方式灵活多样，翻译作为新时代的特殊服务行业，已占据文化经济中的半壁江山，正成为仅次于教育的另一新兴产业，具有广阔的发展空间。未来，越来越多的需求将会被释放，语言服务行业将密切结合产业上下游资源，充分掌握用户需求变化。通过产品和服务质量的不断优化升级，语言服务产业将面临爆发式增长。目前，我国语言服务行业发展尚处于起步阶段。2019 年，中国语言服务企业产值为 434 亿元，同比增长 10%；2020 年，语言服务行业市场规模达到 478 亿元。

目前，翻译服务行业的发展呈现出以下特点：翻译行业与政治经济挂钩，并且能够对政治经济发展进行反哺；翻译行业中的各企业逐渐向精细化方向发展，细化领域；人工智能渗入翻译行业，翻译技术影响越来越大，但仍然不会取代人工翻译。当前，语言服务业的业务范围已远远超出传统意义上的翻译行业，翻译服务的对象、方式、工具和手段已经不同往昔（穆雷 等，2017）。人工智能时代语言服务技术化发展体现了互联平台与泛在翻译技术、智能协同辅助口笔译与大数据知识的管理与融合，具体呈现出以下特点：全球化，即语言市场全球化、运营全球化和服务标准国际化；产业化，即呈现不同主体方的产业，如服务方、购买方、语言技术开发商、行业协会和教育培训；多元化，即翻译技术应用于多元领域，如影视翻译、软件系统、手机应用、游戏翻译、多媒体课件 App；数字化，具体形式有大数据、TMS、CAS、电子交付、PaaS、SaaS、VR 和区块链；智能化，即需求分析、方案设计、资源分配、过程监控、风险警告及智能任务；协作化，即翻译与技术部门的协作、翻译与排版人员的协作、不同角色之间的协作等；流程化，即形成从创作、翻译、排版、管理、营销、测试、发布到国际化营销的整套流程。越来越多的头部企业研发翻译技术，MTPE 模式成为翻译生产的主流模式，同时大量翻译技术与工具迅速涌现。与此相应，人们对翻译技术的认知和全民翻译技术普及程度越来越高，开设翻译技术课程的高校也越来越多。在科研方面，国内外翻译技术相关研究日、翻译技术学术交流会议和翻译技术科研项目均日益增多。技术驱动语言服务业务结构由此发生变化，如图 3.1 所示。

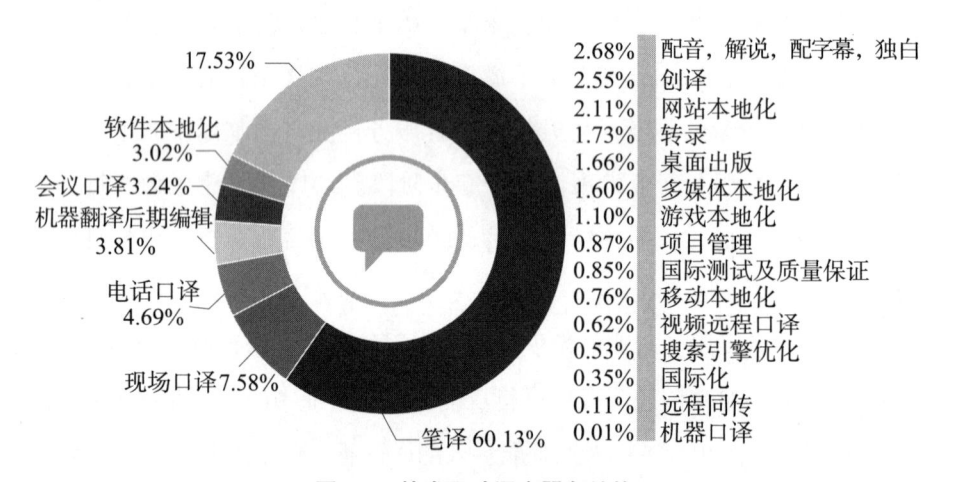

17.53%	（未标注）
软件本地化 3.02%	
会议口译 3.24%	
机器翻译后期编辑 3.81%	
电话口译 4.69%	
现场口译 7.58%	
笔译 60.13%	
2.68%	配音，解说，配字幕，独白
2.55%	创译
2.11%	网站本地化
1.73%	转录
1.66%	桌面出版
1.60%	多媒体本地化
1.10%	游戏本地化
0.87%	项目管理
0.85%	国际测试及质量保证
0.76%	移动本地化
0.62%	视频远程口译
0.53%	搜索引擎优化
0.35%	国际化
0.11%	远程同传
0.01%	机器口译

图 3.1　技术驱动语言服务结构

以 Chat GPT 为代表的人工智能时代的来临也为这一行业的发展以及人才培养带来了新变革，提出了新要求。区块链技术在语言服务方面得到应用，利用区块链去中心化的特点，可以对接起高度分散的语言服务供给和需求，建立一个能够随时随地生产和获取翻译产品的语言生态圈。通过调查全球语言服务业龙头企业对语言和翻译服务人才的需求可以发现，这些龙头企业不仅要求应聘者具备扎实的语言和翻译基本功,也要求其拥有优秀的职业能力、良好的服务意识和卓越的管理决策能力(陈英祁 等,2016)[32]。张生祥(2021)对社会用人单位的招聘广告进行了为期一年的跟踪记录,发现社会对翻译人才的需求主要集中在翻译素养、职业素养、跨文化沟通能力以及创新能力与语言服务意识等方面。由此可见,语言服务行业特别看重学生的翻译素养和职业素养。语言服务行业的这些变革和新需求也倒逼翻译专业在人才培养模式、课程设置与教学方法等方面进行升级改造。然而,传统翻译教育趋向同质化,关注语言技能和语言知识类课程,忽视翻译技术、汉语类课程和相关领域知识课程,与社会或市场对翻译人才的要求还存在一定差距。

(二)翻译人才的社会需求调查

社会需求一般指社会和用人单位对人才的需求。针对翻译人才,一些学者从翻译公司或用人单位的招聘广告入手分析社会对翻译人才的需求,并对翻译专业的人才培养模式和课程设置提出建议(任月花,2009;张生祥 等,2017)。近年来,大数据分析逐渐应用在各个领域。陈英祁(2016)采用跟踪调查法,收集了全球100强语言服务提供商的招聘信息,并通过计量统计法将这些数据进行整理和归纳,进而考察了全球语言服务业龙头企业对语言和翻译服务人才的需求。姚亚芝和司显柱(2018)采用网络爬虫和数据库等大数据技术,从互联网自动抓取智联招聘网近期发布的1.2万余条语言服务类招聘广告,从岗位类型和招聘人数、行业/地域/语种分布、职业/语言/技术能力、薪资水平等多方面进行了统计分析。其他社会需求分析研究包括应急语言服务人才需求分析、"一带一路"倡议视域下的语言服务人才需求分析、区域性或地方性语言服务人才需求分析等。

笔者向某高校翻译专业毕业生的用人单位发出《企事业单位翻译人才需求的问卷调查》,同时,针对4家翻译相关企业进行线上深入访谈。问卷调查见附录2,企业访谈提纲见附录3。问卷和访谈主要从用人单位的入职资质、岗位需求、知识、素质、能力需求及毕业生满意度等四个方面对专业人才的需求情况进行了调查。下面对调查结果进行分析。

1. 入职资质

调查问卷中，要求应聘人员具有专科及以上学历的占 7.14%，要求具有本科及以上学历的占 92.86%；企业访谈中，用人单位要求翻译人才具备硕士研究生及以上学历的占 25%，要求具有本科及以上学历的占 75%。在翻译人才资格证书要求方面，调查问卷中不做任何要求的占比 14.29%，要求具备一定外语证书的占 85.71%，其中要求拥有大学英语四级、六级证书的占 71.43%，要求拥有英语专业四级、八级证书的占 28.57%，要求拥有翻译资格证书和其他外语类证书的均占 7.14%；而在企业访谈中，都提到至少具备英语专业四级证书。由此可见，用人单位大都要求翻译人才具备本科及以上学历，都重视英语语言水平证书，强调翻译人才扎实的语言基本功。翻译资格证书要求虽然占比不大，但拥有翻译资格证书可提高翻译专业学生的市场竞争力。

2. 岗位需求

用人单位在招聘翻译人才时，并未提供翻译岗位的占 7.14%，没有提供专职翻译岗位的占 78.57%，提供项目经理（助理）岗位、翻译（翻译助理）岗位及（副）译审岗位的均占 14.29%。这是因为随着翻译行业逐步向语言服务行业发展，除了传统的翻译、审校岗位，对翻译人才的岗位需求逐渐多样，如语言服务咨询、语言培训、语言销售、产品（项目）经理、本地化、技术写作、翻译技术、译前处理、质检、排版岗位等。

3. 知识、素质、能力需求

访谈的翻译企业认为，翻译人才最重要的是语言基本功；同时应具备一两门专业知识，擅长某一两个专业/行业翻译，掌握一定翻译技术；具备良好的职业素养，工作态度认真，具有责任感，具备良好的沟通合作能力和自我学习能力。

关于用人单位对翻译人才的知识、素质、能力需求，调查问卷从知识、能力、素质三个角度出发，将其设置为一级指标，下面分别设定二级指标。知识包含英汉双语理解运用转化能力、广博的双语文化知识、专业领域知识、相关知识运用能力、术语翻译能力；能力包含问题解决能力、时间管理能力、人际沟通与团队合作能力、多任务处理能力、学习能力（信息获取研究转化能力）、组织能力、思辨能力、逻辑分析能力、创新能力、技术能力（办公软件、各类翻译软件等使用的能力）和实践能力；素质包含工作态度、职业道德、良好身体素质、良好心理素质和服务能力；每个二级指标设置"非常重要、比较重要、一般重要、比较不重要、非常不重要"五个选项，采用李克特五级量表进行结果统计分析，均值为4.39。

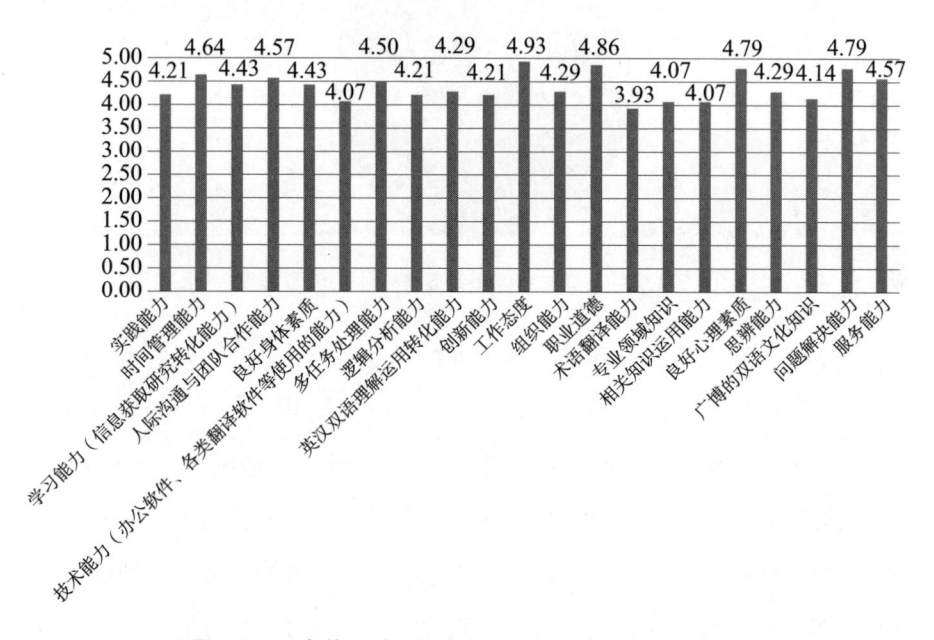

图3.2　用人单位对翻译人才的知识、素质、能力需求

如图3.2所示，工作态度、职业道德、良好心理素质、问题解决能力、服务能力、时间管理能力、学习能力、人际沟通与团队合作能力、多任务处理能力、良好身体素质分值均在均值以上；其中，工作态度、职业道德、良好心理素质、问题解决能力分值最高，分别为4.93、4.86、4.79和4.79。

可见，用人单位首要关注的是人才的身心素质，其次是问题解决能力，再次是知识。那么在人才培养的过程中，首先要注重学生的道德素质教育，培养学生良好的学习工作态度，知识学习过程中，以问题为导向，同时培养学生的专业素质和问题解决能力。

4. 毕业生满意度

如图 3.3 所示，用人单位对翻译专业毕业生的满意程度比较高，非常满意占 35.71%，比较满意占 50%，一般满意占 14.29%。

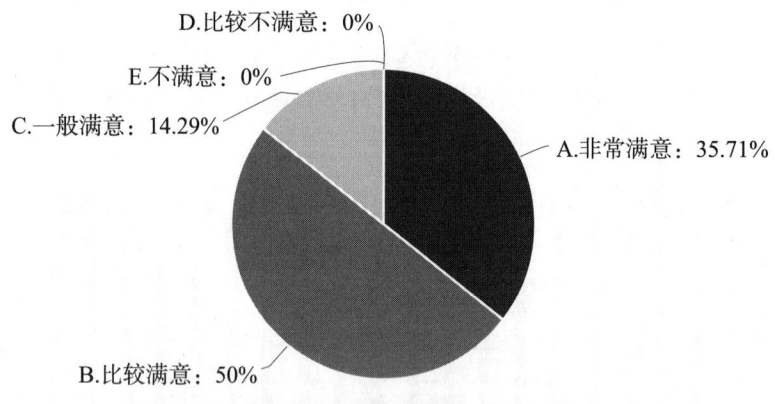

图 3.3 用人单位对翻译专业毕业生的满意程度

对毕业生知识、素质和能力各方面的满意程度，如图 3.4 所示。该部分调查问卷仍然从知识、能力和素质三个一级指标出发，每个指标下设二级指标，每个二级指标设置"非常满意、比较满意、一般满意、不太满意、很不满意"五个选项，同样使用了李克特五级量表法分析结果。经分析，各项二级指标的结果均值为 4.24，工作态度、职业道德、良好心理素质、良好身体素质、人际沟通与团队合作能力、思辨能力、服务能力都在均值以上，工作态度分值最高，为 4.50，其次是职业道德和良好身体素质，均为 4.43；技术能力、逻辑分析能力、问题解决能力、多任务处理能力、时间管理能力、组织能力、术语翻译能力、专业领域知识、相关知识运用能力、学习能力、广博的双语文化知识低于均值，时间管理能力、相关知识运用能力、广博的双语文化知识最低，均为 4.07，其次是技术能力和多任务处理能力，为 4.14。由此可见，用人单位对毕业生的素质感到满意，认为其双语文化知识、专业领域知识及知识的运用方面比较薄弱。企业在访谈中也提到，需要提高毕业生的技术能力、专业知识快速学习能力和适应能力。根据满意度方面的调查结果，本科翻译专业需加强学生双语能力、文化知识、学习能力、技术操作能力的培养。通过以上几个方面的分析，用人单位需要的本科翻译人才要具备过硬的身心素质、扎实的专业基础、广博的专业知识以及较强的学习能力。

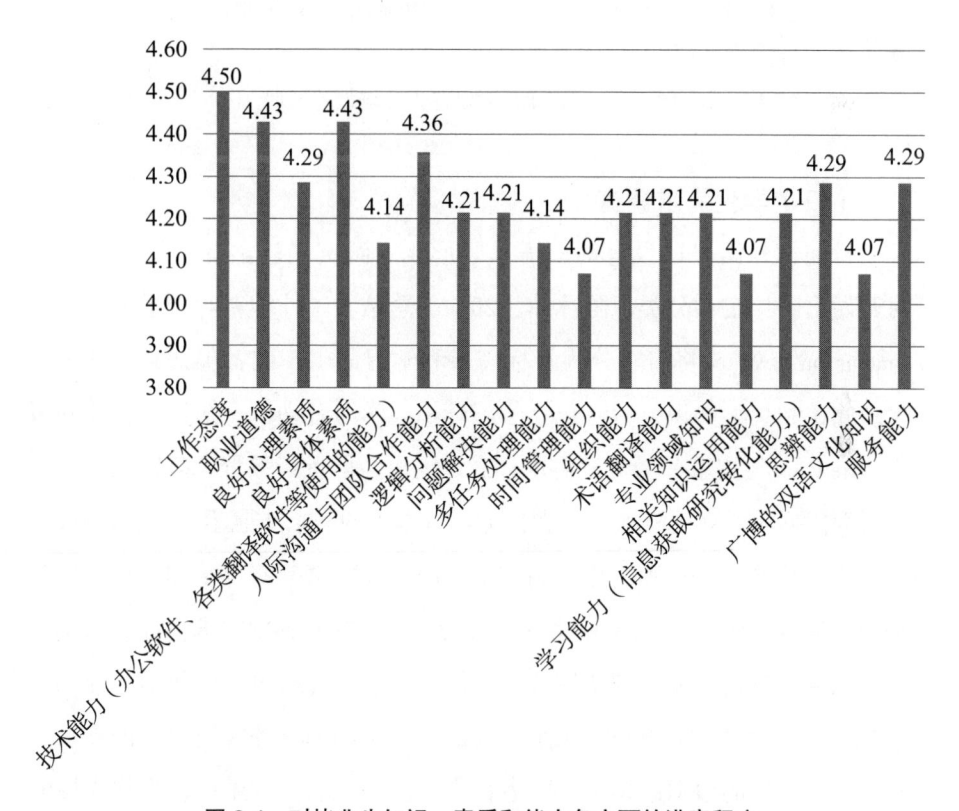

图 3.4 对毕业生知识、素质和能力各方面的满意程度

根据毕业生的就业表现，用人单位会对其进行培训。如图 3.5 所示，用人单位对翻译人才培训的预期中，双语能力占比最高，为 71.43%，其次是翻译策略与实践、与翻译项目相关的行业知识，占比均为 35.71%，还有企业提到了人际交往能力。

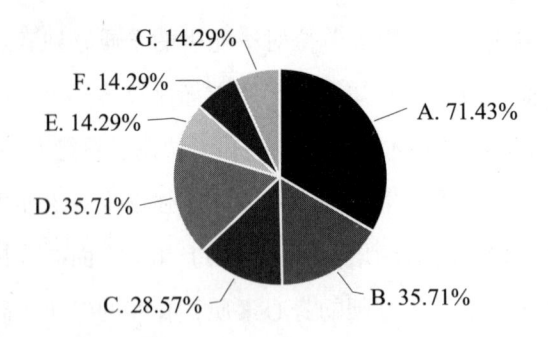

G. 14.29%
F. 14.29%
E. 14.29%
A. 71.43%
D. 35.71%
C. 28.57%
B. 35.71%

- A. 双语能力　■ B. 翻译策略与实践　■ C. 翻译理论　■ D. 与翻译项目相关的行业知识
- E. 翻译文件格式编辑（PPT，FLASH，PDF，WORD，EXCEL等）
- F. 翻译软件等其他内容　■ G. 其他

图 3.5　用人单位对翻译人才培训的预期

（三）学生需求调查

目前，外语界还没有对"需求"形成一致定义，学者们从不同视角对其做出了界定和分类。陈冰冰（2009）总结了国外学者对需求的界定。Hutchinson & Water 将需求分为目标需求和学习需求，前者包括必学知识、欠缺知识和想学知识，后者包括学习环境、学习者动机、知识、技能和策略。Berwick 将需求分为觉察需求和意识需求，前者指教育者以别人的学习经历为依据而设立的需求，后者指学习者本人的需求或愿望。Brindley 将需求分为产品导向需求和过程导向需求，前者注重情景特定性和结果，后者则关注学习过程。Brindley 还将需求分为主观需求和客观需求，前者指学习者的态度、自信、期望等认知和情感需求，后者为学习者的年龄、性别、国籍、教育背景、目前外语水平、外语学习中的困难等客观存在的需求。关于需求分析的数据源，国外学者提出不同的观点，其中比较有代表性的有 Hoadley-Maiment 提出的"需求分析三角"理论，即信息主要来自教师觉察的需求、学习者觉察的需求以及公司觉察的需求。需求分析的数据采集工具可分为归纳型和推理型两大类。前者包括观察、案例分析和无结构访谈等，后者有问卷调查、测试和结构式访谈等。在外语教学领域，学习者需求分析可以为制定外语教育政策和设置外语课程提供依据；为外语课程的内容、设计和实施提供依据；为外语教学目的和教学方法的确定提供依据；为现有外语课程的检查和评估提供参考（陈冰冰，2009）[129]。然而，关于翻译专业和翻译人才的需求分析大都属于社会需求分析，即对用人单位或语言服务行业进行的需求分析，从个人或学习者层面进行的需求分析较少。诚然，翻译人才培养已从学科导向转为需求导向，社会需求可以为翻译专业建设和翻译人才培养提供必要诊断和重要参考，但是，作为人才培养对象和学习主体的学习者或学生也不容忽视，因为人才培养目标、课程体系、教学方式及教学评估都是面向学生的，学生在整个人才培养中处于核心地位。笔者对某高校翻译专业2018—2020届毕业生的规模与结构、就业流向、就业现状等方面情况进行了统计和分析，数据统计截止时间为2021年2月。

1. 就业毕业生规模与结构

2018—2020届毕业生为70人，升学39人，占比55.71%，就业31人，占比44.29%。就业人数中，2018届毕业生就业人数为10人，占比32.26%；2019届毕业生就业人数为8人，占比25.81%；2020届毕业生就业人数为13人，占比41.94%。就业毕业生中男性5人，占比16.13%；女性26人，占比83.87%。如图3.6、图3.7所示。

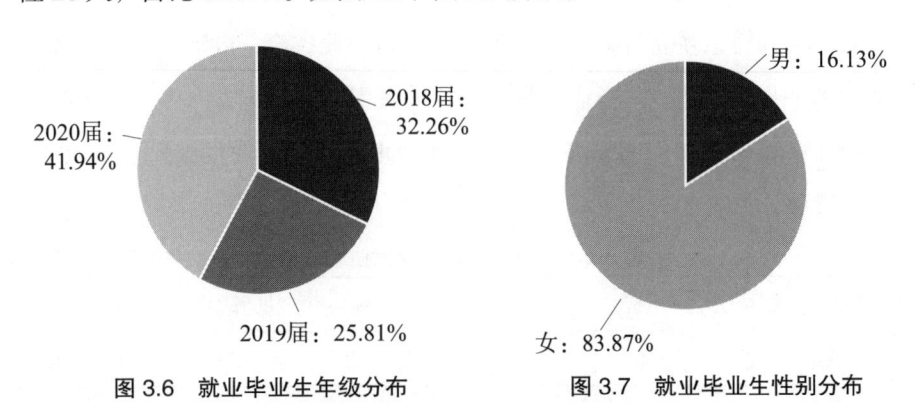

图3.6　就业毕业生年级分布　　图3.7　就业毕业生性别分布

就业毕业生来自全国4个省区市，其中河北省生源25人，占比80.64%，河北省以外生源6人，占比19.36%。在河北省生源的10个地市中，毕业生人数前三名的地市为：唐山市5人，占比16.12%；保定市4人，占比 12.90%；石家庄市与承德市各 3 人，各占比 9.68%。河北省以外的生源来自 3 个省区市，其中山东省 4 人，占比 12.90%；山西省 1 人，占比 3.22%；重庆市 1 人，占比 3.22%。

2. 毕业生就业流向

根据翻译专业毕业生就业情况，分别对毕业生就业地域流向、就业行业分布、就业单位性质分布等进行统计。2018—2020 届毕业生中除去升学部分，有 31 人已就业，有 20 人在省内就业，占比 64.52%；10 人在省外就业，占比 29.02%；1 人线上办公，占比 3.23%；1 人在国外就业，占比 3.23%。京津冀区域是该校翻译专业毕业生就业的主要地域，占就业总人数的 77.43%；其次是山东省 3 人，占比 9.68%，见表 3-1。

表 3-1 毕业生就业地域流向分布

地区	河北	北京	天津	上海	山东	山西	日本	线上办公
人数	20	3	1	1	3	1	1	1
比例	64.52%	9.68%	3.23%	3.23%	9.68%	3.23%	3.23%	3.23%

毕业生就业地域主要集中在河北省内，这表明河北省生源的毕业生就业时基本选择家乡就近就业。由于石家庄是河北省会，政治、经济、教育、文化水平相对发达，对毕业生具有一定的吸引力，因此省内生源毕业生中，选择在石家庄就业的明显多于省内其他城市，这些毕业生服务于区域社会经济发展，见表 3-2。

表 3-2 毕业生河北省内就业地域分布

地区	石家庄	黄骅	唐山	衡水	廊坊	邯郸	保定	邢台
人数	12	1	1	1	2	1	1	1

如图 3.8 所示，吸纳该校翻译毕业生就业人数最多的行业是教育业，占比 64.52%；其次为翻译及文化、体育和娱乐业，均占比 6.45%；公共管理、社会保障和社会组织占比 3.23%；其他占比 19.35%。

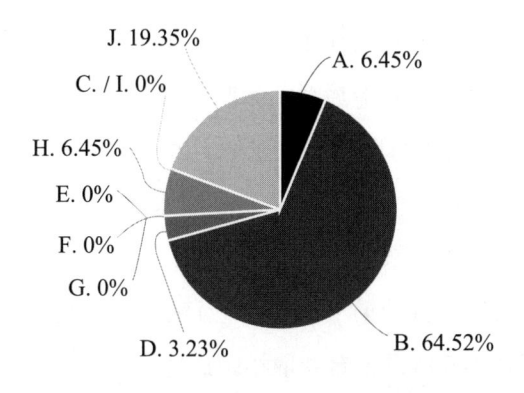

第三章 基于 OBE 的复合型翻译人才培养

- A. 翻译（或语言服务）
- B. 教育业
- C. 部队
- D. 公共管理、社会保障和社会组织
- E. 科学研究和技术服务业
- F. 信息、软件和计算机服务业
- G. 卫生和社会工作
- H. 文化、体育和娱乐业
- I. 房地产
- J. 其他

图 3.8　毕业生就业行业分布

如图 3.9 所示，签订就业协议或劳动合同的毕业生中，有 14 人选择在民营企业就职，占比 45.16%，其次为中初级教育单位，占比 19.35%，党政机关占比 9.68%，高等教育单位占比 6.45%，其他事业单位占比 6.45%。

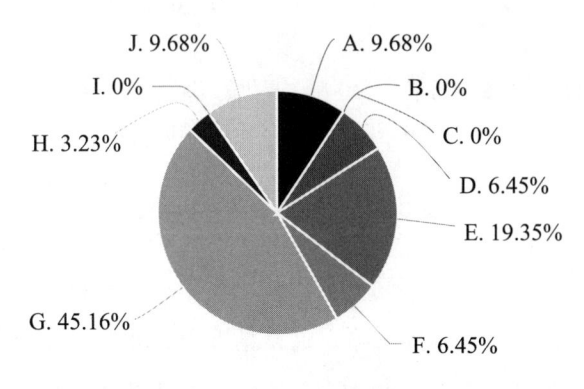

- A. 党政机关
- B. 国有企业
- C. 科研单位
- D. 高等教育单位
- E. 中初级教育单位
- F. 其他事业单位
- G. 民营企业
- H. 外资（合资）企业
- I. 部队
- J. 其他

图 3.9　毕业生就业单位性质分布

3. 就业现状

本部分从学生目前从事工作的满意度、在求职过程中使用的求职渠道、所学专业与工作岗位的对口度、享受"五险一金"待遇的情况等方面进行统计和分析，呈现毕业生的就业质量。如图 3.10 所示，在已就业的毕业生中，有 58.06% 通过各类招聘网站进行求职，22.58% 通过学校（含老师）提供的招聘信息求职，12.9% 通过校园招聘会求职，12.9% 通过社会人才市场招聘求职，12.9% 通过亲朋好友介绍求职，3.23% 通过报纸发布的招聘信息求职，16.13% 通过其他渠道求职。这反映出毕业生求职渠道多样化，能充分掌握和利用各类互联网平台获取招聘信息。

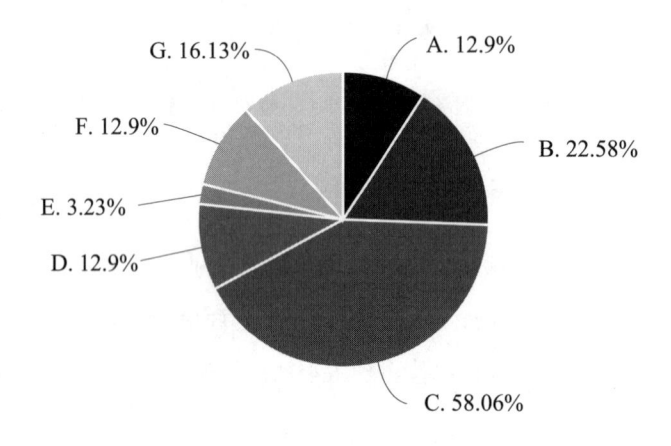

■ A. 校园招聘会　　■ B. 学校（含老师）提供的招聘信息　　■ C. 各类招聘网站信息
■ D. 社会人才市场招聘　　■ E. 报纸杂志发布的招聘信息　　■ F. 亲朋好友介绍
■ G. 其他

图 3.10　毕业生主要求职渠道

毕业生所学专业与工作岗位对口度是指毕业生就业时的具体职业岗位和所学的专业存在一种对应关系。通常情况下，职业的专业性越强，也就是职业的知识含量和专业技能越高，职业与专业的对口程度越高。这项指标可以从宏观角度反映出该专业大学生职业知识和技能的满足程度，体现了毕业生的就业竞争实力。

如图 3.11 所示，54.84% 的毕业生认为所学专业与工作岗位比较对口，22.58% 认为有点对口，22.58% 认为不对口。总体来说，77.42% 的毕业生认为所从事工作与专业对口。

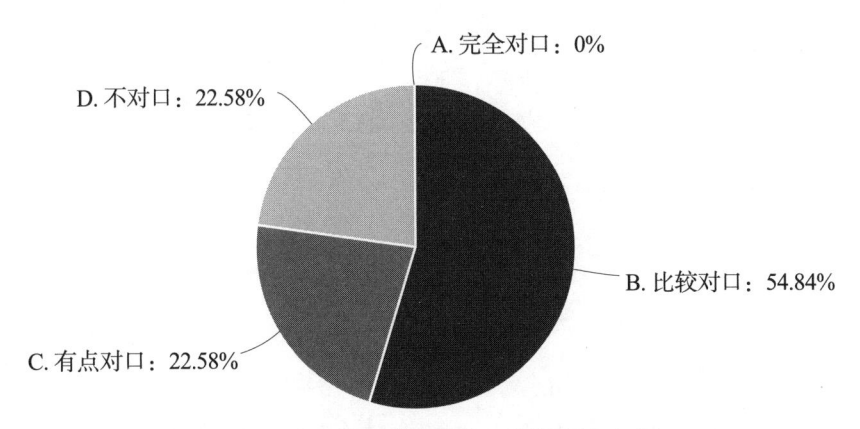

图 3.11 毕业生所学专业与工作岗位的对口度

毕业生享受"五险一金"待遇的情况，反映着学生的职业幸福感与生活质量。如图 3.12 所示，在已就业的毕业生中，80.65% 有"五险一金"，12.9% 有"六险一金"，3.23% "五险一金"不全，3.23% 没有"五险一金"。

如图 3.13 所示，12.9% 的毕业生月收入在 10000 元以上，16.13% 月收入为 6001—8000 元，16.13% 月收入为 5001—6000 元，16.13% 月收入为 4001—5000 元，19.35% 月收入为 2001—3000 元。

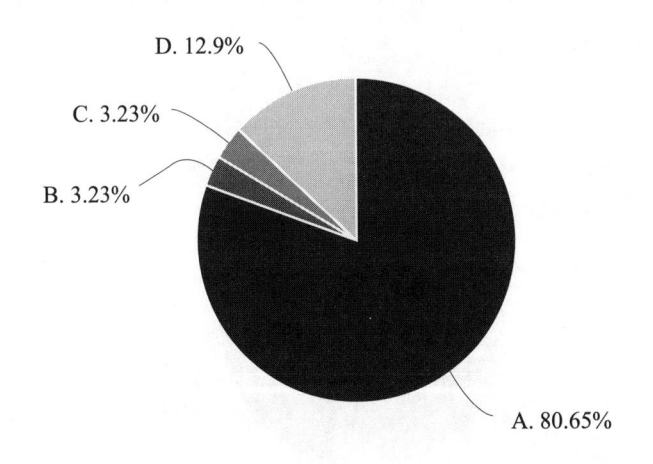

图 3.12 毕业生享受"五险一金"情况

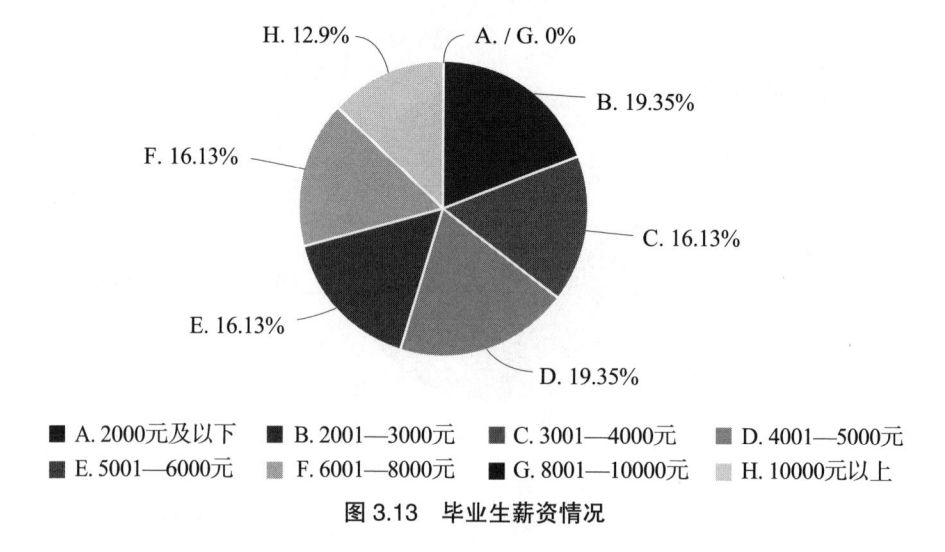

H. 12.9% A. / G. 0%
B. 19.35%
C. 16.13%
D. 19.35%
E. 16.13%
F. 16.13%

- A. 2000元及以下
- B. 2001—3000元
- C. 3001—4000元
- D. 4001—5000元
- E. 5001—6000元
- F. 6001—8000元
- G. 8001—10000元
- H. 10000元以上

图 3.13　毕业生薪资情况

如图 3.14 所示，19.35% 的毕业生认为自己完全能胜任目前所从事的工作，58.06% 认为能胜任，22.58% 认为一般，无人认为自己不能胜任。总体看来，77.41% 的毕业生可以胜任目前的工作。如图 3.15 所示，6.45% 的毕业生非常满意目前的工作，64.52% 认为满意，29.03% 认为一般，无人不满意。总体来讲，70.97% 的毕业生对自己的工作表示满意。这说明毕业生在校期间的各项能力培养较为全面，能够很快适应工作的要求和标准，并从中获得满足感。

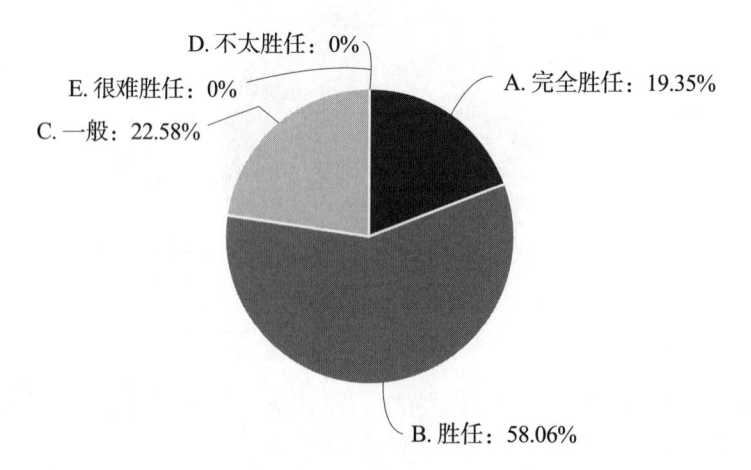

D. 不太胜任：0%
E. 很难胜任：0%
A. 完全胜任：19.35%
C. 一般：22.58%
B. 胜任：58.06%

图 3.14　毕业生对所从事工作的胜任度

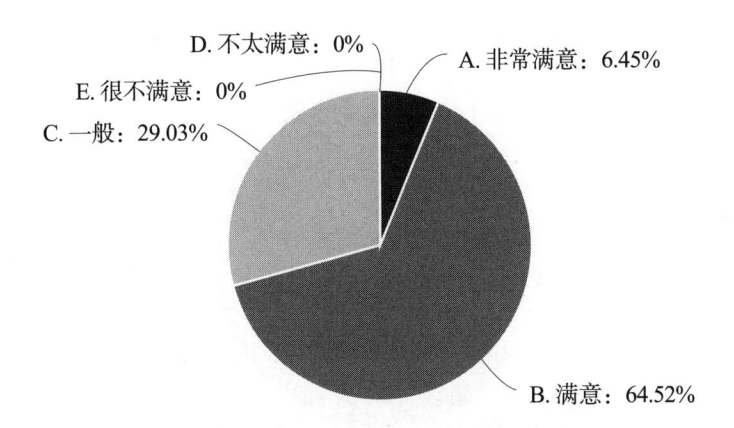

图 3.15　毕业生对所从事工作的满意度

毕业生落实工作与期望的相符程度也是评估其就业质量的重要标准。如图 3.16 所示，在已就业的毕业生中，58.06% 认为已落实工作与期望相符，35.48% 认为一般，只有 6.45% 认为不相符。因毕业生入职时间较短，对新的工作和环境体验不充分，所以一定比例的毕业生选择了一般。

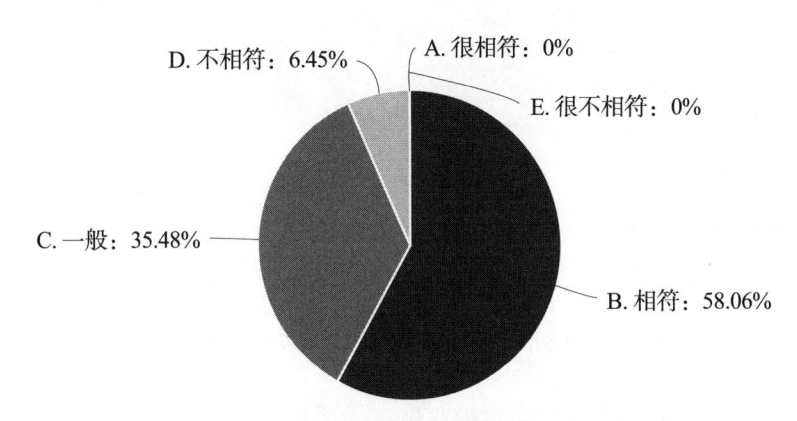

图 3.16　毕业生落实工作与期望的相符程度

如图 3.17 所示，3.23% 的毕业生有 3 次晋升经历，32.26% 有 1 次晋升经历。如图 3.18 所示，3.23% 的毕业生获得过省级奖励或荣誉，6.45% 获得过市级奖励或荣誉，29.03% 获得过单位内部奖励或荣誉。这在一定程度上与毕业生入职年限较短相关，所以取得的成绩较少。

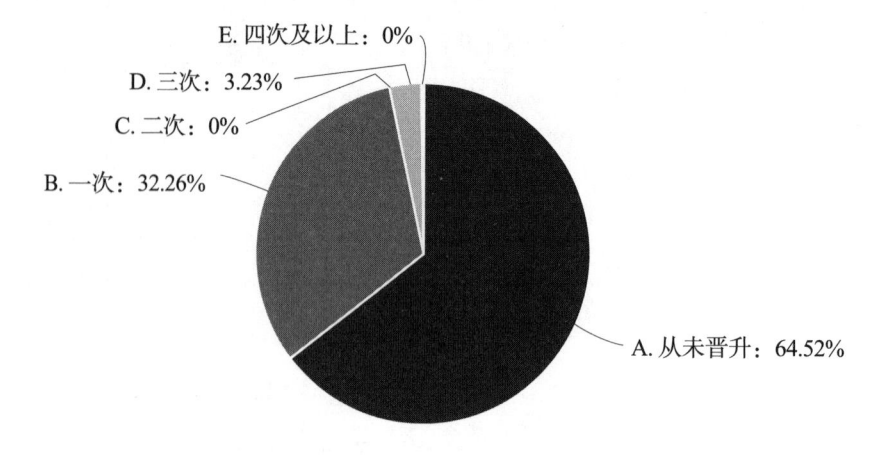

E. 四次及以上：0%
D. 三次：3.23%
C. 二次：0%
B. 一次：32.26%
A. 从未晋升：64.52%

图 3.17　毕业生晋升情况

A. D. 0%
B. 3.23%
C. 6.45%
E. 29.03%
F. 64.52%

■ A. 国家级奖励或荣誉　　■ B. 省级奖励或荣誉　　■ C. 市级奖励或荣誉
■ D. 区级奖励或荣誉　　■ E. 单位内部奖励或荣誉　　■ F. 无

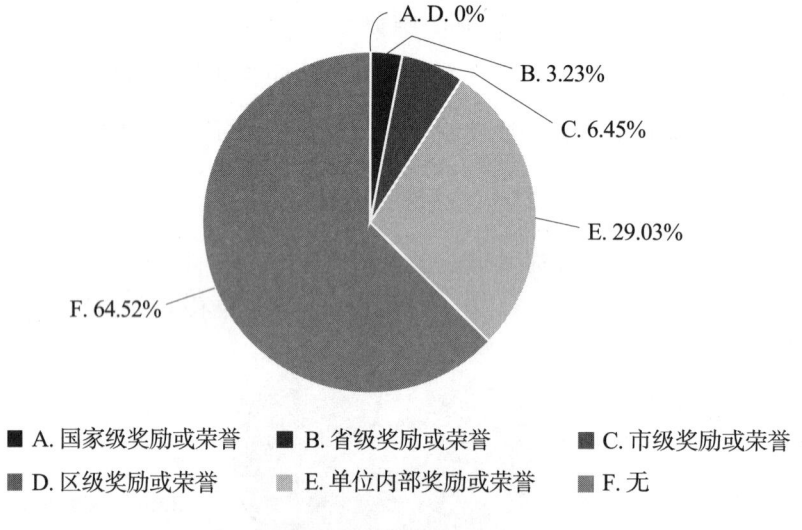

图 3.18　毕业生获得奖励或荣誉情况

如图 3.19 所示，3.23% 的毕业生在入职后发表了论文，9.68% 取得了其他成果。与晋升和获得奖励或荣誉情况一样，这与毕业生工作年限短有关，与工作单位的性质也存在一定关系。

图 3.20 显示的是毕业生认为自己在就业中各项能力欠缺的程度，欠缺的能力主要集中在学科领域能力、语言及文化的交际和语篇能力、职业及工具应用能力等几方面。今后的人才培养工作应加大对这几项能力的培养。

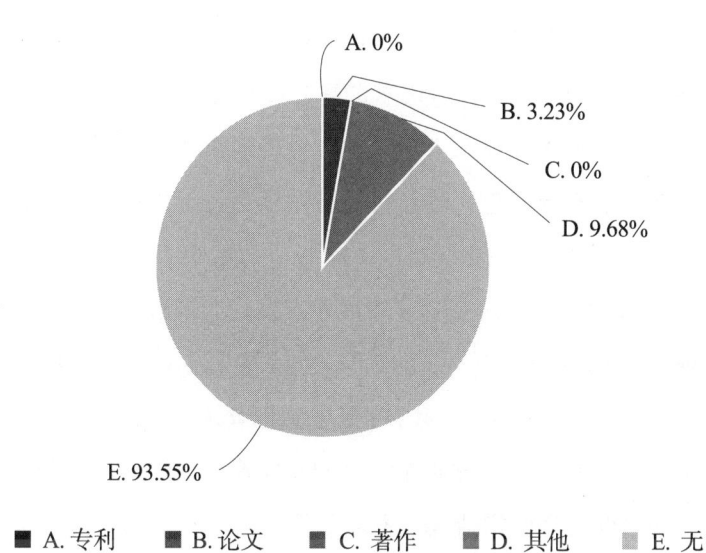

图 3.19 毕业生入职后取得成果情况

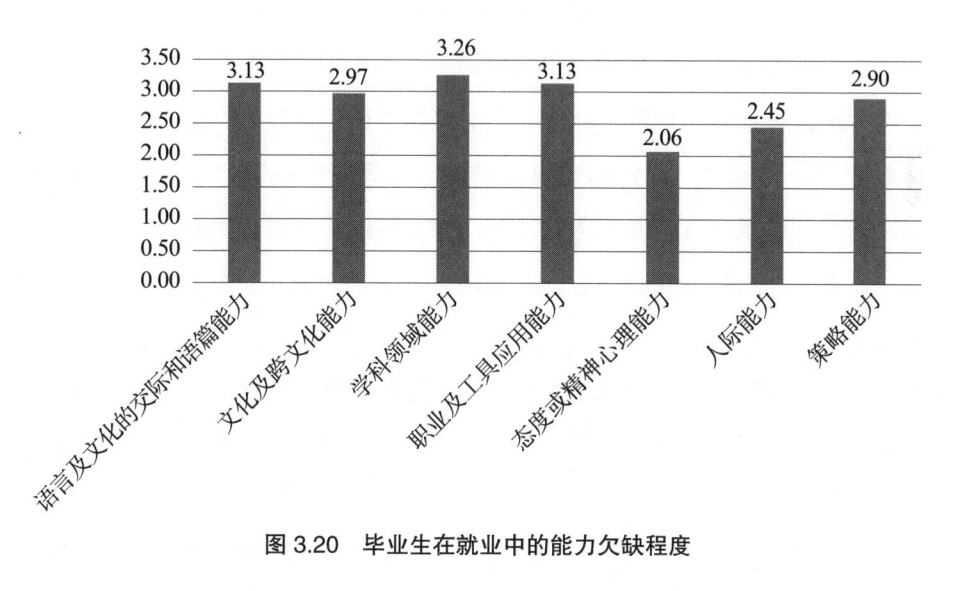

图 3.20 毕业生在就业中的能力欠缺程度

二、翻译专业定位、特色与创新

本部分以某省属重点骨干高校的翻译专业为例，论述翻译专业的定位、特色与创新。翻译专业以立德树人为本，坚持"科技与人文交融，知识与素质并重",本着"复合培养,实践育人"原则,致力培养服务区域经济建设、适应语言服务行业发展需求的高素质复合型翻译人才。

在专业发展过程中,要致力于为地方经济建设和语言服务行业发展服务,端正专业办学指导思想,培养符合区域社会经济发展需求和语言服务行业需求的高素质复合型翻译人才;贯彻"学生中心、产出导向、持续改进"理念,科学制定翻译专业人才培养方案,严格落实教学要求,认真按照教学规范实施教学过程的各个环节;坚持课堂教学与课外实践相结合、通用翻译与专业翻译相结合、校内培养与企业培养相结合、教学科研与翻译实践相结合的原则,走产学研相结合的专业建设道路,以人才培养为核心任务,坚持共性与个性相结合,突出专业特色。

1. 翻译专业的定位

(1)翻译专业的能力定位:培养具有社会责任感,德、智、体、美、劳全面发展人才,具备良好的职业素养和综合素质、较深厚的人文素养,具有中国情怀和国际视野;拥有扎实的英汉双语语言基础,掌握厚实的翻译专业知识、丰富的百科知识以及科技、工程、商务等多领域的基础知识;较熟练地掌握口笔译方法和技巧,初步掌握并能够运用翻译技术和工具;具备较强的英汉双语能力、翻译能力、跨文化能力、思辨能力和创新能力。

(2)翻译专业的培养类型定位:以培养知识、能力、素质并重的复合型翻译人才为主,重点培养英汉双语能力、翻译能力、跨文化能力、思辨能力和创新能力。

(3)翻译专业的服务面向定位:培养面向区域社会经济发展,能够胜任科技、商务、新闻、教育等领域的口笔译等语言服务及国际交流工作的高素质复合型翻译人才。

该校翻译专业秉承学校"致力于人的全面发展,服务区域经济建设和社会进步"的办学宗旨,依托学校特色与优势,结合国家与区域社会发展需求、语言服务行业人才需求以及学生自我发展需求,科学制定了特色鲜明的专业发展方向、目标和任务。专业定位的确定依据有三点。一是，国家与区域社会发展需求。随着"一带一路"等倡议的实施，语言服务行业迎来了划时代的历史机遇。翻译在推进文化"走出去"、构建中国特色话语体系、增强国际传播能力及树立大国形象等方面发挥着至关重要的作用。区域发展战略以及区域对外经济、文化等交流均需要大量的翻译人才。二是，语言服务行业人才需求。人工智能时代的来临为语言服务行业的发展以及人才培养带来了新变革、提出了新要求。相关调查显示，全球语言服务业龙头企业对语言和翻译服务人才的需求与要求为：既要具备扎实的语言和翻译基本功，也要拥有优秀的职业能力、良好的服务意识和卓越的管理决策能力。语言服务行业的这些变革和需求也倒逼着人才培养模式的改变。三是，学生自我发展需求。翻译专业依据学生自我发展需求，致力于学生的全面发展和个性化发展。毕业后部分学生能够继续研究生阶段的深造学习，部分学生能够胜任科技、工程、商务等领域的口笔译等语言服务及国际交流工作。

翻译专业定位应符合所在高校的办学基础与办学理念，以习近平新时代中国特色社会主义思想为指导，全面贯彻党的教育方针，落实立德树人根本任务，坚持以人为本，推进"四个回归"，进一步提升并夯实本科教育的中心地位，坚持区域性、应用型、国际化的办学特色定位，构建高水平的人才培养体系，培养德、智、体、美、劳全面发展的社会主义建设者和接班人。

2. 翻译专业的特色与创新

需求是"源"，特色是"魂"，质量是"命"。有特色的质量才有生命力，有质量的特色才有竞争力。翻译学科和专业的跨学科性、实践性决定了内涵建设的核心内容，因此，密切关注和跟踪社会的变化和需求，确立适合自身发展的专业特色与实现路径，是提高翻译人才培养质量的根本所在。翻译专业的特色与创新主要体现在以下几个方面。

（1）以立德树人为本，创建依托项目的联动式课程思政体系。翻译专业的学生应具有正确的世界观、人生观和价值观，具有良好的道德品质、中国情怀与国际视野，具有社会责任感、人文与科学素养、合作精神、创新精神，以及学科基本素养。为此，翻译专业依托项目的联动式课程思政体系把中华优秀传统文化、革命文化、社会主义先进文化作为翻译专业课程思政的基点，实现知识传授和价值引领有机融合，以达到立德树人的目的；以单门课程为点、课程思政目标为线、项目为驱动，形成由点到线再到面的联动式课程思政体系。思政目标囊括历史传承、时代精神、人文素养、全球视野、职业素养等，通过整合专业课程的语言、内容和价值，围绕传统文化、红色经典、生态环保、时政外宣等实施语言运用类项目、课题研究类项目和综合应用类项目，可以使学生达到言（理解）、思（认同）、行（践行）合一。

（2）以人才培养为核心，实施基于项目的产学研协同培养。翻译专业具有实践性和跨学科的特点，这就意味着翻译人才的培养需要依托优质的翻译实践平台，形成基于项目的翻译实践共同体，实施产学研协同培养。基于项目的产学研协同培养主要通过三条途径展开：一是依托校内翻译工作坊和语言服务双创中心实施依托项目的翻译实践，聘请语言服务行业专职人员和校内教师联合指导学生完成翻译项目和合作授课，使学生熟知行业流程与规范，从而提高翻译职业素养与能力；二是充分发挥翻译实习基地的作用，安排学生进行校外集中翻译实习，参与实践基地的真实翻译项目，接触语言服务行业前沿，使专业与行业、学校与职场紧密结合起来；三是校内教师和行业人员利用合作的翻译实践资源，共同申报、实施与语言服务行业、翻译人才培养相关的科研项目，促进专业建设和行业发展。这种基于项目的学—做—学—做的循环式产学研协同培养模式，既符合学生知识学习与能力提升的螺旋式发展规律，又能够加强校企深度融合。

（3）以学生发展为中心，构建能力导向的翻译专业课程体系。按照OBE的反向设计理念，基于社会、行业、学科和学生需求分析，遵循《国标》和《指南》的指导思想，制定本专业的人才培养方案。其课程体系根据人才培养目标和毕业要求制定，以学生发展为核心，以能力为导向，体现持续的翻译需求、灵活的方向设置和多元性的课程设置。翻译专业的课程体系包括面向双语能力的英汉语言文化课程模块，面向翻译能力的翻译技能、知识、实践课程模块，面向翻译职业能力的翻译职业与素养课程模块，面向学科领域能力的跨学科知识课程模块，以及面向人文素养的人文知识课程模块。选修课程的设计采取开放式菜单的形式，开设从口译到笔译，从文学翻译到实用翻译，从专业知识到跨学科知识的各类选修课程。在教学中引入前沿性、时代性和跨学科的教学内容，运用云班课、学习通、蓝墨云、慕课、智慧教室等现代信息技术手段或环境,通过互动性、研究性、启发式、项目式教学，可以培养学生的英汉双语能力、翻译能力、学科领域能力、跨文化交流能力、思辨能力和创新能力。

（4）以新文科建设为契机，开设面向复合型翻译人才的特色课程。依托学校办学定位和特色，翻译专业应突出科技与人文交融，持续强化特色课程建设。翻译专业的特色课程主要涉及四类课程。第一，应用翻译类课程，有工程翻译、科技翻译、商务翻译和应用翻译，该类课程将跨学科知识融于翻译知识与实践，服务复合型翻译人才培养目标。第二，翻译技术类课程，包括翻译技术、翻译项目管理和技术写作，培养学生运用各种翻译技术、工具的能力，翻译项目管理能力及技术写作能力，提高学生的翻译技术素养，从而为他们将来从事相关职业和研究打下坚实的基础。第三，跨学科知识类课程，设有工程管理概论、外贸理论与实务、新闻编译等，不仅可以支撑相关的应用翻译类课程，而且可以拓展学生的跨学科知识，培养学生的跨学科视野。第四，专创融合类课程，包括翻译项目管理、专题口译和个性化发展实践教育三门课程，其将创新创业教育融于翻译专业课程，可以培养学生的创新创业能力。

（5）以持续改进为原则，实施校内、校外循环式质量评价。翻译专业的人才培养坚持 OBE 的学生中心、产出导向理念，并以持续改进为原则，实施校内、校外循环式质量评价。在校内，就翻译人才培养的各个环节建立扎实可行的管理制度，如课堂教学质量要求、考试环节质量要求、实践教学质量要求、实习环节质量要求和毕业环节质量要求，通过校内教学督导、教学专项检查、学生评教、听课制度、试卷分析等进行教学质量监督。在校外，翻译专业定期对用人单位及毕业生就人才需求、就业状况、课程设置、人才培养等进行调研，根据调研数据与反馈信息不断完善、弥补人才培养中的薄弱环节。同时，基于教学反馈和调研结果，翻译专业应围绕课程建设、课堂教学、翻译实践教学等展开教研活动，循环式推进教学改革，持续提升教学质量。

三、基于 OBE 的复合型翻译人才培养方案及翻译专业产学研协同培养模式

（一）基于 OBE 的复合型翻译人才培养方案

OBE 是以学习产出为中心，系统开展设计、组织、实施和评价等活动的教育结构模式，可以细化为定义学习产出（Defining）、实现学习产出（Realizing）、评估学习产出（Assessing）和使用学习产出（Using）四个步骤（Acharya，2003）。OBE 强调反向设计，即以最终学习成果为起点，对培养目标、毕业要求和课程体系进行"反向设计"，所有教学指向学生的最终学习成果。图 3.21 显示了基于 OBE 的复合型翻译人才培养方案设计思路。翻译专业培养体系要以科学合理的人才培养目标为导向，并将其融会贯通于人才培养工作始终。其设计流程是基于目标导向而形成，毕业要求是基于培养目标而确定，再依据毕业要求设计课程体系，由课程体系提出教学要求，由教学要求决定教学内容，由此形成教学评价，教学评价反过来再指向毕业要求，从而形成闭合的校内循环体系。同时，教学评价结合社会需求（国家、区域、语言服务行业）和翻译专业学生需求，形成校外的循环体系。用学生期望达成的最终学习成果，反推学习过程，可以引导学生实现最终学习成果。

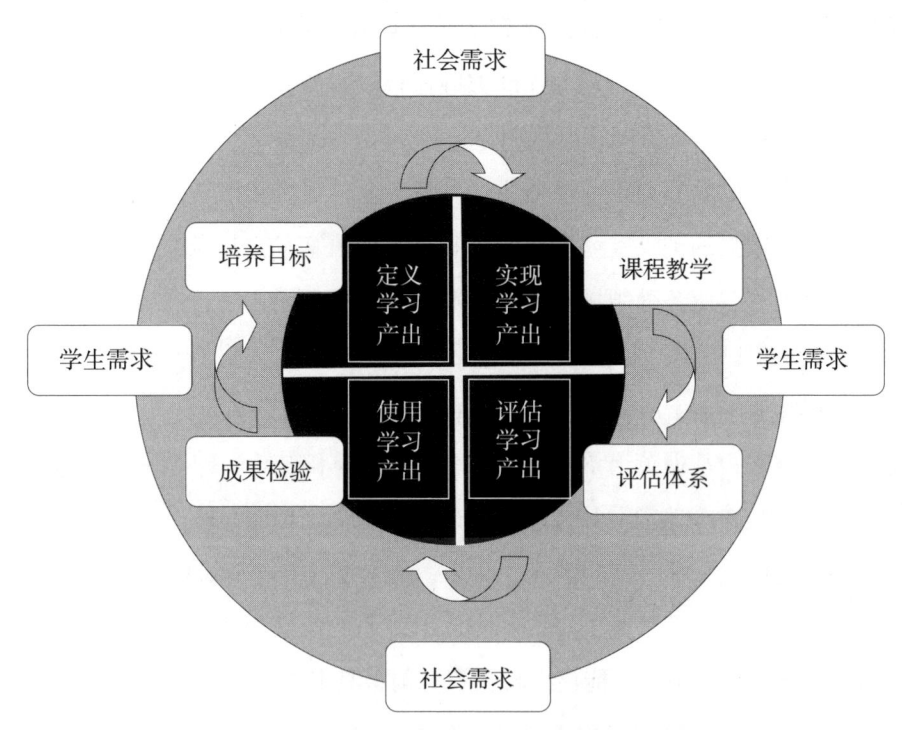

图 3.21 基于 OBE 的复合型翻译人才培养方案设计思路

定义学习产出是指在综合政府、学校、用人单位等多方需求基础上，制定合乎实际、符合需求的翻译专业人才培养目标；实现学习产出强调"反向设计"，通过相应的翻译专业课程设置，以多样化的教学授课方式，确保教学效果，提升人才培养水平；评估学习产出要以学习成果、翻译能力为纲，构建全面立体的评估体系；使用学习产出以前置环节实效为据，检验产出成果，提出优化方案。

（二）翻译专业人才培养目标与要求

翻译专业的人才培养目标是：坚持立德树人，培养复合型翻译人才，即具有社会责任感，德、智、体、美、劳全面发展，具备良好的职业素养和综合素质、较深厚的人文素养、中国情怀和国际视野；拥有扎实的英汉双语语言基础，掌握厚实的翻译专业知识、丰富的百科知识以及科技、工程、商务等多领域的基础知识；较熟练地掌握口笔译方法和技巧，初步掌握并运用翻译技术和工具；具备较强的英汉双语能力、翻译能力、跨文化能力、思辨能力和创新能力；能够胜任科技、商务、新闻、教育等领域的口笔译等语言服务及国际交流工作。

翻译专业的培养要求或规格为：翻译专业毕业生应该具有扎实的英汉语言功底、较强的英汉互译实践能力和第二外语基本交际能力，掌握一定的科技、工程、商务等领域知识，能够熟练运用翻译方法、技巧和技术在相关领域从事口笔译等语言服务和国际交流工作。

翻译专业毕业生应获得以下几方面的知识、能力和素质。

知识掌握：掌握英语语言、文学、文化等基础知识，熟悉中国语言文化知识，比较熟练地掌握翻译的基本理论、口笔译技能与策略、语言服务行业相关知识，了解科技、工程、商务、新闻等跨学科基础知识。

双语运用：能理解英汉口语和书面语传递的信息和情感，能使用英汉语有效传递信息和情感，能借助相关资源与工具书进行英汉双语写作。

翻译实践：能够运用翻译知识、方法与技巧对不同类型的文本进行有效的英汉互译，能够进行生活口译和一般难度的会议口译。

问题解决：能够运用相关知识或理论分析与解释翻译、语言和文化等现象，解决翻译研究与实践中的具体问题，具有较强的思辨与创新意识，能通过文献研究进行分析评价和学术写作，并获得有效结论。

合作交流：能够在多学科背景下的团队中承担个体、团队成员以及负责人的角色，能够就翻译领域相关问题与业界同行及社会公众进行有效沟通和交流。

国际视野：能够有效和恰当地进行跨文化沟通，能够追踪和借鉴国际翻译领域的新理论、新方法和新手段对翻译现象进行阐释分析。

文化素养：能够理解中外文化的基本特点和异同，具有文化包容性、批判性意识和文化自信，能够积极传播中华文化，能够对不同文化现象、文本和制品进行阐释和评价。

技术素养：能够运用现代信息技术查询中英文资料、检索文献、获取相关信息，能够运用翻译软件、工具等现代翻译技术完成翻译实践、翻译研究和翻译项目管理等任务。

职业素养：具备译者所需的良好生理素质、心理素质、道德素质以及高度责任感，能够在翻译实践中理解并遵守翻译工作者的职业道德和规范。

终身学习：具有终身学习意识，能够自我规划、自我管理，通过不断学习，适应社会和个人高层次、可持续发展的需要。

"知识掌握"属于知识目标，包括中英语言、文学、文化知识，翻译专业与语言服务行业相关知识，科技、工程、商务、新闻等跨学科基础知识，可以有效支持复合型翻译人才培养目标。"双语运用""翻译实践""问题解决""合作交流"属于能力目标，可以有效支撑培养目标中的综合能力目标，在强调双语运用和翻译实践能力的同时，突出培养复杂问题解决能力、合作交流能力、思辨能力以及创新意识。"国际视野""文化素养""技术素养""职业素养"属于素质目标，可以有效支撑人才培养目标中"良好的职业素养和综合素质、较深厚的人文素养"。"终身学习"可以适应社会和个人高层次、可持续发展的需要。调研结果显示，社会需求下的本科翻译人才应具备过硬的身心素质、扎实的专业基础、广博的专业知识以及较强的学习能力，翻译专业的培养目标与其高度匹配。语言服务企业对翻译人员职业素养的关注较为明显，对员工团队合作能力或团队意识的要求明显高于对员工独立工作能力的要求。当前的翻译服务行业呈现了以技术为依托的行业发展趋势，需要培养学生的技术素养。而在知识、素质、能力需求调查结果中，对工作态度、职业道德、良好心理素质、问题解决能力、服务能力、时间管理能力、学习能力、人际沟通与团队合作能力、多任务处理能力、良好的身体素质等的需求，与翻译专业的人才培养要求与规格也相匹配。

（三）翻译专业产学研协同培养模式

翻译专业的产学研协同培养应遵循"致力于人的全面发展，服务于区域经济建设和社会进步"的办学宗旨，贯彻"学生中心、产出导向、持续改进"理念，根据用人单位和语言服务行业人才需求和学生发展需求，面向人才培养目标，坚持"四结合"，即课堂教学与课外实践相结合、通用翻译人才培养与专业翻译人才培养相结合、校内培养与校外企业培养相结合、教学科研与翻译实践相结合。

翻译专业人才培养模式应遵循三个原则。第一，全面发展原则。使学生在知识、能力和素质方面获得全面协调发展，突出"扎实的英汉双语应用能力+熟练的英汉转换能力+基本的翻译技术能力+坚实的翻译专业知识+基本的相关专业知识+相应的人文素养"。第二，循序渐进原则。根据课程难易程度和关联性，同时考虑学生的认知特点和学习规律，科学构建系统化、递进式的理论教学体系和实践教学体系。第三，职业导向原则。进一步加强学生的职业意识，明确 BTI 人才培养的职业导向，提升学生翻译职业知识和职业技能。

翻译专业应依据"三螺旋"理论，按照"依次递进、有机衔接、通专结合、校企合作"的建设思路，依托语言服务双创中心、口笔译工作坊和翻译实习基地，实施产学研协同培养，形成基于翻译项目的实践共同体。同时，翻译专业应大力推进校企合作授课，开展企业专家进课堂活动，保证更好地与企业深度合作，发挥学校与企业的优势，不断提升学生的综合能力。

第四章
新文科背景下翻译专业课程建设

　　课程建设既是实现人才培养目标的关键环节，又是新文科建设的核心内容。本章第一部分梳理了翻译专业课程设置研究概况，并做出相应评价。第二部分介绍和分析了国内外高校翻译专业的课程设置，并从中得出启示。第三部分在学生需求分析基础上，探讨了翻译专业课程设置，提出构建语言课程模块，翻译技能、知识与实践课程模块，职业领域课程模块，跨学科知识课程模块以及人文知识课程模块。第四部分为新文科背景下翻译专业课程建设与研究。

一、翻译专业课程设置研究概况

　　笔者选取中国知网（CNKI）中文数据库、万方中文数据库，分别以"翻译专业课程体系""翻译专业课程设置""翻译专业课程建设"为主题进行检索，数据库最后更新时间为2022年12月7日。为保证数据的科学性，经手动去除重复文献、会议通知、会议总结、翻译实践报告及其他无关文献后，共获得文献368篇。其中，硕博论文14篇，期刊文献354篇，包括C刊及核心期刊文献86篇。经过文献梳理和研读，翻译专业课程设置研究主要包括翻译专业课程设置调查研究、中外高校翻译专业课程设置研究、不同视角下翻译专业课程体系研究、翻译专业某个或某类课程设置研究等。

（一）翻译专业课程设置调查研究

第一类是基于学生需求或社会需求分析的调查，通常采用问卷与访谈方法。例如，杨金蕊和丁晶（2013）以山东省某个高校的翻译专业为例，基于需求分析理论，从学生的学习需求和翻译用人单位的社会需求出发，采用推理型工具——问卷调查和结构式访谈，调查其课程设置情况，并根据调查分析结果，在课程目标、课程内容、课程实施与评测几个方面提出相应建议。张明芳等根据 Dudley-Evans & St. John 的需求分析框架制定调查问卷，对翻译专业一到三年级本科生展开本科课程设置的需求调查，并基于此次调查结果以及相关的社会需求调查研究成果，提出了翻译本科专业课程体系的构成模块：语言课程模块、翻译技能、知识与实践课程模块，职业领域课程模块、跨学科知识课程模块以及人文知识课程模块。

第二类是对翻译专业培养方案的调查分析。例如，王天予（2018）调查了我国前5个批次，共31所办学点的培养方案，分析翻译专业课程设置情况，将课程设置分为语言知识与能力、翻译知识与能力、通识知识与能力、职业知识与能力、专业知识与能力5大模块，并提出相应的建议。蒋平（2022）调查分析了国内55个翻译本科办学点的培养方案，将专业课程设置分为翻译理论类、翻译基础及技能类、含有中国元素的课程三大类。研究发现，翻译本科专业对翻译理论、翻译史、翻译研究类课程的重视程度有所提高，其办学目标偏向于实用型翻译人才，对翻译技术的重视程度很高，同时指出有些办学点的课程设置仍以英语专业为框架。

第三类是对翻译公司招聘要求的分析。例如，苏艳飞（2015）调查分析了15家翻译公司的招聘要求，总结出翻译人才的能力要求，包括翻译经验、语言能力、翻译能力、专业能力、IT技术、职业道德、学历资质等，并据此提出相应的课程设置。

以上三类调查研究也存在局限性。第一类研究通常采用问卷和访谈方法，调查对象数量有限，往往局限于一个办学点，大都缺少大四学生参与，而大四学生体验了翻译专业人才培养的全过程。因此，调查对象可以扩充到不同类型高校，从在校大一至大三学生，扩充到大四学生和毕业生，从而更具代表性。第二类研究调查各学校的培养方案，所调查办学点的数量和类别具有一定的代表性，但是调查内容各有侧重，通常忽略培养方案的动态调整。因此，还需关注培养方案中课程设置的历时变化和不同类别高校之间课程设置的异同。第三类翻译公司的招聘要求研究仍局限于有限的调查对象，可以利用大数据网络爬取技术，扩充相关的招聘信息。

（二）中外高校翻译专业课程设置研究

唐萍（2008）比较了6所加拿大高校，中国7所香港高校、2所内地高校的翻译专业本科课程设置，提出课程设置内容上要强调翻译技术及翻译工作者职业技能。王圣希（2012）、何心（2013）先后对比分析了内地大学与香港大学本科翻译专业课程设置。贺学耘等（2013）分析了加拿大渥太华大学翻译学院本科翻译专业（法英方向）的课程设置，认为面向通用型和专门型相结合的两型职业翻译人才培养，应加大双语知识与技能课程及专业知识与技能课程的比例，将"翻译技术"、"术语学"和"翻译职业教育"等课程纳入本科翻译专业课程体系。孙静（2014）梳理了欧美国家及我国香港地区部分高校的翻译专业建设情况，并对我国翻译本科专业的学科定位、培养目标和课程设置等问题提出建议。谭思蓉（2016）分析了加拿大的渥太华、蒙特利尔和拉瓦尔3所高校本科翻译专业课程设置情况，提出要正确处理翻译实践与理论模块、通识教育模块以及双语知识与技能模块的比例关系，正确处理笔译课程和口译课程的关系，重视特色翻译课程的建设。王宇、马骏（2017）从开设课程、教学方式和学业评估3个角度对西悉尼大学翻译专业的课程设置进行了分析，进而对翻译人员的培训课程设置及教学模式提出建议。李红玉（2018）通过介绍渥太华大学翻译学院的专业翻译人才培养项目，提出在我国翻译专业的课程设置上，应明确对接语言服务业对专业翻译的技能要求，建设体现专业性、职业性的富有特色的课程体系。

上述研究对我国高校翻译专业的课程设置具有一定的参考和借鉴意

义，但主要集中于我国香港地区高校和加拿大高校的翻译专业，较少涉及国外其他国家高校，如法国、美国、英国、德国等。我国香港地区高校和国外高校重视市场需求，强调职业性和翻译技术，这对我国高校的翻译专业办学点有积极的借鉴价值。但我们还应考虑国情和国家需求，制定满足国家需求、市场需求、学生需求的课程设置方案。

（三）不同视角下翻译专业课程体系研究

李萍（2010）基于语言模因论探讨了项目融入式课程体系，包含4个对应模块，即双语模块、翻译模块、辅助模块及实践模块。覃胜勇（2012）从跨学科视角，依据泰勒的四阶段论和肖恩与朗斯特里特的五要点论，提出翻译课程设置的8大领域，即传播过程、系统和关系、语言、语言学、跨社会／文化蕴涵、语言间符号转换、信度与效度测量以及评估，并将这8大领域归类为支持课程、主干课程、基础课程、实践课程和研究课程，每个领域又由难度和复杂度不同的课程构成。揭廷媛、汤元斌（2013）基于PACTE翻译能力多元模式，提出翻译专业必修课程模块包括翻译专业知识教学模块和翻译实战教学模块，翻译专业选修课程模块包括双语能力培养教学模块、百科知识教学模块、专业知识教学模块。彭芸（2013）在数十所高等院校的翻译本科专业课程设置方案分析的基础上，根据翻译专业技能四要素——双语技能、翻译技能、辅助技能及实践技能，提出4个对应模块——双语模块、翻译模块、辅助模块及实践模块。贺学耘、曾燕波（2013）基于38所本科翻译专业课程设置调查结果，提出本科翻译专业课程体系可设置4大模块——通识教育模块、双语知识与技能模块、专业知识与技能模块、实践教育模块。

上述研究或者根据课程设置调查中发现的问题和不足，对翻译专业课程体系提出相应建议，或者从不同理论视角，如模因论和翻译能力提出设置不同的课程模块，这对翻译专业课程体系构建具有参考价值。但整体看，这些研究没有结合当时的《高等学校翻译专业本科教学要求（试行）》[简称《要求（试行）》]，缺乏关于翻译专业课程设置的理论探讨。

（四）翻译专业某个或某类课程设置研究

林记明（2011）探讨了同声传译课程在本科翻译专业课程体系中的定位。陈姝、张艳（2012）依据汉文化课程的社会需求和学习需求分析结果，提出将汉文化课程纳入翻译课程设置体系。杨振刚（2015）论述了在本科翻译专业设置计算机辅助翻译课程。姚腾（2016）从本地化视角，参照《要求（试行）》，提出在翻译专业课程设置中增加本地化行业知识储备和地方经济文化特色课程。杨冬敏（2020）探讨了翻译专业语言类课程设置，以提高学生双语能力。上述研究从不同视角，提出增设汉文化、同声传译、计算机辅助翻译、本地化课程等，同时还提出要重视面向学生双语能力的语言类课程设置。

此外，一些学者对《要求（试行）》进行了解读与思考，为翻译专业的课程设置提出见解。仲伟合（2011）认为，翻译专业本科课程设置分为3大模块：语言知识与能力、翻译知识与技能、通识教育，并解释了3大模块的比重和内容。孙伟（2011）提出建立以市场为导向、以培养复合应用型翻译人才为目标的课程体系，该课程体系包括7大课程模块：语言基础课程模块、实用语言技能课程模块、理论修养课程模块、翻译能力培养课程模块、文化修养课程模块、跨学科课程模块和职业实践能力课程模块。谢天振（2013）针对《要求（试行）》中的课程设置提出增设翻译史课程的想法。平洪（2014）则认为，翻译专业本科课程设置可分为语言知识与能力、翻译知识与技能、相关知识与能力3大模块。随着《指南》的发布，一些学者对《指南》进行了解读与思考。蒋洪新（2019）强调三个英语类专业的课程体系既注重完备，又兼顾特殊，通识教育课程、专业核心课程、专业方向课程和实践环节（含毕业论文）的开设比例需符合《国标》。赵璧和冯庆华（2019）分析了翻译技术在《要求（试行）》《国标》《指南》三份文件中现身、缺席、落地的历程及原因，并论述了翻译技术作为翻译专业核心必修课程的意义。赵朝永和冯庆华（2020）根据《指南》中"翻译能力"的要素和内涵提出，建立聚焦翻译能力的课程体系。肖维青等（2021）提出，《指南》增设"翻译技术"和"研究方法与学术写作"两门专业核心课程，旨在培养本科翻译专业学生的技术能力和基本研究素养。文军（2021）针对《指南》中的翻译概论课程从课程定位的调节性、课程内容的适切性、教学活动的延展性和教学评价的综合性四方面论述了其课程设计。王华树、李莹（2021）基于问卷和访谈，针对《指南》中作为翻译专业核心课程的"翻译技术"，提出加强课程建设、重视师资培养、完善教学评价、改善教学环境、加大科研力度等措施。对比《要求（试行）》和《指南》，前者的课程设置为语言知识与能力、翻译知识与技能、相关知识与能力3大模块，但没有体现实践课程模块，忽视了诸如"翻译史"等课程；后者的课程设置包括通识教育课程、专业核心课程、专业方向课程和实践环节，强调通识和实践教育，明确把翻译技术作为专业核心课程，同时也注重翻译知识和研究能力，开设了"翻译概论"和"研究方法和论文写作"课程。

上述国内关于翻译专业课程设置的研究主要集中在基于调查分析（社会、学生、培养方案、招聘信息）的翻译专业课程设置与课程体系、国外高校翻译专业课程设置及启示、对《指南》中课程设置的解读与思考上。翻译专业课程设置必须经历3个阶段，即影响翻译的相关因素分析、课程设置理论探讨和翻译课程设置（覃胜勇，2012）[43]。很显然，翻译专业的课程设置理论研究凤毛麟角，仅有个别研究依据国外相关课程理论进行了探讨。翻译专业的课程设置可以借鉴OBE的"学生中心、反向设计、持续改进"理念，同时还需加强自身的课程设置理论研究，采用设计型研究法，通过设计、实施、检验、再设计迭代循环系统研究真实情境下翻译专业课程设置或课程体系，从理论到实践，再从实践到理论，形成理论、实践和设计相统一，更有效、可靠的翻译专业课程设置或课程体系。

二、国内外高校翻译专业课程设置情况

笔者对部分国内外高校翻译专业的课程设置情况进行了调查分析，调

查高校包括国外的 8 所高校、中国港台地区的 3 所高校和内地的 15 所高校。调查手段主要是文献调研和培养方案分析。

（一）国外高校翻译专业课程设置情况

西方国家翻译专业发展起步比较早，以下内容分别为加拿大渥太华大学、美国明德大学蒙特雷国际研究学院、英国纽卡斯尔大学、巴黎高等翻译学院、澳大利亚西悉尼大学、德国海德堡大学、莫斯科国立大学、韩国外国语大学的翻译专业课程设置情况。

早在 1931 年，加拿大渥太华大学就建立了翻译学院，并于 1936 年开设了职业翻译课程。其主要包括 6 个部分：一是，开启学生心智的通识课程，包括论文写作、推理及批判性思维和文学与写作等；二是，夯实语言基础的双语知识与技能课程，包括英语语法、比较文体学和写作技能等；三是，传授双语转换技巧的专业知识与技能课程，包括翻译概论、翻译技术、术语学等；四是，提供大量专业实践的专业实践课程，即学院开辟各种渠道，与各级政府部门、翻译公司或工厂企业等建立良好合作关系，在大学四年级的时候，给学生提供各种校内及校外翻译实习及实践场所；五是，让学生有足够选择机会的选修课程，学院开设了 27 门选修课，可以让学生根据自己的兴趣或自己未来职业的需要选择相应课程；六是，规范翻译行为的翻译职业教育课程。该校是最早在本科翻译专业采用合作教育模式的大学，通过"学—做—学—做"的循环往复，促使学生真正将"学习与实践结合起来，通过反思实现体验式学习"（Gyn，1996）[103]。近年来，该校积极探索实现翻译技术与翻译专业训练充分整合的路径。

美国明德大学蒙特雷国际研究学院成立于 1955 年，其翻译与口译研究院为世界三大翻译学院之一，共设有 7 个语种，包括中文、法语、德语、日语、韩语、俄语和西班牙语等，设有笔译、笔译与口译、会议口译以及翻译与本地化四个专业方向。其核心课程有笔译和口译实践、本地化工具与技术、专业发展和职业技能等。在第一学年，学生可以学习到各专业方向的内容，然后根据自己的兴趣、优势和需求选择第二学年的发展方向。

四个专业都为学生提供真实的实习项目,让学生获得真实的口、笔译实战经验。笔译专业学生学习涉及的翻译领域比较广泛,包括法律条款、新闻稿、用户手册、招标说明、工程计划、医学或历史文件等。此外,还学习小说、诗歌和戏剧翻译,同时还可以选修本地化的课程。口笔译专业面向学生口译和笔译两项能力的培养,注重交替传译。口笔译项目可以和会议口译互转。如果交替传译和同声传译考核均合格,可以转入会议口译,反之,如果会议口译不合格,就要转到口笔译项目。如果有学生发现自己的兴趣不是口笔译而是本地化管理,也可以转到本地化项目。会议口译专业主要包括交传会议口译和同传会议口译,旨在帮助听众理解演讲者或讲话人要传达的信息。该专业可能涉及不同领域的话题,如经济、科技、金融、信息技术、医学等,不仅可以培养学生的口译能力,而且可以使学生学习到不同领域的背景知识。翻译与本地化专业属于蒙特雷的特色专业,主要包括翻译、技术和企业管理三方面内容,开设翻译、本地化管理和技术方面的实践课程,并提供专业实习机会。该专业毕业生大都在翻译公司做项目管理或在科技公司做本地化。由此可见,蒙特雷翻译与口译研究院重视学生的个性化发展需求,学生可根据自己的兴趣和特长选择专业方向或转专业;还重视实习,每个专业方向都设有相应的实习项目,给学生提供实战平台与机会;其课程设置体现了需求导向,既面向市场需求,又满足学生个性化发展需求。

英国纽卡斯尔大学同时设有翻译专业本科课程和硕士课程。本科专业名称为现代语言、笔译与口译项目,4 年全日制。该专业主要培养学生语言技能,使其接近母语流利度,并培养学生口笔译专业技能。每学年修学 120 学分。第一学年的必修课为笔译理论与实践(一)和口译理论与实践(一),分别占 20 学分。选修课有 23 门,包括汉语、法语、德语、日语、葡萄牙语、西班牙语等语言课程,还有关于法国(1789 年至今)(La France de 1789 à nos jours)、德国(1871—1945 年)(Deutsch and zwischen 1871 and 1945)、拉丁美洲(Introducción a América Latina)的区域国别课程,以及关于语言学（Introduction to Linguistics）、文学（Introduction to Literature）、国际电影（Introduction to International Film）、文化研究（Introduction to Cultural Studies）、伊利比亚半岛的历史、文化与社会（Introduction to History，Culture and Society of the Iberian Peninsula）等语言、文学和文化类导论课程。第二学年的必修课是笔译理论与实践（二）和口译理论与实践（二），选修课共设有35门，包括语言类课程，如B级汉语（Level B Chinese）、B级和C级法语（Level B French，Level C French）、B级和C级德语（Level B German，Level C German）、B级日语（Level B Japanese）、B级葡萄牙语（Level B Portuguese）等，所选语言国家的文化历史类课程，如巴黎的历史与文化（Paris：Aspects of History and Culture）、葡萄牙语世界的文化与社会（Cultures and Societies of the Portuguese-Speaking World）、意大利语言与文化导论（An Introduction to Italian language and culture）、加泰罗尼亚语言与文化身份构建（Constructing Catalan Cultural Identity）等。此外，还有一些初学者课程。例如：如果学习了西班牙语或法语，可以选修加泰罗尼亚语；如果学习了德语，可以选修荷兰语。第三学年为海外学习，即到目标语国家学习，发展语言技能，学生要完成年度海外学习报告。第四学年的必修课是笔译理论与实践（三）和口译理论与实践（三），选修课设有45门，包括高级写作类课程，如当代法语和法语写作与视觉文化（Contemporary French & Francophone Writing and Visual Culture）、D级法语：高级写作技巧（Level D French：Advanced Writing Skills）、西班牙语：高级写作技巧（Spanish：Advanced Writing Skills），学术语言类课程，如D级法语：专业与学术语言（Level D French：Language for Professional & Academic Purposes）、西班牙语：专业语学术语言（Spanish：Language for Professional & Academic Purposes），语言研究类课程，如法语中的语言变异（Linguistic Variation in French）、德语与英语的历时对比：语音、构词、句法和词汇（A Comparative History of German and English：phonology，Morphology，syntax and lexicon）、拉丁美洲的多语制与社会（Multilingualism and Society in Latin America）、西班牙语语

言学（二）：变异与变化（Spanish Linguistics II：variation and change），西班牙的语言多样化（Language Diversity in Spain），还有一些文化历史类课程，如食物、足球和小说：加泰罗尼亚的文化认同构建（Food，Football and Fiction：Construction Catalan Cultural Identity），西班牙的青年文化（Youth Culture in Spain），墨西哥独立革命（1989/1818—1917年）（Independence to the Mexican Revolution 1989/1818—1917）等。纽卡斯尔大学的现代语言、口笔译专业重视翻译理论与翻译实践的结合，以口笔译翻译理论与实践为核心课程贯穿大学第一、二、四学年，并为学生提供丰富的选修课程，每学年的选修课程数量和难度徐徐渐进、逐年递增，重视目的语国家的历史、文化和社会，突出课程的人文性。

巴黎高等翻译学院没有开设本科专业，其硕士阶段开设的专业包括笔译（Master Traduction éditoriale，économique et technique）、会议口译（Master Interprétation de conférence）和法语手语翻译（Master Interprétation LSF）。博士阶段开设的专业有翻译学（Doctorat de Traductologie）。其中，硕士学位的学制为2年，实习6个月。口译硕士就业去向有：联合国同声传译、欧洲议会翻译、国际货币基金组织翻译、企业翻译、自由职业者等。笔译硕士（出版、经济、技术翻译）就业去向有：电影字幕翻译、企业文件翻译、外文书籍翻译、自由职业者等。

澳大利亚西悉尼大学于1984年开设了翻译和口译学课程，致力于培养能为澳大利亚社会生活服务的翻译人才。翻译课程体系包括4个模块：第一个模块为帮助学生掌握翻译必备的人文与社会知识的通识课程，如澳大利亚历史、当代澳大利亚社会等；第二个模块是与翻译相关的、有针对性的语言课程，如语言结构、分析型阅读与写作、文本分析、语用学等；第三个模块为以训练口笔译能力为主的系列专业核心课程，如基础笔译、基础口译、商务口译、法庭翻译、医疗口译、社区服务翻译等；第四个模块是为满足学生多元化职业需求而开设的拓展课程，如影视字幕翻译、媒体翻译、机器翻译导论等（王非 等，2013）[45]。教学模式采用演讲课（lecture）

和辅导课（tutorial）相结合的模式，一方面可以帮助学生打下扎实的理论基础；另一方面保障辅导课采用模拟翻译训练形式，可以帮助学生在踏入社会之前了解实际翻译工作环境和要求。

德国海德堡大学的笔译口译研究学院隶属海德堡大学的现代语言学院，研究重点是口译、笔译、术语管理等，提供7种学习语言，即英语、法语、意大利语、日语、葡萄牙语、俄语、西班牙语等。本科项目设有翻译研究和信息技术翻译研究两个专业方向，硕士项目设有翻译科学/翻译、交流和语言技术、会议口译三个专业方向。其本科课程设置体现系统性、递进性：第1—3学期开设跨文化交际和翻译理论与方法；第4学期设有普通领域文本和专门领域文本翻译实践；第5学期设置翻译实习；第6—7学期设置专业翻译、翻译技术、毕业考试（实践部分）；第8学期设置毕业论文与学术研讨。第5学期的翻译实习，从校内翻译实践到校外翻译实习，体现了翻译实践徐徐渐进的过程。翻译实习安排在第5学期，此时学生已掌握一定的翻译理论和翻译技巧，能运用所学于翻译实践中，这种嵌入式翻译实习的另一个优势在于学生可以根据各自的翻译实习情况反思自己的学习，及时调整后续的学习规划。此外，其课程设置还突出通专结合，即通用翻译和专业翻译相结合。

俄罗斯的莫斯科国立大学设有外语与区域研究系，其人才培养目标为："具有完善的外语和母语能力、深入了解所学语言国家的国情、在相关专业领域具有跨文化交往能力。"除了开设传统的外语实践课、俄语修辞学与言语修养课，学校还设有国外区域学、国际关系学，在提高阶段开设大量的翻译实践课（包括经贸翻译、法律翻译、社会政治翻译、科技翻译等）以及翻译方面的计算机技术等课程。其课程特点为注重区域与国际关系学、应用翻译实践和与翻译相关的计算机技术，以满足国家发展需求。在课程设置上，俄罗斯高校近年来开始重视基础知识、专业知识面、文理渗透的跨学科课程设置以及人文教育与科学教育的互补和融合，从而打破了学科间的壁垒，实现了知识的交叉复合。

韩国外国语大学是亚洲最早加入国际大学翻译学院联合会（CIUTI）的会员高校，"实用型人才"是其人才培养目标，体现了市场导向。韩国外国语大学高级翻译学院主要通过课程设置的及时调整、师资力量调整和因材施教、分班教育落实人才培养工作。当前，其课程设置大致分为四个方向：产业经济、科学技术、政治法律、大众媒体，调整的周期为10年左右一大调，2—3年一小调。韩国外国语大学高级翻译学院注重实践教学，开展了"实训为主"教学，以实践能力为考核内容，会根据市场需求及时邀请该学科的相关专家，如法官、企业高管、研究员、政治家等走入课堂。

美国高校应用型翻译人才培养体系历经几十年的实践和研究已经比较成熟，其主要特点为翻译需求的持续性、方向设置的灵活性、课程设置的多元性和翻译研究的系统性（王志伟，2012）。欧洲高校注重翻译市场需求，缩小了学校教育与市场需求之间的差距。其课程设置比较灵活，会根据翻译市场的需求变化调整翻译课程设置。过去，欧洲不少大学都根据市场发展的需要，改革了翻译专业的培养方案。比如，电影电视字幕翻译、配音翻译市场上有很多工作机会，许多大学就开设了音视频翻译在内的培训课程。随着翻译技术的快速发展，未来的译员会承担更多的译后编辑、审校、修改等工作，译后排版、译后编辑等课程相信不久也会开设（程维 等，2015）[74-77]。

根据以上总结，我们可以梳理出部分国外高校翻译专业课程设置情况一览表，具体可见表4-1。

表 4-1　部分国外高校翻译专业课程设置情况一览表

高校名称	专业名称	专业优势和特色
加拿大渥太华大学	翻译	以服务社会需求为办学宗旨，具有职业化发展的办学特征。基于社会需求和职业趋向的课程设计，使翻译技术与翻译专业训练充分整合，实施合作教育模式。双语知识与技能课程及专业知识与技能课程的比例达到80%，开设"翻译技术"、"术语学"和"翻译职业教育"等课程

续表

高校名称	专业名称	专业优势和特色
美国明德大学蒙特雷国际研究学院	笔译 笔译与口译 会议口译翻译与本地化	开设核心课程：笔译和口译实践、本地化工具与技术、专业发展和职业技能等。特色专业为翻译与本地化，主要包括翻译、技术和企业管理三方面内容，开设翻译、本地化管理和技术方面的实践课程，并提供专业实习机会。重视学生的个性化发展需求，还重视实习，每个专业方向都设有相应的实习项目，课程设置既面向市场需求，又满足学生个性化发展需求
英国纽卡斯尔大学	现代语言 笔译与口译	重视翻译理论与翻译实践的结合，以口笔译翻译理论与实践为核心课程贯穿大学第一、二、四学年，并为学生提供丰富的选修课程，每学年的选修课程数量和难度徐徐渐进、逐年递增，重视目的语国家的历史、文化和社会，突出课程的人文性
澳大利亚西悉尼大学	翻译	致力于培养能为澳大利亚社会生活服务的翻译人才。翻译课程体系包括4个模块：一是通识课程，如澳大利亚历史、当代澳大利亚社会等；二是语言课程，如语言结构、分析型阅读与写作、文本分析、语用学等；三是专业核心课程，如基础笔译、基础口译、商务口译、法庭翻译、医疗口译、社区服务翻译等；四是拓展课程，如影视字幕翻译、媒体翻译、机器翻译导论等
德国海德堡大学	翻译	系统性、递进性的课程设置和嵌入式翻译实习：第1—3学期开设跨文化交际和翻译理论与方法；第4学期开设普通领域文本和专门领域文本翻译实践，参照相关翻译理论；第5学期设置翻译实习；第6—7学期设置专业翻译、翻译技术、毕业考试（实践部分）；第8学期设置毕业论文与学术研讨（毕业考试的理论部分）
莫斯科国立大学	外语与区域研究	注重所学语言国家的国情和相关专业领域知识，设有国外区域学、国际关系学课程，在提高阶段开设大量的翻译实践课（包括经贸翻译、法律翻译、社会政治翻译、科技翻译等）以及翻译方面的计算机技术等课程

续表

高校名称	专业名称	专业优势和特色
韩国外国语大学	翻译	市场导向为主的"实用型人才"培养目标,四个课程设置方向:产业经济、科学技术、政治法律、大众媒体

注:巴黎高等翻译学院没有设翻译本科专业,故不在表中体现。

(二)港台地区高校翻译专业课程设置情况

香港地区的翻译本科教学由来已久,香港中文大学早在1972年即设立翻译系。当前,香港大学、香港中文大学、香港理工大学、香港浸会大学、岭南大学、香港城市大学等多所学校均已设立翻译本科学位课程。以香港浸会大学为例,其课程设置为:第一学年——翻译原理与方法、翻译实习、语言学与翻译、文化研究、英语研究、传译技巧、中文写作、普通话、电脑运作、宗教与哲学、体育;第二学年——翻译与风格、传译与翻译、解释学、英汉对比研究、文化比较研究、翻译工作坊、翻译研讨、口译、专业翻译基础、宗教基础、宗教与哲学;第三学年——受聘实习,任职于各类机构的语言及翻译工作岗位;第四学年——翻译批评、翻译专业研究、专科翻译(新闻、文学、科技、公文及商业)、翻译研讨、口译、毕业论文(张美芳,2001)[43]。由此可见,香港浸会大学的翻译专业翻译理论和翻译实践并重,翻译实习为嵌入式,分别在第一学年和第三学年。嵌入式实习有利于学生尽早了解行业需求,确定学习目标,及时调整自己的学习方向。从总体看,香港学校翻译课程有几个共同点:翻译实践课和理论课并重;笔译、口译并重;注重双语研究和语言基本功(设有英文写作和中文写作等主修课);针对性很强,注重市场需求和实务翻译技巧的训练(开设多种应用翻译课,学生在第三学年到外面全职实习);重视相关学科知识(开设中西方文化比较、政治、经济、商务、法律、大众传媒、计算机应用等多种副修课)(张美芳，2001；刘靖之，2001）。香港中文大学的翻译专业设有文学翻译和实用翻译，其实用翻译包括公共事务翻译、商业翻译、传播媒介翻译、法律翻译、科技翻译，还开设了跨文科或相关学科课程，如中国语言与文学、英文、法文、德文、日本研究、新闻与传播、政治与行政、工商管理及法律等。

台湾地区开设翻译本科专业的学校较少，仅有长荣大学、文藻外语大学等少数高校。以长荣大学翻译系为例，其核心课程包括口笔译技巧课程、外语语言课程和母语语言课程。除了翻译类必修课程，还设有经贸、科技、新闻三个方向的课程模块，以满足学生对不同领域知识的需求。经贸模块不仅设有经贸领域的翻译课程，如经贸笔译、经贸视译，还设有经贸知识课程，如国贸实务、经济学概论、商业概论、商业简报等。

部分港台地区高校翻译专业课程设置情况可见表 4-2。

表 4-2　部分港台地区高校翻译专业课程设置情况一览表

高校名称	专业名称	专业优势和特色
香港浸会大学	翻译	（1）翻译实践课和理论课并重。 （2）笔译、口译并重；注重双语研究和语言基本功（如设有英文写作和中文写作等主修课）。 （3）针对性很强，注重市场需求和实务翻译技巧的训练（如开设多种应用翻译课，学生在第三学年到外面全职实习）。 （4）重视相关学科知识（如开设中西方文化比较、政治、经济、商务、法律、大众传媒、计算机应用等多种副修课）
香港中文大学	翻译	文学翻译和实用翻译（公共事务翻译、商业翻译、传播媒介翻译、法律翻译、科技翻译）结合；相关学科课程（45 个学分），如中国语言与文学、英文、法文、德文、日本研究、新闻与传播、政治与行政、工商管理及法律等

续表

高校名称	专业名称	专业优势和特色
台湾长荣大学	翻译	核心课程包括口笔译技巧课程、外语语言课程和母语语言课程，设有经贸、科技、新闻三个方向的课程模块。注重语言课和翻译课、低年级课与高年级课的衔接

（三）内地高校翻译专业课程设置情况

我国内地高校的翻译本科专业发展起步相对较晚。上海外国语大学、广东外语外贸大学和北京外国语大学分别于 2004、2006、2008 年在外国语言文学一级学科下自主设置了翻译二级学科，培养翻译学的硕士和博士。2006 年，教育部印发《关于公布 2005 年度教育部备案或批准设置的高等学校本科专业结果的通知》（教高〔2006〕1 号），翻译作为一门专业取得了合法地位（仲伟合，2011）[20]。同年，教育部正式批准复旦大学、广东外语外贸大学与河北师范大学设立翻译本科专业，这三所学校的翻译专业属于试办的"目录外专业"。2012 年，翻译专业从"目录外专业"进入"基本专业目录"，截至 2022 年 2 月，全国已有 301 个翻译本科专业 BTI 办学点。截至 2022 年 9 月，全国已有 316 个翻译硕士 MTI 办学点。目前，我国翻译专业教育已经进入规模化发展阶段。图 4.1 显示了 2011 年、2013 年、2016 年、2019 年、2020 年和 2022 年全国高校开设 BTI 和 MTI 的数量变化。

在研究对象上，国内学者多以具体课程、个别学校和特定语种专业为例展开个案研究，探索课程设计、口笔译类课程教学、翻译实践教学、教学改革、人才培养模式等议题，指出问题、提出对策，实践素材丰富。几十年来，中国课程发展经历了从基于语言的课程、基于技巧的课程、基于翻译能力的课程到基于译者能力的课程的过程。但从整体看，仍缺乏对翻译人才培养的宏观把握和系统研究。因此，出现了翻译人才培养模式的理论指导不足，或者理论指导与实际教育脱节等问题，造成翻译人才的泛而不精（苑英奕 等，2016）[32]。

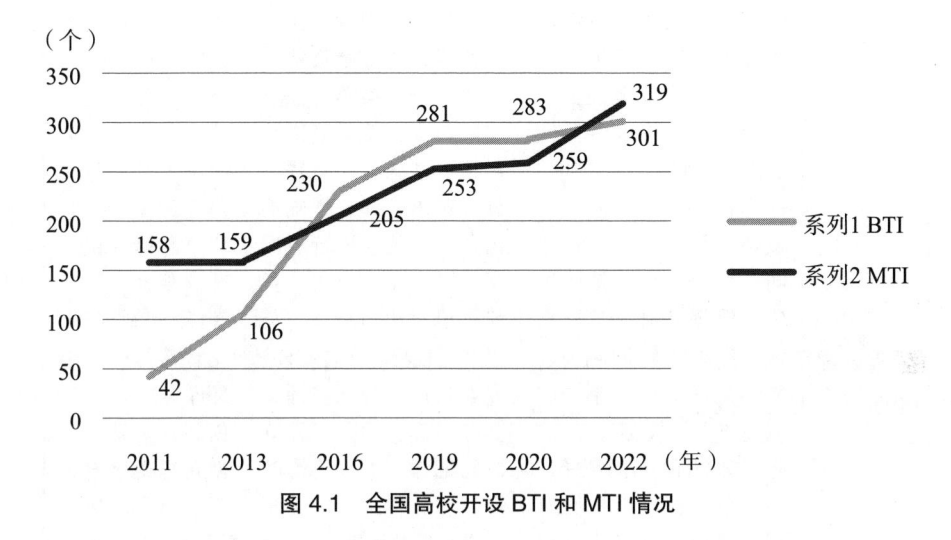

图 4.1　全国高校开设 BTI 和 MTI 情况

笔者对国内设有翻译专业的高校进行了调研，调研内容为 4 类院校的翻译专业人才培养方案，包括理工类、外语类、师范类和其他类，如经贸类、邮电类、政法类等。在重点调研了 12 所高校的翻译专业课程设置情况后，通过分析发现，这些高校翻译专业的优势、特色，可以找到可借鉴的思路和做法。

理工类高校翻译专业课程设置情况可见表 4-3。

表 4-3　理工类高校翻译专业课程设置情况

高校名称	北京航空航天大学	西南交通大学	华中科技大学
专业优势和特色	突出航空航天高科技特色，学生可以依托全校的课程，选择口/笔译方向，加强在高科技口/笔译方面的特长。以文为主，文理结合，注重发挥学生的个性和特长，给学生留有良好的个性发展空间	依托学校轨道交通方面的优势，突出工程英语翻译专业特色，重点开展工程翻译、商务翻译教学，为学生创造一个互动创新型的翻译学习空间	培养特色：翻译能力导向、复合型人才

续表

高校名称	北京航空航天大学	西南交通大学	华中科技大学
课程设置情况	除了一、二年级英汉语基础课和部分口笔译基础课，翻译专业在三、四年级开设多种专业性必修和选修课程。比如，口译板块有口译基础、交替传译、视译、科同声传译入门；笔译板块有笔译基础、政经翻译、计算机辅助翻译、文学翻译、科技翻译、航空航天科技翻译专题、应用文翻译、新闻翻译、字幕翻译；理论板块有翻译概论、外汉语言对比、跨文化交际、典籍翻译评析、翻译史、翻译项目管理等	主干课程：现代汉语、古代汉语、综合英语、英语语音、英语语法、交际口语、英语演讲与辩论、基础英语听译、外台英语听译、基础英语读写、英汉平行应用文读写、高级英语读写、汉英语对比与翻译、英汉互译技巧、交替传译、专题口译、视阅口译、商务口译、国际工程谈判与翻译、工程英语翻译、非文学翻译、文学翻译赏析与评判等	主要课程：英语精读、英语听力、英语写作、英语演讲与辩论、英语国家社会与文化、英汉语言对比、翻译概论、英汉翻译、汉英翻译、基础口译、交替传译、实用翻译等。创新创业课程：创新意识启迪—英汉语言对比、创新能力培养—汉英翻译、英汉翻译创新实践训练—信息技术与语言服务、口译证书培训等

外语类高校翻译专业课程设置情况可见表4-4。

表4-4 外语类高校翻译专业课程设置情况

高校名称	北京外国语大学	上海外国语大学	广东外语外贸大学
专业优势和特色	开设在英语学院，师资强大，有多个研究所提供支撑。培养国际性、通识化人才；主要面向外交、文化传播、经贸等偏重人文社科就业；"口笔平行，汉译英为主"	2007年开设，师资强大。实用性强，偏向商务等，毕业去向主要是大公司，如世界500强	历史长，1997年开设高级翻译方向。一、二年级以英语学习为主，强化听、说、读、写等语言基本功训练，同时开设一定数量的专业方向课。三、四年级设6个方向模块（高级翻译是其中之一）

续表

高校名称	北京外国语大学	上海外国语大学	广东外语外贸大学
课程设置情况	总学分为159学分；课内总学分147学分，总学时2532学时；实践性教学12学分	总学分为160学分：通识课38学分；专业课114学分；实践8学分	毕业最低总学分155学分，总学时2352学时。其中必修课程123学分，占79.35%；选修课程32学分，占20.65%；实践教学45学时，占29.03%

师范类高校翻译专业课程设置情况可见表4-5。

表4-5 师范类高校翻译专业课程设置情况

高校名称	河北师范大学	河南师范大学	华中师范大学
专业优势和特色	教育部2006年首批批准设立翻译专业的三家院校之一，历史长，课程设置合理，影响力大	翻译专业为省级一流专业建设点	双一流大学；翻译专业成立于2010年，口碑好
课程设置情况	学科平台课程（必修38学分）中的《翻译与写作》课程分两个学期，共64学时。学科平台课程（必修38学分）中的《时政翻译》课程，比较符合时代要求。专业平台课程（选修17学分），分成三个方向：语言应用、英美文学和翻译实务。课程内容丰富，适合个性化培养	专业基础平台课程中的《英语写作与翻译》，36学时。选修课程中的《翻译学》和《翻译专题》比较前沿，对学生今后在翻译领域的研究作用较大。	专业课程比较多，但课时相对较少，如《语音课》只有8个学时。专业选修系列课程尤其丰富，有利于学生的个性化发展。其中的《英语朗诵技巧》比较新颖，对于促进学生的语音语调水平有很大帮助。此外，选修课中《名译赏析》名称也比较好，不局限于文学翻译，概括面大

083

其他类高校翻译专业课程设置情况可见表 4-6。

表 4-6　其他类高校翻译专业课程设置情况

高校名称	对外经济贸易大学	中国政法大学	南京邮电大学
专业优势和特色	培养精通国际经济与贸易翻译实践操作技能的高级复合型专业人才	培养系统掌握法律知识，特别是法律相关领域的专业性涉外业务的高级复合型翻译人才	依托学校信息学科优势，信息特色鲜明。在科技，尤其是信息通信技术产业以及互联网、经贸、文化等领域从事语言服务及相关工作
课程设置情况	重视通识课程：文史经典与文化传承、世界文明与全球视野、批判性思维与哲学智慧、文学修养与艺术鉴赏、科学精神与未来趋向、哲学与心理学、社会科学、自然科学等。创新创业类课程：创新与创业管理（英）、翻译创业管理、创业计划（英）等	专业特色课程：法律英语精读、法律翻译泛读、法律英语视听说、法律翻译概论、法律英语写作、法律专题口译、法庭口译、合同翻译、法律翻译与文化、法律时文选读、法律影视赏析、标识翻译理论与实践、法律案例选读、法律翻译案例研习、法律语言学导论、外国法律制度、美国合同法、美国知识产权法等	专业主修课程：听、说、读、写等基础技能课程，以及英汉翻译、汉英翻译、科技翻译、电子信息翻译、商务翻译、社科翻译、交替传译、同声传译、现代翻译技术等

（四）国内外高校翻译专业课程设置可借鉴内容

根据以上国内外高校翻译专业的特点、现状及发展趋势，笔者提炼了国内外高校翻译专业在人才培养方面的优点，总结出以下可以借鉴的内容。

1. 国外高校的可借鉴内容

第一，以市场为导向，面向社会需求。欧洲不少大学都会根据市场发展需要适时改变课程设置。比如，电影电视字幕翻译、配音翻译在市场上有很多工作机会，不少学校就改革了翻译专业的培养方案，开设了包括音视频翻译在内的培训课程。韩国外国语大学高级翻译学院根据市场需求，增设政治、法律翻译方向课程以满足企业合作的需求。澳大利亚西悉尼大学开设翻译课程致力于培养能为澳大利亚社会生活服务的翻译人才。加拿大的翻译教育也充分体现了高校人才培养以社会需求和职业趋向为依据的特点，使培养方案与行业需求和职业要求紧密结合。

第二，学—做—学—做的循环式合作教育模式。例如，渥太华大学是加拿大最早采用合作教育的高校，这种学—做—学—做的循环式合作教育模式符合知识学习与能力提升的螺旋式发展规律，能够加强高校与企业的联系。一方面，学校不仅可以通过企业对其课程设置、教学内容、实践环节的反馈意见进行调整优化，还能够从企业中获得资助，申报横向课题，开展合作研究；另一方面，用人单位能够在学生的短期实习中考察学生的实际工作表现，选拔储备人才，为企业带来活力和新鲜血液。

第三，跨学科知识课程。翻译人才要能胜任不同领域的翻译工作，就需要各学校开设各类跨学科知识课程。不同高校可以根据当地的社会需求和本校的办学优势，开设不同的专业知识课程。比如，韩国外国语大学设有产业经济、科学技术、政治法律、大众媒体等跨学科知识课程，莫斯科国立大学设有国外区域学、国际关系学等课程。

2. 国内高校的可借鉴内容

第一，通用与专业翻译结合。各类院校依托本校优势学科，突出翻译人才的校本特色。外语类高校主要培养通用型翻译人才和复语（多语种）翻译人才。其他类高校，如对外经济贸易大学注重培养精通国际经济与贸易翻译实践操作技能的高级复合型专业人才，中国政法大学翻译专业培养系统掌握法律知识的高级复合型翻译人才。理工类高校，如北京航空航天大学翻译专业突出理工科的科技特色，在口/笔译课程中加入科技方面的内容，同时兼及其他文体。同时，依托工程背景，融入部分理工科课程，如化工制药概论、材料工程概论、纺织工程概论、金工实习、科技翻译、计算机辅助翻译等，使学生具有其他文科院校难以获得的理工科和现代工程技术知识，从而达到拓宽专业口径的目的，增强翻译专业毕业生的就业竞争力。西南交通大学依据学生个性特点，分两个方向培养翻译专业人才：通用型翻译专业人才和适应国际工程项目的工程英语翻译专业人才。通用型翻译专业方向毕业生能够胜任语言服务类企业的日常口笔译、语言通信服务技术与管理、语言服务项目谈判与管理等工作，胜任外事、经贸、教育、文化、科技、军事等领域中一般难度的口笔译或其他跨文化交流工作。工程英语翻译专业毕业生能胜任各类国际工程项目，尤其是轨道交通相关工程项目的口笔译和管理谈判等工作。

第二，理论与实践结合。翻译专业的教学具有很强的实践性和行业导向（伍志伟 等，2015）[98]。国内高校翻译专业都意识到了翻译实践教育的重要性，在各自的人才培养方案中设有专门的翻译实践课程。同时，也不忽视理论课程，设有语言、文学、文化、翻译及跨学科知识课程（详见高校翻译专业的培养方案调研）。整体趋势是加大实践课程比重，减少理论课程比重。

第三，翻译技术与翻译实践结合。随着信息技术不断发展，译者在翻译过程中需要借助各种资源和翻译技术完成翻译任务，这就意味着掌握翻译技术是译者从事翻译行业的客观要求和重要条件。以往传统的翻译实践以人工为主，如今，国内一些高校的翻译专业除了开设翻译技术课程，还把翻译技术融入翻译实践，通过机辅人工翻译或人辅机器翻译的形式开展翻译实践活动，以适应信息技术时代国家、区域发展对语言服务人才的需求。

三、翻译专业课程设置的学生需求调查

我国的翻译专业建设发展虽起步较晚，但近 10 年，翻译专业人才培养得到了长足的发展。然而，随着各院校新的本科翻译专业的设立，教学大纲、课程设置、教材等方面出现了一些问题，尤其是课程设置的问题比较突出，如课程设置缺乏系统性和交叉性，课程分配比例不协调，课程顺序不合理、随意性较大，缺少必要的课程内容等。课程设置是人才培养的核心，是实现专业培养目标和确立培养规格的关键环节。课程设置要满足不断变化的社会需求和学生需求，其关键一步是需求分析。需求分析可以

系统地、不断地提供目标受众需求的有用信息，以便对政策和项目做出判断（Reviere et al., 1996）。对于语言教育领域，需求分析是一个系统的信息采集过程，是对确定课程目标的所有主客观信息的分析，用以确保在特定领域内学习者的语言学习需求（Brown, 2001）。

近年来，国内学者先后对翻译人才的社会需求状况进行了调查研究（潘华凌 等，2011；丁晶，2014；陆丽莹，2014；曹进 等，2016），这些研究结果为翻译专业的课程建设提供了实证参考信息和有意义的启示。然而，对翻译专业本科课程设置的学生需求调查并不多见（苏艳飞，2015），其他调查主要是针对 MTI 学生的需求分析（苏伟，2011；孔祥昊，2014；刘宇波，2015）。上述学生需求调查通常包括学生背景信息、就业意向、语言水平以及对课程的认识，缺乏理论驱动或需求分析依据，不能够对目标情景、学习情景和目前情景做出全面分析。不可否认，由于对真实翻译领域知识的缺乏或对翻译市场的误解，一些学生会持有片面甚至不正确的看法或态度。学生作为学习的主体，当他们参与制订学习目标，且学习目标与他们现有的需求相一致时，就会产生最佳的学习效果（Brundage et al., 1980；Nunan, 1990；Tudor, 1996）。需求分析是课程设置的关键环节。除了满足社会需求，课程设置一定要考虑作为学习主体的学生的需求。笔者依据 Dudley-Evans & St John（1998）的需求分析框架，针对某高校翻译方向/专业本科生的需求，探讨翻译专业课程设置与学生需求的差距，旨在在国标精神指导下完善具有校本特色的翻译专业本科课程体系。

（一）研究设计

本研究的调查对象是翻译专业本科生。首先运用小组集中讨论（a focus group discussion）收集相关数据用于制定问卷，其次依据 Dudley-Evans & St John 的需求分析框架制定调查问卷，最后分别在三个年级实施调查。

1. 调查对象

本研究的调查对象来自某高校翻译方向/专业的本科生，共发放 73 份问卷，收回有效问卷 69 份，有效率达到 94.5%。男生 9 人，占 13.04%；女生 60 人，占 86.96%。69 名受试中包括 18 名一年级学生、16 名二年级学生和 35 名三年级学生。受试的选择是依据最大变异抽样法（maximum variation sampling），即选择变异多的小样本，一方面透过详细的描述反映关键经历，另一方面从大量变异中呈现的共同性探求特殊意义和价值。本研究中的受试虽在年龄、性别、学习翻译的时间上有较大差异，但是可以较全面地反映出学生对翻译专业不同阶段课程设置的看法和需求。

2. 数据收集

在制定问卷之前，笔者邀请 8 名学生进行了大约 60 分钟的小组集中讨论。这 8 名学生中，2 名来自一年级，2 名来自二年级，4 名来自三年级。笔者提前准备了 6 个问题，以便学生围绕中心内容进行讨论，目的是收集相关数据用于制定问卷。笔者将讨论录音，反复听取录音资料，然后转写成书面摘要，为制定问卷提供相关信息。

本研究问卷主要依据 Dudley-Evans & St John 的需求分析框架：学习者的职业信息、学习者的个人信息、学习者的语言水平信息、学习者欠缺的知识、语言学习信息、目标情景中的语言信息、学习者课程需求和学习环境信息。这一需求分析框架比较全面，涵盖了目前情景分析、学习情景分析和目标情景分析三个维度。依据 Dudley-Evans & St John 的需求分析框架，笔者结合小组集中讨论收集的相关数据和具体的研究目的设计了调查问卷。调查问卷包括三方面内容：个人信息、个人看法或认知以及个人需求。一共两种问题，49 个选择题，4 个开放式问题。选择题使用五级利克特量图选项，要求受试从中选出最适合的一项。开放式问题主要是学生对课程设置方面的建议，包括增设的课程、删减的课程、课程顺序和课程比重。

（二）数据分析与讨论

收回问卷后，笔者运用 Excel 2013 进行了数据统计，仔细研读数据后，数据结果主要分为六个方面的内容：对未来工作的态度；英语水平的自我评定；对知识、技能的需求程度；对课程的认识；课程设置中存在的问题或不足；改进的措施或建议。

1. 对未来工作的态度

在实施本次研究时，所有受试经历了一至三年的翻译方向/专业课程的学习。他们毕业后希望从事什么样的工作呢？调查结果显示，想成为译员的占了约一半人数（50.72%），而另外一半想成为外贸公司职员（28.99%）、教师（26.09%）和从事其他职业（8.70%），如图4.2所示。可见，学生即便是选择了翻译专业，也有将近一半的人并不想成为译员。

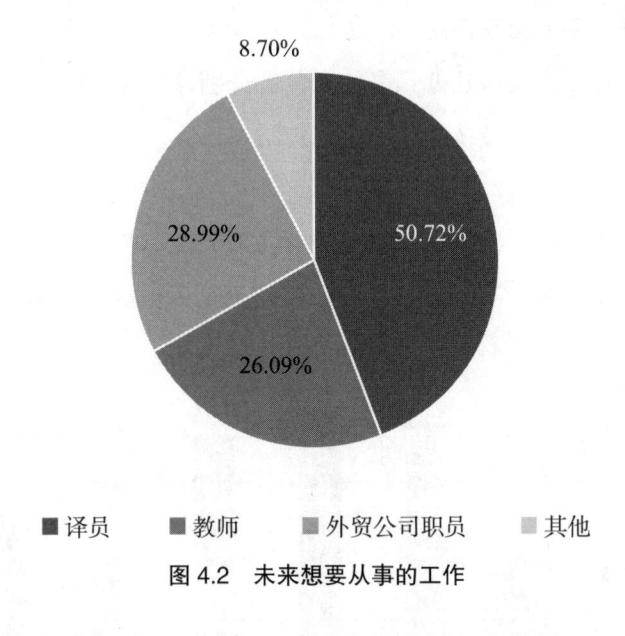

图4.2 未来想要从事的工作

如果从事翻译工作，有21.74%的学生选择文学翻译，而选择应用翻译的占78.26%。在选择笔译或口译工作上，39.13%的学生倾向选择笔译，而60.87%的学生倾向选择口译。对于要从事的应用翻译的类型，将近一半的学生（49.28%）选择旅游翻译，其次分别是商务翻译（40.58%）、时政翻译（27.54%）和新闻翻译（21.74%），而工程翻译和其他领域的翻译各自仅占5.80%，如图4.3所示。

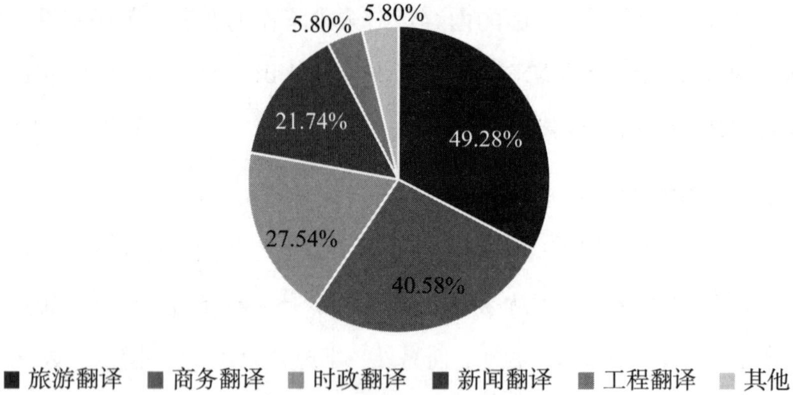

图 4.3　想要从事的翻译领域

2. 英语水平的自我评定

受试还被要求按照从低到高的五刻度分别评定自己的听力、口语、阅读、写作、笔译和口译技能水平。调查结果显示，这几项技能按照均值大小的排列顺序为：阅读＞写作＞听力＞笔译＞口语＞口译。只有阅读（M=3.3）均值达到了 3 分以上，在这几项技能中处于最高水平。水平较低的三项分别是口译（M=2.36）、口语（M=2.83）和笔译（M=2.9），如图 4.4 所示。

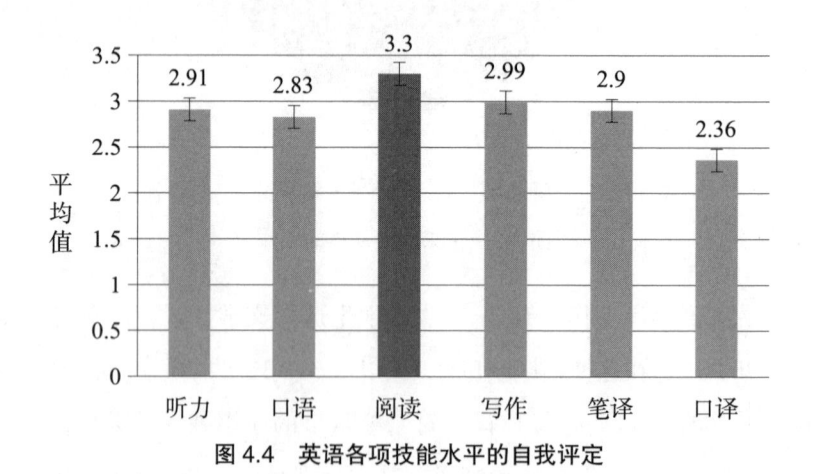

图 4.4　英语各项技能水平的自我评定

3. 对知识、技能的需求程度

笔者按照双语知识与技能（8 项）、翻译知识与技能（3 项）、翻译职业知识与技能（3项）和其他（3项涉及人文、跨学科、跨文化知识），共设计了17个问题，用以确定学生在以上几个方面的需求程度。学生需求程度较大，均值在4分以上的知识、技能的排列顺序是：英语口语（M=4.67）＞口译技能（M=4.65）＞笔译技能（M=4.57）＞英语听力（M=4.49）＞跨文化交际知识（M=4.41）＞人文知识（M=4.3）＞英语写作（M=4.26）＞跨学科知识（M=4.23）＞翻译职业知识（M=4.19）。这一结果中的前三项与学生对其英语技能水平自我评定的后三项一致。换句话说，学生自我评定水平越低的语言技能需求程度越高。相较而言，学生对中文类技能（如中文阅读、中文写作、中文演讲）和翻译技术与管理（如翻译软件使用和翻译项目管理）需求程度不高，见表4-7。

表4-7 学生对相关知识、技能的需求程度

项目	排序	均值
英语听力	4	4.49
英语口语	1	4.67
英语阅读	10	3.99
英语写作	7	4.26
中文阅读	16	3.71
中文写作	15	3.72
中文演讲	12	3.9
辩论训练	14	3.75
翻译软件使用	11	3.97
人文知识	6	4.3
跨文化交际知识	5	4.41
跨学科知识	8	4.23
翻译理论	13	3.88
翻译职业知识	9	4.19
笔译技能	3	4.57

续表

项目	排序	均值
口译技能	2	4.65
翻译项目管理	11	3.97

4. 对课程的认识

问卷还调查了学生对翻译专业课程的认识。笔者设计了五种课程模块：A. 英汉语言知识与技能＋翻译理论与技能＋跨文化能力；B. 英汉语言知识与技能＋翻译理论与技能＋跨文化能力＋人文素养；C. 英汉语言知识与技能＋翻译理论与技能＋职业翻译能力＋职业工具应用能力＋跨文化能力；D. 英汉语言知识与技能＋翻译理论与技能＋职业翻译能力＋职业工具应用能力＋人文素养；E. 英汉语言知识与技能＋翻译理论与技能＋职业翻译能力＋职业工具应用能力＋跨文化能力＋人文素养。学生可从中选出自己最认同的课程模块。调查结果显示，86.96%的学生选择 E 课程模块，如图 4.5 所示。由于没有学生选择 B 课程模块，故图中未做显示。

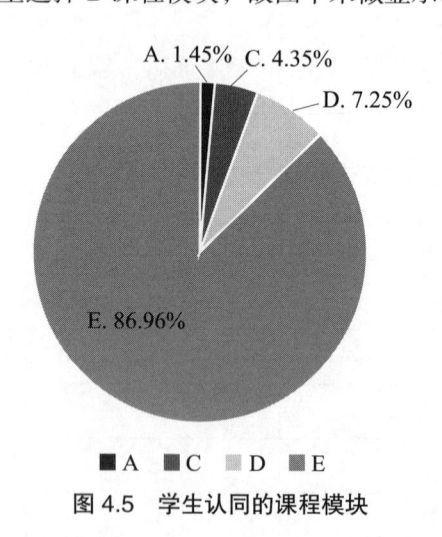

图 4.5 学生认同的课程模块

此外，笔者还调查了学生对某类课程开设的必要性的看法。问卷中共涉及 21 类课程，要求学生按照从小到大的五刻度确定各类课程的必要程度。必要程度较高的前六类课程是：21 口译实践课程 >20 笔译实践课程 >13 应用翻译类课程 >4 口译技能类课程 >1 英语技能类课程 >3 笔译技能类课程。必要程度较低的后六类课程是：7 古代汉语类课程 <5 现代汉语类课程 <6 中国文化 <8 计算机辅助翻译课程 <18 翻译理论类课程 <2 译作评析类课程。可见，学生认为翻译实践类和口译技能类课程开设的必要程度较高，而汉语类课程、翻译理论与译作评析类课程以及计算机辅助翻译课程开设的必要程度较低，如图 4.6 所示。

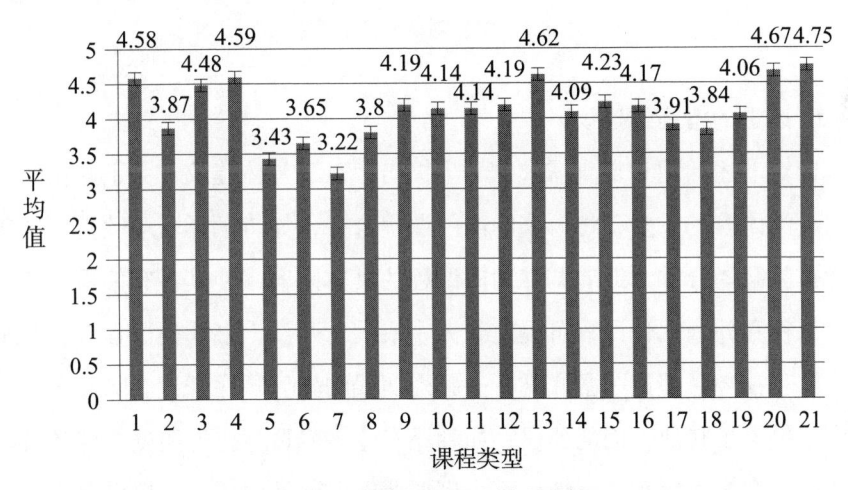

图 4.6 各类课程开设的必要性

5. 课程设置中存在的问题或不足

问卷还调查了学生对所开课程的满意程度。如图 4.7 所示，学生对课程数量比较满意，而对课程比重、课程内容和课程顺序满意度较低，这说明在这三个方面仍然存在问题。从开放式问题的回答可以看出，问题主要集中在以下几点：部分课程内容有重复现象，如口译与视听译，翻译名篇欣赏与经典文学作品翻译；课程比重不协调，如口译、笔译实践、口语、听力课时较少；部分课程开设的先后顺序不合理，如外国文化类课程、口笔译基础知识课程、翻译软件使用课程开设得较晚（第 5、6 学期），翻译类课程，如翻译实践、翻译理论、翻译技巧、翻译赏析等课程的先后顺序需做调整。

图 4.7 学生对课程的满意度

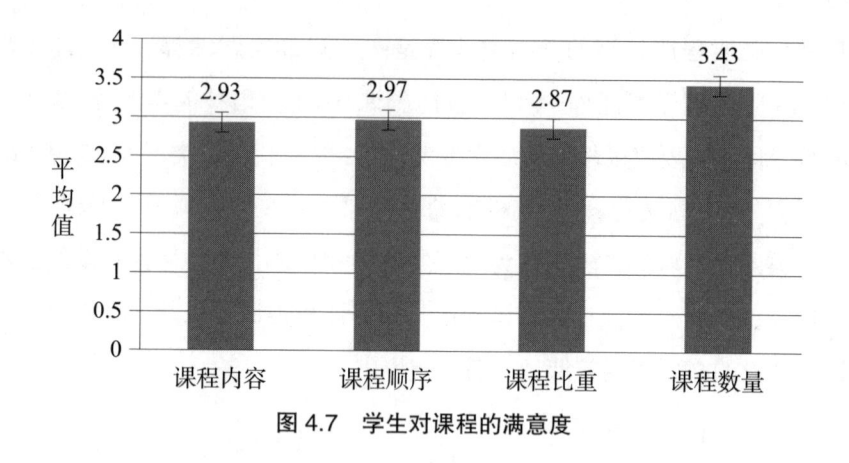

6. 改进的措施或建议

针对上述问题和自身需求，学生提出了以下具体建议：为了避免课程之间教学内容的重复，将原来的两门课程合并，如将翻译名篇欣赏与经典文学作品翻译合并，或者调整两门课程的具体内容，使其各有偏重；英美文学课程和外国文化课程可提前到大一或大二开设，翻译类课程可以按照翻译技巧—翻译理论—翻译赏析—翻译实践的先后顺序开设。除此之外，学生还提出了其他方面的建议，如翻译专业培养目标应更明确、课堂教学模式应具有多边性和活跃性、可小班授课以保证授课质量、提供更多对外交流机会、提升中国文学与文化素养等。

（三）讨论与启示

由于学生自身知识、经验不足，他们的认知有时会较为片面甚至存在偏见。翻译专业本科生也会由于对翻译专业、语言服务行业以及社会对翻译人才的需求状况了解不全面或不深入，而对翻译专业的课程设置持有片面理解。此次调查结果显示，仅有41%的学生对翻译专业大致了解，其余59%的学生基本不了解。因此，在制订学习目标和课程计划时，除了考虑学生需求，还要依据《国标》精神和社会对翻译人才的需求进行。

1. 双语课程—语言能力—基础课程模块

翻译专业的一个重要教学目标是语言能力，双语训练自然必不可少，提高外语能力是改善翻译专业教学质量的关键。如图4.4所示，学生英语各项技能中，口译、口语、笔译、听力和写作自我评定水平较低。英语作为外语，不具备类似母语习得的先天优势和环境，需要系统、科学地安排课程教学。根据学生需求，需要加强英语语言输出类课程，坚持四年不间断、以输出为导向的英语语言的系统训练，特别是以听、读，带动说、写、译训练。根据表4-7及图4.6的数据，学生对中文类技能（如中文阅读、中文写作、中文演讲）需求程度并不高，认为中文类课程开设的必要性较小。有相当一部分学生认为，中文是自己的母语，自小学到高中自己一直接受语文教育，相比之下，作为母语的中文水平自然远远超过作为外语的英语水平，他们迫切需要提高的是自己的外语水平。这一情况恰恰反映出学生对翻译专业的片面认识，并不能否定中文在翻译专业人才培养中的重要性。诚然，绝大多数学生的母语能力能够满足日常交际和一般的学习需要，而对于翻译专业的学生，他们还要在不同领域具备较高的母语阅读理解、写作和演讲水平（平洪，2014）[54]。因此，对于翻译专业的学生，要开设符合专业学生需求的汉语课程，避免与中学汉语课程内容产生重复，如开设古代汉语、汉语技术写作、高级汉语写作等课程，以便提高学生行业语言规范意识、母语的理解能力和书面表达能力。

2. 翻译技能、知识、实践课程—翻译能力—核心课程模块1

翻译能力是翻译专业的又一重要教学目标。狭义的翻译能力指语言转换能力，包括五个要素：理解能力、选择最适合的翻译策略能力、防止源语和目的语两种语言系统互相干扰的能力、再现源语意义的能力、检验目的语文本交际功能的能力（平洪，2014）[55]。如图4.6所示，学生认为口笔译技巧类与口笔译实践类课程开设的必要性很大，而翻译理论类课程和译作评析类课程开设的必要性最小。他们觉得翻译是一项应用型能力，主要依靠大量的练习与实践。即便是学了一些翻译理论，在实际的翻译活动中也几乎很少先想理论再运用它做出译文。可以看出，学生在学习中注重实用，但忽视了翻译理论或知识的学习。这与一些学者主张一致，即翻译理论无法为翻译实践提供帮助，不应纳入翻译培训课程（Nida，1981；Minford，1997）。但更多的学者认为，翻译理论可以帮助学生学得更快，从而发展他们的问题解决能力，应该纳入教学（Newmark，1988；Larson，1991；Viaggio，1994；Gile，1995；Friedberg，1997）。部分学生可以认识到翻译理论的重要性，因此重要的是平衡翻译理论与实践。学校可以按照翻译技巧—翻译理论—译作评析—翻译实践的先后顺序开设课程。应用型翻译人才需要掌握不同领域的基础笔译和口译技能。如前所述，如果从事翻译工作，78.26%的学生选择应用翻译，其余则选择文学翻译。对于要从事的应用翻译类型，将近一半的学生选择旅游翻译，其次分别是商务翻译、时政翻译、新闻翻译、工程翻译和其他领域的翻译。

3. 职业领域课程—综合职业能力—核心课程模块2

综合职业能力是翻译专业的第三大教学目标，这与Kelly（2005）[64]提出的职业翻译能力的后四项要素相吻合，即职业及工具应用能力（职业规范、职业素养、项目经验、市场意识以及IT技能、本地化技能、术语管理、翻译技术与工具使用、排版印刷等多项技能）、态度或精神心理能力（译者的职业道德操守、职业态度、翻译认知能力）、人际能力（译者在翻译管理、项目外包或众包、团队合作、项目分配与实施等方面体现出来的组织、协调、管理能力）、策略能力（翻译任务的分析和规划、翻译过程中策略的选择和运用、对翻译产品的检测和评价、对翻译反馈信息的处理等）。如表4-7、图4.6所示，学生对翻译职业知识的需求度较高，认为开设该类课程的必要性较大。而贺学耘、曾燕波（2013）[69]的调查结果显示，仅有2.6%的学校开设该类课程。这说明，虽然学生对翻译职业知识需求度较高，但是大部分高校并没有落实这方面的课程。图4.6还显示出，学生认为计算机辅助翻译课程开设的必要性较小，然而，77.3%的语言服务企业都看重"申请人掌握的翻译技术和工具"（王传英，2012）[68]。翻译专业学生应"初步掌握并运用翻译技术和工具，了解语言服务业的基本情况和翻译行业的运作流程"（仲伟合 等，2015）[292]。由此可以看出，学生由于不了解如今语言服务行业的运行情况，特别是对翻译人才的需求，从而忽视了翻译技术与工具的使用。为了培养学生的综合职业能力，可以开设翻译职业规范与素养、翻译项目管理、翻译行业与本地化工程、计算机辅助翻译等课程。

4. 跨学科知识课程—学科领域能力—特色课程模块 1

从表 4-7 可以看出，学生对跨学科知识的需求度较大。应用翻译涉及不同领域的专业知识，要做应用翻译，就需要具备学科领域能力，即对诸如科技、经贸、旅游、文学、法律、工程、外交等具体学科领域的驾驭能力。伴随应用翻译类课程，可以开设与其相应的专门领域的相关课程。例如，针对商务翻译课程，可以让学生选修国际商务谈判、外贸理论与实务、涉外经济合同等课程。开设应用翻译类课程和跨学科知识课程，还应考虑本地社会经济发展需求、本校的学科优势与特色以及本专业的师资力量，不能仅仅参照学生需求，要力争开设符合当地经济发展需求、学生需求和具有校本特色的课程。

5. 人文知识课程—人文素养—特色课程模块 2

表 4-7 的数据显示，学生对跨文化交际知识和人文知识有较高需求。而从图 4.5 中可以看出，86.96% 的学生认同英汉语言知识与技能＋翻译理论与技能＋职业翻译能力＋职业工具应用能力＋跨文化能力＋人文素养这一课程模块。也就是说，除了语言技能训练模块、翻译技能训练模块和职业能力模块，学生还认同跨文化能力和人文素养两个模块。这与《国标》提出的跨文化交际知识与能力和相关知识与能力目标相一致。翻译专业作为一个外语类专业，具有鲜明的人文属性，人文素养教育必不可少。为此，翻译专业要开展人文知识、人文精神、人文行为三个层面的教育，就需要开设语言学、文化、文学与跨文化类课程，同时注重培养学生的跨文化能力，即译者的跨文化交流意识和处理文化差异的能力。

总的来说，此次调查结果可以总结得出，只有一半的学生想要从事专职译员的工作，其中将近 80% 的学生选择应用翻译。学生对口译、口语、笔译、听力、写作水平的自我评价较低，强调英语语言输出类课程的必要性。学生对中文类技能（如中文阅读、中文写作、中文演讲）需求程度并不高，认为中文类课程开设的必要程度较低，但是这一情况恰恰反映出学生对翻译专业的片面认识，并不能否定中文在翻译专业人才培养中的重要性。重要的是要开设符合专业学生需求的汉语课程，避免与中学汉语课程内容的重复。学生认为口、笔译实践类课程开设的必要性很大，翻译理论类课程和译作评析类课程开设的必要性最小。翻译理论的重要性不可否认，重要的是如何平衡翻译理论、技能、评析与实践的关系，如何有效实施翻译理论教学，可以按照翻译技巧—翻译理论—译作评析—翻译实践的先后顺序开设课程。调查结果还显示，学生对翻译职业知识的需求度较高，认为开设该类课程的必要性较大，而由于学生不了解如今语言服务行业的运行情况，特别是对翻译人才的需求状况，他们认为计算机辅助翻译课程开设的必要性较小。此外，学生还认同面向跨文化能力和人文素养的两个课程模块。

　　需求分析是翻译课程设置的一项重要参考依据。翻译专业的课程设置要结合当地经济与产业发展，依托本校学科特色与优势，同时还要满足作为学习主体的学生需求，科学、合理地安排、实施语言课程模块、翻译技能、知识与实践课程模块，职业领域课程模块，跨学科知识课程模块以及人文知识课程模块，以培养翻译专业学生的语言能力、翻译能力、综合职业能力、学科领域能力和人文素养。

四、新文科背景下翻译专业课程建设与研究

（一）翻译专业课程体系建设

　　基于社会需求和学生需求，根据《指南》、学校相关政策和翻译专业人才培养目标，首先应确定翻译专业知识、能力和素质目标。其中，知识目标包括翻译专业知识、跨学科基础知识、英汉语言文化知识和语言服务

行业知识。能力目标指英汉双语能力、翻译能力、思辨能力、创新能力和跨文化能力。素质目标包含中外文化素养、翻译技术素养、翻译职业素养与家国情怀素养。要按照通识教育、学科基础教育、专业教育、实践教育四个模块科学设置课程体系结构，并使各门课程做到逻辑衔接、循序渐进、融会贯通，避免脱节和不必要的重复。第 1 学年为大类培养阶段，进一步加强通识教育和外国语言文学学科基础教育，着力推动学科专业交叉融合，支持学生构建跨领域、交叉复合的知识结构。第 2—4 学年为专业培养阶段，突出专业基础以及专业方向教育，全面梳理课程体系，加强跨学科的知识共享与融合互通，厘清课程逻辑、重塑课程内容，按照"高阶性、创新性、挑战度"的建设标准，强化课程知识点改造，打造高值高阶"金课"，淘汰低值低阶"水课"，着力培养学生英汉双语能力、翻译能力、思辨能力、创新能力和跨文化能力。翻译专业实践教育要贯穿第 2—4 学年的专业培养阶段，突出其个性化、阶段化、系统化的特征，进一步深化产学研协同培养办学模式，加大力度与行业企业共建实践课程体系。从实习实训到毕业设计，校企应共同评价教学效果及人才培养质量，促进专业教学与人才培养需求的紧密对接，从而实现翻译理论与翻译实践相融合，价值引领与知识传授、能力培养相融合，翻译教学与翻译研究相融合的"1+3"课程体系。如图 4.8 所示，面向学生全面发展，即知识、能力和素质的全面协调发展，要以学科融合、项目驱动、技术赋能和实践本位为特征。

基于此，翻译专业课程体系建设应遵循三条修订原则：一是成效为本原则，二是能力导向原则，三是内容驱动原则。在修订时，要做到四结合。第一，素养与技能习得结合，即在强化技能学习的同时，全面提升学生的道德素养、文化素养、职业素养和信息素养。第二，理论与实践结合，即处理好翻译理论课程和翻译实践课程的比例。第三，校内与校外培养结合，即借鉴国外校企合作模式（美国合作教育模式、德国"双元制"模式、澳大利亚 TAFE 模式、英国"三明治"模式）。第四，共性和个性培养结合，即开设足够的选修课程，包括通识选修课程、口笔译类课程、语言学类课程、文

学类课程、文化类课程、相关知识类课程等。实践环节要突出递进性、连贯性、系统性和个性化，坚持实践本位、问题导向和项目驱动，同时要贯穿大学二、三、四年级的每个学期，从基础到高阶，从笔译到口译，从专业到个性，连贯系统地进行，既体现专业性，也体现个性化。每学期实践都要基于一定的理论课程，从语言基础到语言运用能力和实践，从翻译理论到翻译实践，从口笔译教学到口笔译实践，从实践能力到学术研究能力，呈递进性、系统性展开。实践环节过程中，通过口笔译工作坊，以翻译项目为依托，以问题为导向，切实提高学生翻译能力、问题解决能力等；通过实训、实习，充分利用翻译实践平台、校企合作基地，以翻译项目为依托，体现实践本位。

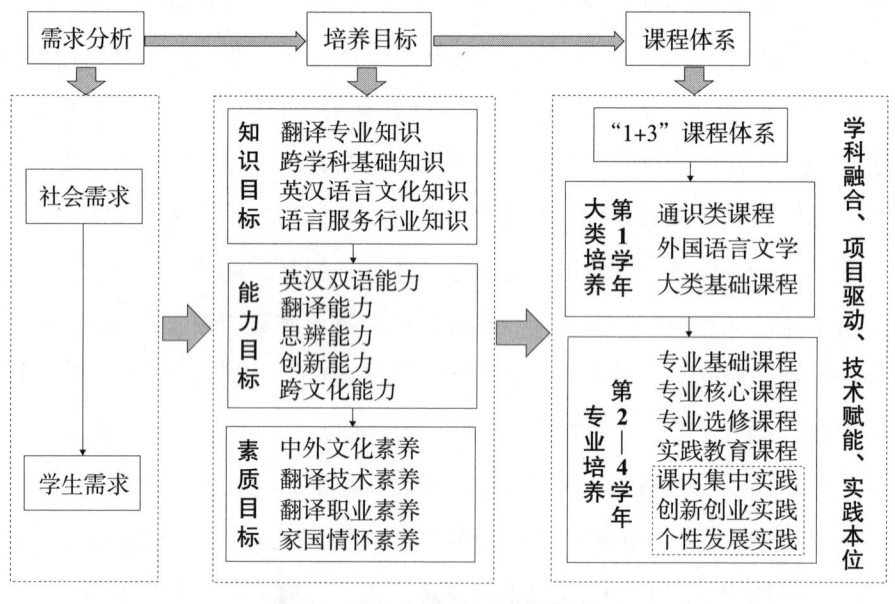

图 4.8 翻译专业 "1+3" 课程体系

1. 翻译专业理论教学课程体系

翻译专业的理论课程体系以学生学习和掌握外国语言文学学科基础知识、翻译专业基础知识和翻译专业核心知识为主要内容，依次设有学科基础课程、专业基础课程与专业核心课程。专业选修课程包括语言技能类、口笔译类、专业知识类、跨学科知识类课程，可以满足学生个性发展需求。通识教育模块包括德育、身心素质、计算机基础、创新创业系列必修课程和通识教育系列选修课程，通识教育系列选修课程要求学生修满 8 学分，须在科学探索与技术创新类、中国与世界类、生命关怀与社会认知类及文学与艺术类课程中至少修读 4 学分。翻译专业理论教学课程体系如图 4.9 所示。

图 4.9 翻译专业理论课程体系

2. 翻译专业实践教学课程体系

翻译专业的实践教学课程体系以培养学生翻译实践能力、问题解决能力和创新能力为主要目标，突出项目驱动、实践本位和问题导向，实践教学贯穿整个专业培养阶段（二、三、四年级）。从语言运用实践到学术研究实践，从笔译实践到口译实践，从校内实践到校外实践，呈递进性、连贯性、系统性和个性化特征。每个实践课程都有相关的理论课程做支撑，充分体现从理论到实践，再从实践到理论的循环过程。翻译专业实践教学课程体系如图 4.10 所示。

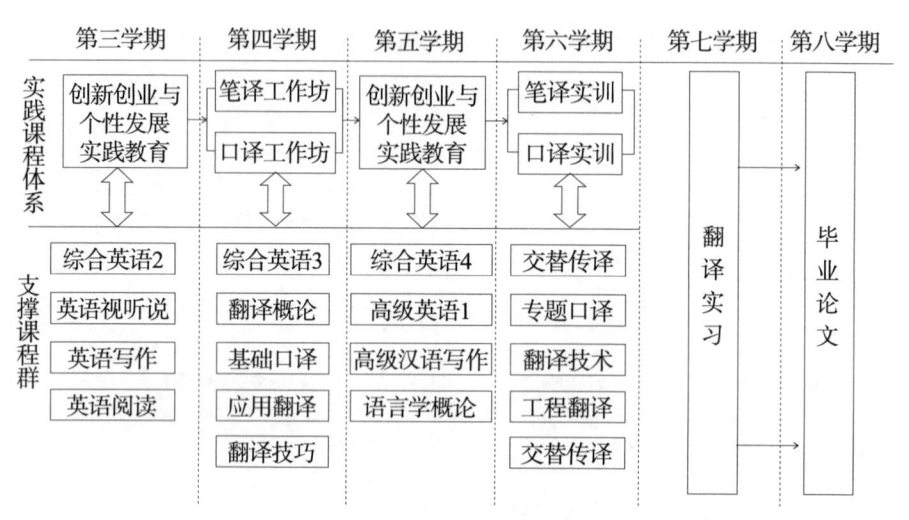

	第三学期	第四学期	第五学期	第六学期	第七学期	第八学期
实践课程体系	创新创业与个性发展实践教育	笔译工作坊 口译工作坊	创新创业与个性发展实践教育	笔译实训 口译实训	翻译实习	毕业论文
支撑课程群	综合英语2 英语视听说 英语写作 英语阅读	综合英语3 翻译概论 基础口译 应用翻译 翻译技巧	综合英语4 高级英语1 高级汉语写作 语言学概论	交替传译 专题口译 翻译技术 工程翻译 交替传译		

图 4.10 翻译专业实践教学课程体系

（二）翻译专业课程群建设

翻译专业课程体系设有四个课程群，包括英汉双语课程群、专业知识课程群、笔译与翻译技术课程群和口译课程群。四个理论课程群各自支撑相应的实践课程，英汉双语课程群、专业知识课程群分别支撑语言应用类个性发展教育实践和学术研究类个性发展实践。笔译与翻译技术课程群支撑笔译工作坊、笔译实训和翻译实习。口译课程群支撑口译工作坊、口译实训和翻译实习。具体专业课程群设置如图 4.11 所示。英汉双语课程群旨在使学生掌握英汉语言文化知识，理解英汉口语和书面语传递的信息和情感，能够使用英汉语有效传递信息和情感，能借助相关资源与工具书进行英汉双语写作。语言应用类个性发展教育实践以该课程群为支撑，面向学生的英汉双语应用能力。专业知识课程群包括翻译专业知识和相关专业或领域基础知识，旨在使学生掌握英语语言、文学、文化等基础知识，比较熟练地掌握翻译的基本理论、口笔译技能与策略、语言服务行业相关知识，并了解科技、工程、商务、新闻等跨学科基础知识。学术研究类个性发展实践以该课程群为支撑，面向学生的学术研究能力。笔译与翻译技术课程群中的笔译包括文学翻译和应用翻译，在培养学生文学翻译能力的基础上，旨在使学生能够运用现代信息技术查询中英文资料、检索文献、获取相关信息，并能够运用翻译软件和工具等现代翻译技术完成工程、科技、商务等领域的翻译任务。口译课程群旨在使学生能够运用口译知识、方法与技巧进行随同口译和一般难度的会议口译。在口译课程群和笔译与翻译技术课程群的支撑下，口笔译工作坊、口笔译实训和翻译实习重在培养学生的口笔译实践能力以及翻译职业道德与规范意识。

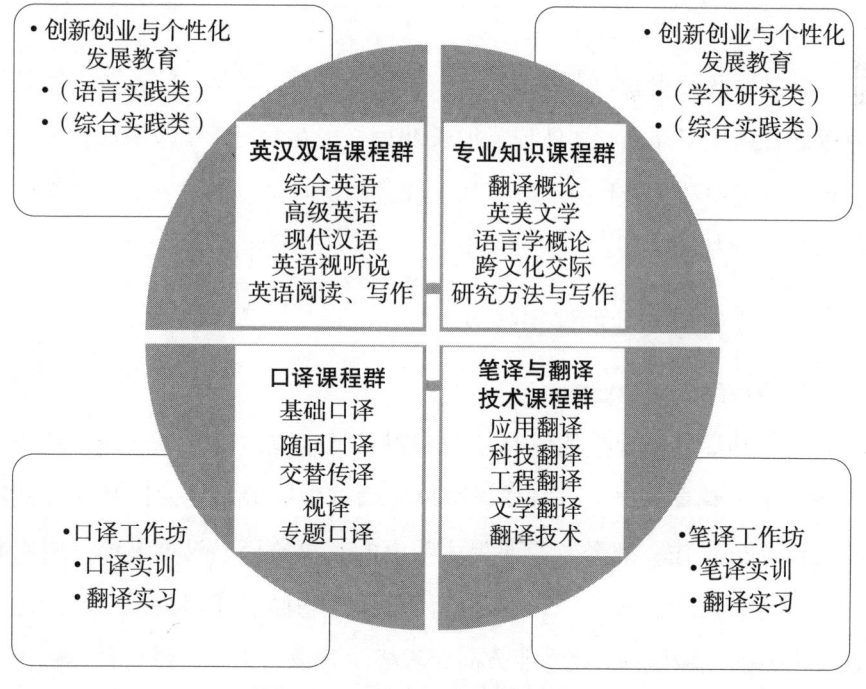

图 4.11　翻译专业课程群设置情况

翻译专业可组建三个课程教学团队，教学团队信息见表4-8。专业教学团队集体备课、制定教学大纲与方案、研讨课程思政教学方案，以打造"金课"为目标，从教学内容、教学方式和手段以及教学评价等方面提高各门课程的高阶性、创新性和挑战度，优化课程教学效果。此外，应通过听课评议与课程组教师之间的传帮带，加强对青年教师的培养。

表4-8 翻译专业教学团队一览表

序号	团队名称	课程
1	双语技能与知识课程团队	基础英语、高级英语、英语写作、英语口语、英语阅读、汉英/英汉笔译、现代汉语、高级汉语写作、中国文化概论等
2	翻译基础知识与技能课程团队	翻译理论与实践、翻译概论、英汉语言对比与翻译、基础口译、英汉笔译、汉英笔译等
3	口笔译与语言服务课程团队	文学翻译、工程翻译、科技翻译、商务笔译、新闻编译、应用翻译、交替传译、视译、翻译项目管理、翻译技术、翻译职业素养等

教学团队负责教学大纲编写、教学资源建设、教学方法改革、教材开发等课程建设工作。各团队成员取长补短、相互学习，积极参加各种教学培训活动，不断加强自身业务素质，在各团队负责人的带领下，教师们更新观念、通力合作。

（三）翻译专业的课程特色

1. 通用翻译 + 专业翻译

通用翻译使毕业生能够胜任语言服务类企业的日常口笔译，胜任外事、经贸、教育、文化、科技、军事等领域中一般难度的口笔译或其他跨文化交流工作。翻译专业课程体系中的英汉笔译、汉英笔译、应用翻译、基础口译、交替传译、专题口译等课程均面向通用翻译。翻译专业还突出专业领域翻译，在专业方向课程模块开设了工程翻译与科技翻译，使毕业生能胜任各类国际工程项目，尤其是建筑工程项目的口笔译和管理谈判等工作。同时，专业选修课程模块还设有新闻编译、时政翻译、商务翻译、旅游翻译等课程。因此，通专结合在翻译专业课程体系中得到很好的体现，不仅能够拓宽学生的就业范围，而且能够帮助学生掌握跨学科知识，强化特定领域的专业翻译能力，有助于实现复合型翻译人才培养目标。

2. 人文素养 + 翻译技术

翻译专业毕业生要具有较深厚的人文素养，要具有中国情怀、国际视野、文化意识与社会责任感，能够理解中外文化的基本特点和异同，具有文化包容性、批判性意识和文化自信，能够积极传播中华文化，能够对不同文化现象、文本和制品进行阐释和评价。为此，翻译专业设置了语言、文化、文学类的理论课程，如语言学概论、中国文化概论、英语国家概况、跨文化交际、欧洲文化、英语文学导论等。同时，将人文素养融入个性发展实践教育、创新创业教育、劳动教育、口笔译实训、口笔译工作坊和翻译实习等实践环节。针对翻译技术，翻译专业设置翻译技术、技术写作、翻译项目管理等课程，培养学生运用各种翻译技术和工具的能力，提高学生的翻译技术素养，并将翻译技术融入笔译工作坊、笔译实训和翻译实习的翻译实践，从而体现科技与人文交融，实现应用复合型翻译人才培养目标。

3. 翻译理论 + 翻译实践

翻译专业的教学具有很强的实践性和行业导向，翻译实践在人才培养中的重要性毋庸置疑，而系统的翻译理论知识对翻译实践有着积极的指导意义。翻译专业课程体系中设有翻译概论、英汉对比与翻译、中西翻译理论概论等翻译理论课程，使学生对各种翻译理论流派、翻译的本质、翻译的过程、翻译的对象、翻译的主体、影响翻译的因素、翻译的功能、英汉语言异同以及多元文化语境下的翻译任务和使命产生更为全面、系统、深刻的认识。翻译专业具有较强的实践性，从课堂教学到实习实践，突出实践育人。在课程体系中，文学翻译、应用翻译、工程翻译、科技翻译、专题口译、旅游翻译、新闻编译、视译、翻译技术、翻译项目管理等课程实施理论教学与口笔译实践相结合，从典型实例到模拟项目再到真实项目，逐步深入翻译实践。实践环节设有口笔译工作坊、口笔译实训和翻译实习，贯穿第2—4学年的专业培养阶段。

4. 双语知识＋翻译技能

翻译专业毕业生要拥有扎实的英汉双语基本功，具有良好的英汉双语运用能力，能理解英汉口语和书面语传递的信息和情感，能使用英汉语有效传递信息和情感，能借助相关资源与工具书进行英汉双语写作。英语知识课程主要有综合英语、高级英语、英汉对比与翻译、语言学、英语词汇学等，这些课程从大类培养阶段贯穿至专业培养阶段。翻译涉及英汉双语的转换，汉语运用能力不可或缺。没有扎实的汉语基本功，难以培养较强的翻译能力。针对汉语运用能力，可设置现代汉语、古代汉语和高级汉语写作，并依次安排在第3、4、5学期。双语知识为培养学生的翻译技能打下扎实的语言知识基础，翻译技能课设有英汉翻译、汉英翻译、基础口译、交替传译、专题口译等，双语知识自然融入翻译技能课程的教学，两类课程相辅相成。

（四）依托项目的课程研究

2017年，中共中央办公厅、国务院办公厅印发的《关于深化教育体制机制改革的意见》提出，要注重培养支撑终身发展、适应时代要求的关键能力，即认知、合作、创新和职业能力。2019年，教育部"六卓越一拔尖"计划2.0要求，发展新文科，促进学科交叉、科教融合，通过设置数量充足、内容丰富的实践课程提高实践教学质量。然而，目前外语专业的课程设置仍以知识型、技能型课程为主体，课程之间缺少关联与互动，融合性、研究性和实践性的课程甚是缺乏，不利于培养外语人才应具备的关键能力。依托项目的课程突破整齐划一的知识型、技能型课程，具有研究性、个性化、跨学科等特点。因此，依托项目的课程研究成为新文科背景下外语人才培养研究中的一项重要课题。

1. 国内外相关文献研究

（1）项目学习研究。项目学习于 20 世纪 90 年代末引入我国，主要包括三方面的研究。首先是对国外项目学习的引介，包括项目学习理论介绍（李丽君，2009；朱斌谊，2008；梁登敏，2010）、项目活动设计（陈守刚，2005；王万红 等，2006）和项目学习研究综述（张文忠，2010；刘育东，2010）。其次是项目学习的实施及其效果研究。一些学者将项目学习分别用于大学英语、综合英语、英语写作、英语口语、区域与国别研究等课程教学，探讨项目学习对学生的影响，如对自我效能（何轶君，2011）、批判性思维能力（向李林，2012）、学习动机（王勃然，2013）、隐喻能力（石进芳，2014）、学术能力（李昊旻，2019）等的影响。此外，还有项目学习的影响因素研究，如学习者努力因素（夏赛辉 等，2017）、教师角色（常俊跃 等，2019）等。第一，项目学习的理论探索包括依托项目的二语学习特征、框架、实施及评价（Fried，1982；Stoller，1997；Beckett et al.，2005），项目设计（Cates & Jacobs，2006）和项目实施（Fried，1986；Dooly，2008）；第二，对于项目学习的应用研究，一些学者分别从社会建构主义、元语言功能、体验式学习等视角研究项目学习在二语习得中的应用（Case，2006）；第三，项目学习对学习者的影响研究，包括对学习动机（Tessema，2005）、跨文化意识（Carter et al.，1986；Abram，2002）、自主学习（Wessels，1991）、合作学习（Elgar，2002）与语言技能的影响研究。近年来，学者们开始关注现实问题驱动和学科知识整合。比如，Lewis 等（2019）认为，在项目学习中，学习者运用学科知识解决现实问题，既发展了学科技能，还提升了思维、协作、实践和创新能力；Jeanine 的研究发现，学生深入思考所做项目和所学知识之间的内在联系，理论和实践得到有效结合。

（2）依托项目的课程研究。高校英语课程设计经历了"技能（专才）—技能+知识（复合型人才）—技能+知识+创新能力（创造性复合人才）"

的变化路径（徐海铭，2005）。从整体看，英语课程设置仍以知识型、技能型课程为主体。近年来，一些学者强调学生实践、思辨及创新等能力的培养。文秋芳（2014）[125]提出在英语类专业课程设置中增加实践教育板块，张文忠和冯光武（2015）主张"课程项目化、项目课程化"原则，常俊跃（2018）[64]建议开设专业实践课程，卢植（2018）[50]倡导为学生提供多元化和个性化的学习平台。然而，依托项目的课程研究为数不多，主要有三种形式。第一种是依托项目的课外实践，如文秋芳等（1999）在南京大学外国语学院实施"综合素质实践课"，顾佩娅等（2002，2007）在苏州大学实施计算机辅助的项目教学研究与实践，这种实践因受时间、条件、环境等的限制，尚未实现项目课程化；第二种是项目课程化研究，张文忠在英语专业二年级开设 ETP（English Through Project）课程，学生接受研究方法的初步训练，综合运用所学语言知识和非语言知识及技能，这种综合性训练课程是项目课程化的典范；第三种是项目依托式课程研究，常俊跃等（2019）在英语专业实施了项目依托式英语国家研究课程，是课程项目化的有益尝试，该课程教学对学生知识学习、能力提高、素质提升产生了积极影响。20世纪末，各国相继展开研究性课程教学与研究，如日本的"综合性学习"课程、法国的"多样化途径"课程和美国的"项目中心"课程。这些课程虽各有侧重，但目的都是引导学生改变学习方式，通过自主性、研究性学习，提高解决实际问题的能力。依托项目的课程研究大都面向工科人才培养，应用于工程类课程，主要包括两方面研究。一是依托项目的课程设计，Richard 等探讨了面向学科核心能力的依托项目的课程设计；Aruna 从项目的选择标准、关键能力和项目评价入手剖析依托项目的课程设计；Stokes 等报告了一项以可持续发展教育为主题的 GEES 项目学习。二是依托项目的课程对学生的促进作用，Katja 和 Arnim 在欧洲、北美洲和澳大利亚的六个学习项目中实施基于问题和项目的课程（PPBL），实践证明该课程有助于培养学生的可持续发展能力；Jonathan 和 Robert（2015）的研究发现，学科融合式的依托项目的课程相比非融合的课程，学生表现出更高的内在学习动机,并更多地运用批判性思维策略;Miller 等的研究结果显示,依托项目的课程可以促进学生的深度学习,提高他们运用知识解决问题的能力。

项目学习大都作为一种辅助的教学方法用于语言技能型课程,关注项目学习对非语言能力的促进作用,而忽视对语言能力的影响。依托项目的课程研究结合外语人才培养目标,在项目课程化和课程项目化上做了有益尝试,但仅限于某一学期的单门课程,缺乏专业知识与跨学科知识的融合,无法对学生起到持续的促进作用,尚未形成系统的理论框架和操作方案。国外学者对项目学习从不同视角进行了理论和实践探讨,更强调问题导向和学科知识融合,但大都将其看作二语教学中的一种教学方法;依托项目的课程研究主要面向工科人才培养,局限于工程类课程,课程设计实现了由线性到动态模式的转化,突出了其动态性、持续性和跨学科的特点。

笔者运用设计型研究法试图构建依托项目的课程理论框架,通过实施问题导向、项目驱动、持续动态的课程设置,弥补以往研究的局限性,解决学用分离问题,实现专业课程之间的关联互动。其具体价值体现在:创建依托项目的课程模块,为学生个性化发展提供实践平台,践行《国标》多元化外语人才培养理念;系统探讨依托项目的课程理论框架,为外语专业课程建设提供理论支撑,为学科交叉提供可行、有效的途径,推进新文科建设;采用设计型研究法,弥合传统外语课程研究中理论和实践的差距。

2. 研究内容

依托项目的课程有别于外语专业传统的知识型与技能型课程,以模拟或真实项目为中心,学生在做项目的过程中运用或学习专业知识、专业技能、跨学科知识以及其他相关工具和技术,实现课程目标、项目目标和个人目标。具体研究内容主要包括以下五个方面。

第一,依托项目的课程目标研究。依据《国标》中的人才培养目标,确定依托项目的课程目标，即将人才培养目标融入依托项目的课程。张明芳等（2019）阐述了依托项目的外语教学（PBFLL）目标有三个要素：第一，它是三维目标，通过PBFLL使学习者语言能力目标、学科知识目标和个人素养同时提高；第二，它具有三个层面，是课程教学目标（专业培养目标）、项目目标和个人学习目标的结合；第三，它由短期目标和长期目标组成。据此，依托项目的课程目标体现于三层三维目标，三层目标停留在课程、项目和个人三个层面。三维目标包括能力、知识和素质三个维度，即能力目标、知识目标和素质目标。依托项目的课程目标同样具备PBFLL教学的三个特征：个性化、本土化和循环性。个性化的课程目标就是将知识、能力和素养三维目标按构成要素和等级分类，使学生在制订项目计划时可以根据自己的情况选择。个性化的教学目标有利于发现和发挥学生的个性特征和能力倾向，使学生学习目标更加明确，更有针对性地选择学习策略，也更加客观、理性地进行反思和评价。个性化的学习目标更能使学生发挥主观能动性，培养其自主学习能力，激发其内在动机。本土化的课程目标就是要因地制宜，根据学生的需求和具体情况制订目标。已有的PBFLL教学实践案例只能作为参照样本，绝对不能照搬。对于每一个特定的项目，一定要有本土化目标设计，这样，课程教学才会有针对性，而不至于偏离初衷。螺旋式指教学目标在水平上不是一成不变的，而是螺旋式上升的，每一个项目内容都建立于前面所学知识。通常在对项目实施进行反思评价时，教师要启发学生思考与本项目相关的更深一层的问题，要让学生把问题提出来，进而引导全体学生讨论。讨论到达一定深度时，就会发现一些亟待解决的问题，这些问题将形成下一轮项目学习的目标，在前面项目基础上的新的、高一级的目标。

第二，依托项目的课程模块研究。结合《国标》规定的课程设置，构建依托项目的课程模块：依托项目的语言实践、研究实践和综合实践课程，其结构设计强调横向交叉融合（学科知识交叉渗透，语言、知识与能力相融合）与纵向延续贯通（贯穿大学整个学习阶段）。依托项目的课程模块打破了传统围绕课程性质和课程类型的设置思路，通过项目关联相关课程知识、专业技能以及相关跨学科知识与技能，具有综合性、融合性和研究性。依托项目的课程模块从大学低年级贯穿到高年级，其课程目标也体现了布鲁姆教育目标由低到高的延续性和递进性，即从知识领会到应用分析再到综合评价。依托项目的课程模块由语言实践项目课程、课题研究项目课程和综合应用项目课程组成，它们分别对应专业技能课程、专业知识课程和相关专业知识课程，旨在实现强语境与弱语境的统一、课堂学习与课外学习的统一、理论与实践的统一，使学生获得语言知识、形成语言技能、发展非语言能力，同时把社会与学校紧密地联系在一起，缩短学生成才与社会需求之间的距离，从而加速学生的社会化过程。语言实践项目面向学生的语言综合运用能力、跨学科知识运用能力、问题解决能力、思辨能力和创新能力，突出语言输出能力，分为说、写、译型项目，成果形式为视频、音频和书面资料等。课题研究项目面向学生的专业知识运用能力、思辨能力、研究能力和创新能力，分为调查研究、个案研究、专题研究、文献研究等，成果形式为书面研究报告、口头学术报告与研究论文。综合应用项目面向学生的跨学科知识运用能力、问题解决能力与创新能力，成果形式为项目作品，可以是书面故事集、英文报纸、英文短视频、语料库、策划书、宣传册和公众号等。依托项目的课程体系如图 4.12 所示。

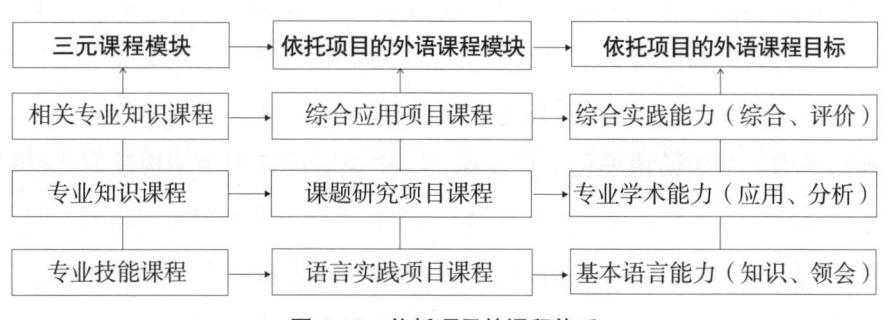

三元课程模块	依托项目的外语课程模块	依托项目的外语课程目标
相关专业知识课程	综合应用项目课程	综合实践能力（综合、评价）
专业知识课程	课题研究项目课程	专业学术能力（应用、分析）
专业技能课程	语言实践项目课程	基本语言能力（知识、领会）

图 4.12　依托项目的课程体系

第三，依托项目的课程计划研究。Posner（1980/1994）[3]认为，一个完整的课程计划需要四项内容：开设课程的理由，包括课程总目标；课程计划，依据课程内容确定期待目标；教学/教程/教案计划，描述每一个教学单元的内容、目标和用以达到这些目标所采用的教学方法；评价计划，说明重要目标的评价标准和主要效果。依据外语课程设计理论，可以分析得出依托项目的课程的基本要素：学生要素、目标要素、方法要素与评价要素。在基本要素分析基础上，可制订依托项目的语言实践、课题研究和综合应用课程计划。学生要素分析主要是对学生已有的知识储备、认知风格、学习目标、学习能力、学习态度、学习动机、学习兴趣、学习方式等方面的分析，体现"以学生为本"理念，以满足学生个性化发展需求。目标要素分析是围绕能力、知识和素质三维目标确定语言实践课程、课题研究课程、综合应用课程的相应目标的分析。三类课程的能力目标各有侧重，语言实践课程侧重基本语言能力，课题研究课程侧重思辨能力和学术能力，综合应用课程则侧重创新能力；三类课程的知识目标包括语言知识、专业知识和相关领域知识，但各有侧重，语言实践课程侧重语言知识，课题研究课程侧重专业知识，综合应用课程则侧重相关领域知识；三类课程的素质目标侧重学生在认知、情感、行为等方面的素养，包括学生的学习策略、学习态度、自主学习能力、合作学习能力等。方法要素主要为项目学习法，学生在问题驱动下，主动投入项目，根据项目实施过程的实际需要，使语言在真实的情境中得到自然的输入与输出。通过解决问题，学生的语言能力、学科知识水平与个人素养同时得到提高。根据学生不同的学习阶段、认知发展情况和师生的参与程度，项目学习法在实施过程中要有所区别，要体现徐徐渐进、逐级递增。初级阶段使用结构性项目，中级阶段使用半结构性项目，高级阶段使用非结构性或开放性项目。结构性项目由老师确定项目的主题、材料、方法和成果展示，半结构性项目由老师和学生共同确定项目的主题、材料、方法和成果展示，非结构性或开放性项目由学生确定项目的主题、材料、方法和成果展示（Henry，1994）。评价要素主要依托三类依托项目的课程目标在教师、学生、专家范围内展开课程评价，评价依托项目的课程是否达到了预定的三维目标（知识、能力和素质）和三层目标（课程目标、项目目标、个人目标），为依托项目的课程提供反馈信息，以便不断完善其计划。

第四，依托项目的课程教学研究。根据学生的语言水平、学习需求、社会需求与课程教学目标，探究中国情境下依托项目的外语学习，具体包括依托项目的外语学习环境、学习方式、学习过程和学习评价。依托项目的外语学习环境是由学生组成的实践共同体，拥有共同的愿景、合作的文化和共享的资源。依托项目的外语学习方式具备深度学习、个性化学习和研究性学习的特征。该方式可以使学生根据自身特点与优势运用多样化的学习策略，通过以理解与批判、联系与建构、迁移与应用为特点的深层学习，解决真实情景中的复杂问题并创造出项目成果。个性化特征体现于个性化的学习目标与项目设计，以便发挥学生的主观能动性，激发其内在学习动机，培养其自主学习能力。研究性学习的一个重要形式便是依托项目的学习，一般要经过发现问题—提出问题—分析问题—提出假设—评价、验证—得出结论这一过程。学生以类似科学研究的方法和形式，主动地获取知识、应用知识、解决问题，可以培养批判性思维能力，发展研究意识。完整的依托项目的外语学习实施过程应该包括项目征集/提议（projects collection/offer）、项目论证（projects proposal）、项目确立（projects approval）、项目实施（projects implementation）、成果呈现（product presentation）、反思评价（reflection & assessment）等六个环节（张明芳 等，2019），教学的整个过程都是在做项目中进行，即一个项目的循环就是一个完整教学过程的循环。学习评价融合过程评价和成果评价、定量评价与定性评价、语言能力评价和非语言能力评价。

第五，依托项目的课程效果研究。依托项目的课程研究遵循 OBE 的产出导向、逆向设计理念，先确定课程目标，再根据课程目标确定课程内容和教学方式，最后通过效果评价，生成理论、实践和设计相统一的依托项目的课程模块，不断完善课程目标、课程计划与课程教学。依托项目的课程效果主要检验课程是否实现三层三维目标。课程目标是语言实践课程、课题研究课程和综合应用课程在语言技能、学科知识和个人素质三个维度的目标，与《国标》中外语人才的知识、能力和素质目标相一致。项目目标具有针对性，由于项目类别和内容不同，三类项目课程目标各有侧重，即在语言技能、学科知识和个人素质方面各有侧重。个人目标体现"以生为本"，重视学生个性化需求，学生一般根据各自的个性化目标，选择相应或匹配的项目，通过做项目，使自己获得锻炼和提升，实现个人学习目标。

针对上述研究内容可采用设计型研究法、定量定性法、行动研究法。设计型研究法（Design Research Method），即通过设计、实施、检验、再设计迭代循环系统，研究真实情境下依托项目的课程，包括依托项目的课程目标、模块、计划与教学，在真实自然的教学情境中，考查设计方案中各个要素的实施状况及效果，根据来自实践的反馈不断优化设计，进而改进依托项目的课程教学实践并完善依托项目的课程理论。定量定性法（Quantitative & Qualitative Method），即采用定量与定性相结合的方法，运用相关能力量表（如研究能力、批判性思维能力、自主学习能力、语言运用能力等）、项目日志、项目成果、项目评价、访谈、观察等多样化的定量定性数据观测三类依托项目的课程对学生在语言技能、学科知识和个人素养方面的影响。行动研究法（Action Research Method），即在依托项目的课程实施过程中，教师从教学中的具体问题出发，从项目设计方案到项目实施方案，再到项目评价，展开行动研究，逐步解决实施过程中遇到的问题，不断完善依托项目的课程计划与项目方案。具体依托项目的课程研究思路如图4.13所示。

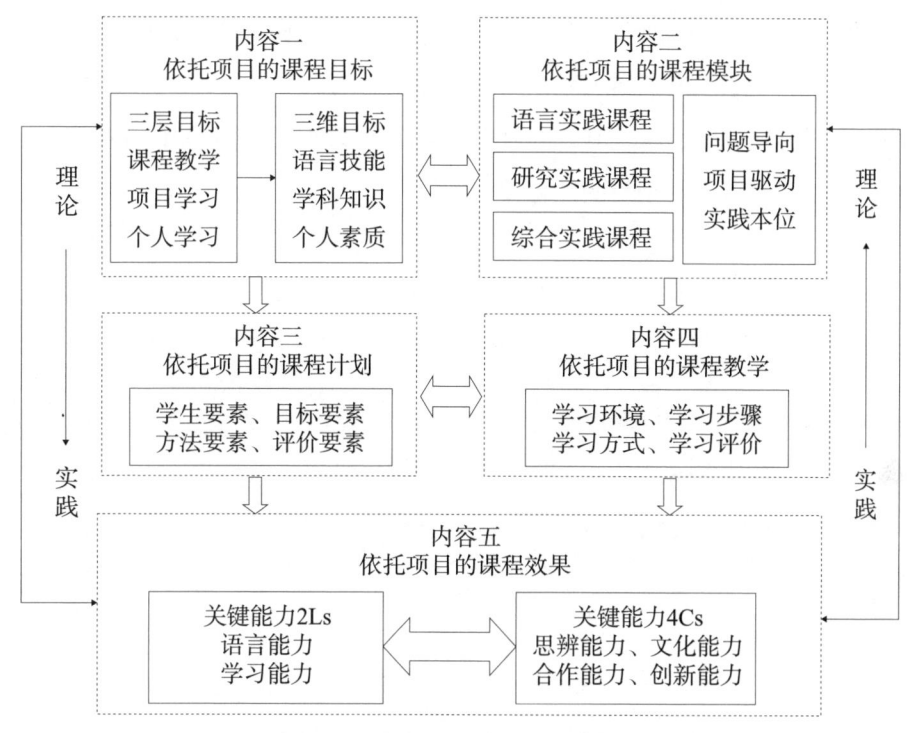

图 4.13　依托项目的课程研究思路

3. 研究创新之处

（1）学术思想特色和创新。依托项目的课程以问题为导向、项目为驱动、实践为本位，根据项目需求，运用已学知识和技能，自主学习跨学科知识和技能，突破原有专业课程之间的先后关系，整合已有课程知识，使现有课程发生关联互动，具有综合性、研究性和跨学科性，可以开拓外语课程研究思路。

（2）学术观点特色和创新。依托项目的课程突破整齐划一、缺乏联动的课程设置，其结构设计为纵向贯通和横向交叉，语言、研究和综合实践项目呈现模块化、个性化和非结构化，可为新文科背景下外语人才培养提供强有力的理论支撑和可行的操作途径。

（3）研究方法特色和创新。设计型研究方法通过设计、实施、检验、再设计迭代循环系统研究真实情境下依托项目的课程，从理论到实践，再从实践到理论，与传统课程研究相比，最大优势在于弥合理论和实践的差距，在设计问题上做深入有效的研究，从而形成理论、实践和设计相统一、更有效、可靠的依托项目的课程设计。

第五章
新文科背景下翻译专业课程思政建设

2019年,教育部印发《教育部关于深化本科教育教学改革 全面提高人才培养质量的意见》(教高〔2019〕6号,简称《质量二十二条》),要求"把课程思政建设作为落实立德树人根本任务的关键环节"。2020年,《高等学校课程思政建设指导纲要》(教高〔2020〕3号,简称《纲要》)提出要围绕全面提高人才培养能力这一核心点,围绕政治认同、家国情怀、文化素养、宪法法治意识、道德修养等重点优化课程思政内容供给,寓价值观引导于知识传授和能力培养之中。翻译专业课程思政建设成为翻译人才培养工作的关键环节。本章从国外德育改革与研究概况和国内外语课程思政研究现状入手,分别对翻译专业思政途径和翻译专业课程思政途径进行研究。翻译专业思政途径为科学建立翻译专业核心价值体系、合理构建支撑关系矩阵、整体设计各教学环节的育人功能;翻译专业课程思政途径为依托项目的联动式课程思政途径,将其运用于本专业的个性化发展教育实践课程,实施相应的实证研究,以验证其思政教学效果。

一、国外德育改革与研究概况

德育(Moral Education)是一种灌输知识、价值观、信念和态度的方法,可以帮助学生成为社区的一员,使他们有知识、有爱心、有责任心,理解并相信"公平、体面和人类福利"（Nucci，1987；Begley et al.，2007）。目前，世界各国特别是发达国家，普遍重视德育。

首先，国外高校德育目标的制订通常根据本国的政治经济发展水平和发展需要，同时还会考虑学生个体情况和实际需要。美国高校德育目标的基本内涵可以概括为，力图使学生成为具有爱国精神、守法精神，具有健全人格的、有用的、让人满意的社会大家庭中的一员，成为积极进取的美国公民；英国则强调让学生了解个人、社区、国家及世界的相互关系及全部生活领域中道德的意义；德国注重培养具有开放人格的人；法国的德育致力于使人成为自律的自由人（张志祥，2005）[52]；日本则强调道德教育的目标在于形成"人"。

其次，国外高校德育内容主要是"公民教育"，包含爱国主义与民族精神教育、价值观教育、伦理道德教育（包括职业道德教育）、宗教教育、法制教育、人权教育、心理素质教育等（冯仰生，2017）[104]。爱国主义与民族精神教育是每个国家道德教育中必不可少的内容，通过爱国主义与民族精神教育可以培养学生的家国情怀、民族自豪感和爱国主义精神。价值观是一个国家的公民共同认可并遵循的价值理念与价值追求，高度凝聚着本国的基本精神，影响和制约着全体国民的基本价值判断和行为选择。任何国家都有其主流价值观或核心价值观，如美国的自由、民主、法治、诚信、公平、宽容、个人主义等价值观，新加坡的共同价值观等。伦理道德也是价值观教育的一项基本内容，如英国的绅士文化教育、新加坡的儒家伦理道德教育等。国外高校还十分重视职业道德教育，如德国高校将德育内容与学生面向的行业岗位的道德要求紧密结合，欧美高校普遍开设计算机伦理、科技伦理、医学伦理等各类伦理课程等。

最后，国外高校德育方法多种多样，有课堂传授法、实践体验法、引导选择法、情境熏陶法、心理疏导法等。上述德育方法总体反映了人本化的大趋势，即强调以生为本，尊重学生的人格尊严，注重学生的生存与发展需要，拓展学生的道德潜能（冯仰生，2017）[105]。美国高校强调要培养学生"理解和忠诚于自由社会",开设公民教育课程,传播美国历史文化,弘扬美国价值观,并形成了传统方法(理论教育方法)、现代教育方法(通过课外活动潜移默化教学)和社会实践相结合的系统方法。日本将德育作为社会改革的一项迫切任务,提出学校、家庭、社会密切结合实施德育。在日本高校,德育课被称为"综合课",全国大体有25类综合课程和500多个这类课程的专题讲座(张志祥,2005)。

根据 Julia 等的研究,2009—2019 年国外德育研究呈"上升—下降—上升—下降—上升"的趋势,发文量前三的国家是美国、英国和俄罗斯。早在 20 世纪 30 年代,儿童的道德发展就被作为一种道德与品格教育的手段来研究。近年来,一些学者探讨了如何实施德育。例如,Mofodeva 等通过休闲活动实施精神与道德教育,研究结果显示,休闲活动有利于形成生活技能,满足个人在智力、文化和道德方面的发展需求,帮助儿童形成公民素质,提高其在现代文明中工作和生存的能力,为儿童提供学习机会,让他们成为好公民,平衡精神与道德之间的关系,保护和完善社区的道德、文化和科学价值观。Umami 等(2019)倡导对印度尼西亚有天赋的青年科学家实施品格和道德教育,认为学校需要发展成一个良好的学习环境,培养学生诚实、创新、友好的品质以及民族自豪感和尊严。道德教育形成一种整体人格,体现为高水平的道德标准,如说话、行动、行为、思考、感觉和工作符合宗教价值观、社会规范和道德。Zulkifli 和 Hashim(2020)研究了儿童哲学(Philosophy for Children,简称 P4C)对学生批判性思维的影响,结果表明,儿童哲学可以增强学生的批判性思维,P4C 实践有助于学生在讨论中思考或反思其行为或假设的后果。同时,教师能够在课堂上以新的活力和热情提供新的策略,展示其职业发展。

二、外语课程思政建设研究概况

2014 年 4 月,教育部印发了《关于全面深化课程改革落实立德树人根本任务的意见》(教基二〔2014〕4 号),明确深入地回答了"培养什么人、如何培养人"的问题，并提出了构建"学生发展核心素养体系"的理念。由此可见，立德树人这一根本任务的落实是深化课程改革的关键环节。2016年12月7—8日，习近平总书记在全国高校思想政治工作会议上强调："要用好课堂教学这个主渠道，思想政治理论课要坚持在改进中加强，提升思想政治教育亲和力和针对性，满足学生成长发展需求和期待，其他各门课都要守好一段渠、种好责任田，使各类课程与思想政治理论课同向同行，形成协同效应。"（习近平，2020）[378]这就意味着思政教育要纳入各类课程，并同思想政治理论课共同发挥育人作用。随后，教育部党组将2017年定为"高校思政课教学质量年"。2018年9月，教育部发布《教育部关于加快建设高水平本科教育全面提高人才培养能力的意见》（教高〔2018〕2号），明确指出要"把思想政治教育贯穿高水平本科教育全过程"，要"强化每一位教师的立德树人意识，在每一门课程中有机融入思想政治教育元素"，"课程思政"成为构建新时代高校思想政治教育体系的必要元素。2019年3月，习近平总书记在学校思想政治理论课教师座谈会上又进一步指出，思政课是"落实立德树人根本任务的关键课程"，同时还要"挖掘其他课程和教学方式中蕴含的思想政治教育资源，实现全员全程全方位育人"。同年，教育部发布《质量二十二条》，要求"把课程思政建设作为落实立德树人根本任务的关键环节，坚持知识传授与价值引领相统一、显性教育与隐性教育相统一，充分发掘各类课程和教学方式中蕴含的思想政治教育资源"。2020年6月1日，教育部印发《纲要》，明确提出要"全面推进高校课程思政建设，发挥好每门课程的育人作用，提高高校人才培养质量"。《纲要》明确了课程思政本质内涵、课程思政内容、课程思政的基本教学策略，并特别提出科学设计课程思政教学体系。《纲要》要求把立德树人根本任务落实到各个角落，在全国所有高校、所有学科专业全面实施课程思政，围绕全面提高人才培养能力这一核心点，围绕政治认同、家国情怀、文化素养、宪法法治意识、道德修养等重点优化课程思政内容供给，将价值观引导寓于知识传授与能力培养之中。2020年6月8日，教育部组织召开全面推进高等学校课程思政建设工作视频会议,对高校课程思政建设做出进一步的落实部署。

随着教育部推出一批课程思政建设先行校、一批课程思政教学名师和团队,以及一批课程思政示范课,建设一批课程思政教学研究示范中心,设立一批课程思政建设研究项目,各级各地外语教育协会或研究会陆续组织了课程思政项目的申报和课程思政教学大赛,各高校的教师发展中心也先后举办了关于课程思政的系列培训活动。与此同时,广大学者、教师积极进行外语课程思政实践与研究,并发表了一系列的研究成果。

笔者将"课程思政"和"外语"作为主题词和关键词,在中国知网(CNKI)中国学术期刊网络出版总库搜索 2014—2021 年的文献,共搜索到 307 篇文献,其中核心期刊和 C 刊共计 44 篇,剔除主持人语、会讯、学术论坛述评等无关文献和重复文献,最终确定关于外语课程思政研究文献合计 297 篇,其中核心期刊和 C 刊共计 40 篇。课程思政从 2014 年的萌芽期,经过多年理论与实践的探索,已经到了走向深化、系统化的关键期。从事高校外语教育的教师、学者和管理者对外语课程思政进行了论述和实践探讨与研究,主要包括本质内涵类、建议对策类、教学实践类、教材设计类和人才培养类。

(一)本质内涵类研究

一些学者探讨了外语课程思政的本质与内涵。课程思政被看作一种教育体系,即课程思政是含有思想政治教育目标的教育体系,是将马克思主义理论贯穿教学和研究全过程,深入发掘各类课程的思想政治理论教育资源,是从战略高度构建思想政治理论课程、综合素养课程、专业教育课程"三位一体"的思想政治教育课程体系;课程思政又被看作一种理念,即"课程承载思政"与"思政寓于课程";课程思政还被看作一种方法,即一种实施思想政治教育的方式、手段与程序的组合;课程观则认为"课程思政是一种整体性的课程观"。还有学者结合外语学科的特点,认为外语课程思政的内涵主要包含两个方面:优秀文化和时代精神。优秀文化既包括中华优秀传统文化,又包括世界优秀文化精髓。时代精神则包括社会主义核心价值观和人类命运共同体思想。而外语课程思政的实质不是增开一门课,也不是增设一项活动,而是将高校思想政治教育融入课程教学和改革的各环节、各方面,实现立德树人、润物无声。其本质是一种基于全员、全程和全课程联动的价值教育理念,在实施中要把握好尺度,实现思政教育与专业教育之间的兼容性和协调性。

(二)建议对策类研究

针对大学英语课程思政的落实,有学者从不同视角提出实施途径。例如,刘正光和岳曼曼提出,通过教学内容重构、教材建设、有机整合教学方式、师资能力发展落实课程思政。刘正光等认为,准确领会立德树人的丰富内涵是有效找到课程思政的契合点、着力点和着力途径的重要前提,并借用教育部部长陈宝生提出的"五术"(道术、技术、学术、艺术和仁术)阐释了外语课程思政的具体实施途径。此外,刘建达结合我国大学外语课程的特点,构建了课程思政背景下大学外语课程改革 BIPA(Background 课程背景、Input 课程内容、Process 教学过程和 Assessment 教学评价)模型,从课程背景、课程内容、教学过程、教学评价等方面对实施课程思政提出了具体建议。文秋芳则提出双维度的外语课程思政描述框架,其纵向维度为"思政范围—主要任务—关键策略",横向维度为"内容—评价—管理—教师言行",每条链都有具体的思政空间、主要职责和实施策略。

针对外语专业课程思政,学者主要从课程思政路径和课程思政教学体系进行探讨。对于外语课程思政途径,何玉海论述了四个原则,即外语课程思政设计注重融合性,外语课程思政目标强调潜隐性,外语课程思政过程崇尚自然性,外语课程思政方式凸显暗示性,并提出由"顶层设计—挖掘素材—细化过程—创新评价—顶层设计"构成的四位一体外语课程思政闭环路径。常俊跃和李辰超提出"课程思政模式"、"思政课程全外语教学模式"和"专业思政教师和外语专业教师合作教学的模式"。崔国鑫认为,在外语专业课程思政建设中,教师是关键,课程是抓手,要善用第二课堂资源，完善评价机制。对于课程思政教学体系，肖琼和黄国文提出，需结合外语学科专业特点，把课程思政融入课堂教学的全过程，主要涉及厘清思路、培养目标设定、师资队伍建设、教材编写和课堂实施。肖玥瑢认为，外语专业教学可以通过建设课程思政资源库、示范课程、教学指南和专业化的课程思政教师队伍，构建一套比较完备的将思想政治教育嵌入外语教学的课程思政体系。

上述建议对策类研究基本都是自上而下的思辨性对策或建议，基于实证数据的建议和对策不多见。郑峻以德语精读教材为语料库，运用 AntConc 统计分析了中国文化及中国贡献在教材中的呈现，论述了德语精读教材与《指南》培养规格的契合度、开展课程思政的可行性，以及文化练习设计与 Hanvey 跨文化意识四层培养目标的吻合性，进而为教材的编写和使用提出建议。潘海英和袁月运用问卷和半结构化访谈，调查了 45 位大学外语教师课程思政实践情况，揭示了目前大学外语教师在课程思政教学实践探索中面临的主要问题，并提出改进建议：提升思政教学素养、明确思政教学目标、建设思政评价体系与拓展外语学习维度。

（三）教学实践类研究

大学英语课程思政教学实践类研究主要涉及教学设计、思政要素和混合式教学。首先，对于教学设计，成矫林以《大学体验英语综合教程》为例，提出教学设计要依次确立外语课程思政目标，深度处理语言知识，通过提炼、整合、加工、搭桥将思政融入课程，改革教学方式，深入讨论，提升思维品质。胡杰辉认为，课程思政教学设计需要从教育政策、课程理论和外语学科特点三个视角，系统把握外语课程思政内涵。在实践维度上，他认为系统的教学设计需要突出四个策略：教学目标的精准性、内容组织的体系性、流程设计的渐进性和评价反馈的整合性，并以首届全国高等学校外语课程思政教学比赛的案例分析了教学设计中的两个典型误区。三个理论视角互相关照，四个设计策略有机协调，理论与实践循环提升是优化外语课程思政教学设计的必然路径。张敬源和王娜以《新时代明德大学英语综合教程 2》为例探讨了教学任务设计的理念、原则与实施，提出基于价值塑造的外语课程思政教学任务设计目标体系由理解（言）、信奉（思）和践行（行）三个分层目标构成，由易到难，逐级递进，互为支撑。其次，在思政要素挖掘方面，黄国文以《大学英语泛读教程 1》第 3 版第 5 单元（Family Affairs）中的两篇课文（两封书信）为例，通过语言分析明确语篇表达的意义，再从思政角度思考问题，最后就话语、价值取向与外语教学的关系做了讨论。杨华（2021）以《新一代大学英语综合教程 2》的教学为例，将"外语讲述中国"作为高校外语课程中的思政元素，设计了外语课程中"讲述中国"的内嵌模块、"讲述中国"的课外真实跨文化实践活动，以及涵盖讲述作品、品德素养、知识技能传授与思政结合程度的"多元评价"。最后，在混合式教学方面，岳曼曼和刘正光从混合式教学的三点本质内涵论述了混合式教学契合外语课程思政的内容，并以《新目标大学英语：综合教程》第一册为例探讨了如何通过混合式教学实施外语课程思政教学。

外语专业课程思政教学实践主要围绕思政元素、教学设计和课程思政教育框架三方面展开。第一，在外语专业课程思政元素挖掘方面，杨金才认为，需从国家、社会发展需求方面梳理外国语言文学学科的课程思政元素，引导和植入具有中华文化元素的课程思政元素，围绕讲好新时代中国故事挖掘课程思政元素，并以"美国文学"课程为例，明确思政教学要树立正确意识形态导向，把握中国立场；正确理解和运用西方文学理论及其批评概念；讲好中国故事；弘扬学术诚信。第二，针对教学设计，彭康洲和魏玉兰以《大学思辨英语教程：精读 2》为例，基于大纲的审思，探讨了课程思政教学能力和价值塑造、知识传授和能力培养相统一的任务设计。第三，在思政教育框架方面，丁凤等以"交际英语"课程为例，从"全人教育"理念出发，结合中国学生核心素养框架以及外语专业学生培养目标，建立了该课程的思政教育框架，通过丰富的课堂活动，着重培养学生自主发展、社会参与、文化基础和国际视野四个维度的素质与能力，最大化挖掘课程育人潜能。

（四）教材设计类研究

部分学者对高校外语课程教学素材的思政内容或课程思政视角下的外语教材设计展开研究，包括《大学思辨英语教程：写作 3》、《新时代明德大学英语》系列教材等。徐锦芬基于课程思政的内涵，探讨了高校英语课程教学素材的思政内容，提出"以学生发展为中心、以学科属性为引导、以学校特色为依托"的总体原则。通过"分析—筛选—增补"三个步骤，挖掘与拓展现有英语教学素材的思政元素，还可在目标设定、语料选择、活动设计、效果评估等环节将思政内容有机融入新教学素材的编写。孙有中强调通过跨文化比较，培养文化自信与人类命运共同体意识；通过价值观思辨，强化社会主义核心价值观；通过用外语表达中华优秀传统文化，提升人文素养、文化自信和跨文化能力；通过体验式语言学习，提高道德素养。然而，基于对国内几套主要大学英语教材的分析，现有教材内容难以满足新的需要，主要体现为：立德树人、课程思政明晰度不够；中国文化和科技内容不足；对培养和提升道德情操关注度不够；知识传授、能力培养、价值塑造未能形成育人合力，脱节现象严重；等等。

（五）人才培养类研究

结合课程思政背景和院校特色，部分高校探讨了外语人才培养，对课程思政做出了顶层设计。例如，大连理工大学的外语课程思政体系包括外语课程思政资源库建设、示范课建设、教学指南建设、师资队伍建设，为各门外语课程提供思想政治教育的标准化素材和教学指导。山东师范大学采用了不同模块课程协同着力，第一课堂和第二课堂相互配合的课程设置体系。此外，外国语类高校主要探讨了课程思政背景下全球治理外语人才的培养。例如，上海外国语大学的创新课程思政体系以"课程+思政"塑造"强思政"人才，将思政教育与外语特色相融合，积极推动《习近平谈治国理政》多语种版本进教材、进课堂、进头脑，构建了具有外语院校特色的思想政治教育体系。同时，它以"三全育人"培养体系创新外语思政教育的组织管理模式，即构建"多语种"课程育人体系、以"多语种"对外文化传播为主旨的网络育人体系、"多语种"海外调查实践育人体系、以"多语种"新型智库为抓手的科研育人平台和"多语种"以中外经典阅读为抓手的文化育人体系。针对外语类院校"德育"和"智育"相分离、重知识传授和能力培养而轻德行培育、受国外文化思想和意识形态影响的状况，西安外国语大学重点解决主流意识形态价值观引导和文化自信教育问题，构建了外语特色鲜明的"五位一体"课程思政体系。北京外国语大学针对"英法双语 + 专业"国际治理人才，构建并应用了"一体化"思政育人体系，该体系由核心和支撑两个子体系构成，核心体系位于内圈，涵盖高校院系课表上的所有课程；支撑体系位于外圈，包括学校（班级）文化、管理制度、实践活动、家校联动等主要部分。

（六）研究的局限性

学者们根据外语学科的属性和外语课程的特点，论述了外语课程思政的本质内涵，这有助于解释什么是外语课程思政内容，有助于提炼外语课程的思政素材或元素，解决教什么的问题。建议对策类研究从宏观视角论述了落实外语课程思政的原则、框架和路径，这为外语课程思政的实施提供了具有指导意义的理论依据，可以帮助解决如何教的问题。教学实践类研究涉及不同课程和教材，为一线教师提供了参考范例，特别是如何设计教学任务、如何挖掘提炼思政要素、如何实施隐性思政教学等，从而帮助一线外语教师根据自己所教课程进行隐性思政教学，并避免不必要的误区。教材设计类研究涉的基本是大学英语教材，有助于教材的编写和使用，特别是如何融入思政内容，如何将思政内容有机融入目标设定、语料选择、活动设计、效果评估等环节，有很大的参考价值。思政视角下的外语人才研究把思政教育纳入了外语人才培养的全过程，并根据各院校特点，做出了顶层系统设计，这就避免了思政教育的碎片化，对其他院校有很好的参考价值。实证类研究不多见，它们基于精读教材语料库分析和大学外语教师课程思政实践调查分别从教材和教师层面提供了外语课程思政的实证信息，有助于改进教材内容和教师的思政教学。总之，外语课程思政研究从2014年开始萌芽，经过近几年的理论与实践探索，已经初见成效，但是现有研究仍存在诸多局限。

1. 研究方法大都是思辨性和描述性论述，实证类研究相对缺乏

现有研究侧重构建性阐述，主要探讨外语课程思政的意义、本质、内涵、框架和对策等，为数不多的实证研究仅是从教材和教师视角进行的调查研究。在此情况下，首先，还缺少更大规模的外语课程思政实施现状的调查研究，以便发现不同类别院校和各类课程的实施情况、存在的问题以及影响外语课程思政实施或落实的原因。其次，关于外语课程思政的路径和框架则需要大量的实证研究验证其有效性，并对其不断完善，才能逐步推进外语课程思政改革。关于外语课程思政的对策研究基本上可以从思政教学理念、教学内容、教学途径、教学管理、教师能力等视角提出宏观的建议或对策。此外，外语课程思政需要贯穿人才培养的全过程，涉及诸多教学要素，有必要对隐性课程思政教学与具体课程的显性教学关系、课程思政教学与其他外语教学要素的关系，以及外语课程思政的教学效果进行更深入的实证研究。

2. 研究内容主要面向"教什么、如何教"，"教得怎样"即思政教学评价重视不足

现有研究以外语课程思政元素挖掘、外语教学设计与外语教材设计为主要内容进行了实践探讨，虽然有研究提到教学评价环节，但没有把思政教学恰当合理地纳入其中。第一，从整体看，思政元素挖掘不充分、不系统，呈现出碎片化特点。现有研究大多能够结合外语学科的人文性和工具性特点挖掘、提炼外语课程的思政元素，但是忽略了其科学性特点。因此，需要依据《纲领》中提出的五大思政内容，结合外语学科的人文性、工具性和科学性特点，并考虑学生的需求，从宏观的人才培养、中观的课程群和微观的课程教学层面系统研究外语课程思政内容体系，以形成由点到线再到面的立体化、系统化的外语课程思政内容体系。第二，现有研究在外语教学设计方面重视"如何教"，重视对思政内容的讲授，忽视了学生对学习内容的思考和行动，难以达到言、思、行合一。教学评价要么忽略思政内容，要么思政内容没有很好地结合课程内容，出现两层皮现象。第三，外语教材设计方面的研究比较重视语料的选择、思政素材的安排和教学任务的设计，但较少把思政教学纳入效果评估环节。

3. 研究视角重视政策导向和外语学科特点，忽视学生因素

现有研究大都从政策层面，即教育部相关政策，如《意见》《纲要》等，结合《国标》和《指南》论述外语课程思政的意义和重要性，并从思政教学理念、教学内容、教学途径、教学管理、教师能力等视角提出宏观的建议或对策。在外语课程思政素材和内容上，一般结合外语学科的人文性和工具性特点，根据具体课程进行教学设计研究与实践。无论是对外语课程思政的思辨性论述还是描述性的教学案例研究，只有个别学者提到考虑学生因素，学生特点和需求仍未得到应有的重视。然而，影响外语课程思政的因素是多维的，除了政策、学科、课程、教师、管理因素，学生因素不容忽视，因为学生是学习的主体、教育的对象，教学目标、人才目标的实现最终体现在学生身上。

4. 研究对象主要是大学英语和英语专业，面向其他语种的研究甚为罕见

除了大学英语和英语专业，现有外语课程思政研究仅发现有关于德语、法语和日语的，而且数量凤毛麟角。《国标》中外语类专业共68个，很显然，现有研究的语种覆盖面极其有限。对于大学英语教学，现有研究主要对综合英语课程中的思政教学进行了探讨，英语类专业主要涉及综合英语、文学、文化类课程，但缺乏语言学类、翻译类课程思政的实践探讨。大学英语和英语专业的课程思政教学研究均聚焦于思政元素挖掘和教学任务设计，不同的是，前者更注重在教材设计与开发中引入思政内容，而后

者更侧重在外语人才培养中对课程思政做系统的顶层设计，特别是面向全球治理人才的外语课程思政体系的构建和应用。

（七）未来研究的展望

课程思政是落实立德树人根本任务的重要途径，而外语课程思政教育的重要性毋庸置疑。针对上述研究的局限性，笔者分别从本体论、实践论和方法论视角对未来高校外语课程思政研究做出展望。从本体论看，要深入探讨外语课程思政的本质内涵。本体论指研究事物的本来面貌。现有研究大都论述了外语课程思政的背景、意义、重要性或必要性，而对其本质内涵的研究相对较少，且不够深入。外语课程思政的落实首先要弄清楚什么是外语课程思政，其本质内涵是什么。根据文献回顾，一些学者探讨了其内涵，但认识不一，共涉及四种观点，即教育体系观、课程观、理念观和方法观，这四种观点从不同侧面说明了外语课程思政的本质。外语课程思政同思政课程一样都是落实立德树人的重要途径，在人才培养中发挥着育人的作用，而人才培养是一个系统的复杂工程，涉及各方因素，这就需要从整体观视角综合探究其本质内涵。具体说，就是分别从宏观的育人体系、中观的课程体系和微观的教学设计探讨外语课程思政的本质内涵。从实践论看，要丰富外语课程思政教学实践及其实证研究。实践论研究具体实施某一计划的原则、方法和步骤。一些学者结合某门外语课程的具体教学实践探讨了如何在具体课程教学中实施课程思政教学，提出了具体的原则、方法和步骤。总的来说，这样的教学实践探索还处于初级阶段，数量不多，主要涉及综合英语、文化类、文学类课程，其他翻译类、语言学类课程的实践探讨甚是罕见，而且涉及的语种以英语为主，少量涉及德语、法语和日语，基本上是基于个人教学经验的案例分析和总结。除了思政元素挖掘和教学路径，在教学实践中还要注意把思政目标自然融入教学评价，将其由课堂延伸至课外，利用"第二课堂"实施课程思政，逐步实现言、思、行合一。未来的研究需要在更多类型的课程和更多语种范围内展开更加丰富的思政教学实践，并实施理论驱动的实证研究，以便为外语课程思政的理论探索提供更全面、更翔实的实证数据。从方法论看，要加强外语课程思政的多维视角研究。方法论指研究达到某一目标的有效途径。现有研究大都根据相关政策和外语学科特点，从教学内容、教学方法、教学管理、教师能力等视角论述外语课程思政的实施途径。从整体看，外语类院校注重面向全球治理人才的顶层设计研究，而面向大学英语的课程思政研究更侧重教材设计与课程思政框架或模型，如双维度外语课程思政描述框架、大学外语课程改革 BIPA 模型等。未来研究在做好顶层设计研究的同时，要继续加强外语课程思政教学内容、教学方法和教学评价研究，同时还要重视提升外语教师外语课程思政建设的意识和能力。

作为落实立德树人根本任务的重要途径，课程思政应纳入外语人才培养的全过程，要把价值引领与品格塑造融于知识传授和能力培养中，做到专业教育和思政教育的有机融合，使学生达到学思结合、知行统一。外语课程思政改革是一个自上而下与自下而上相结合的过程，既要从综合视角进行系统的顶层设计研究，又要从不同视角进行大量的教学实践和深入的实证研究。未来研究要继续深入探讨外语课程思政的本质内涵，丰富外语课程思政教学实践及其实证研究，加强外语课程思政的多维视角研究，从而形成从本体论、方法论和实践论视角对外语课程思政改革系统化研究的新局面。

三、翻译专业立德树人的落实途径

翻译专业秉承学校"致力于人的全面发展，服务区域经济建设和社会进步"的办学宗旨，致力于为地方经济建设和语言服务行业发展服务，以习近平新时代中国特色社会主义思想为指导，全面贯彻党的教育方针，全面落实立德树人根本任务，培养符合区域社会经济发展需求和语言服务行业需求的高素质复合型翻译人才。翻译专业坚持把立德树人作为翻译人才培养的关键环节，以学生成长成才为出发点，把思想政治教育贯穿教育教学全过程，力争实现全员育人、全程育人和全方位育人。翻译专业主要通过课程育人、活动育人、文化育人、实践育人、管理育人、协同育人等6种途径全面贯彻落实立德树人根本任务。课程是先导，活动是根本，文化是条件，实践是基础，管理是保障，协同是外延，这六者互为支撑、形成协力，共同落实立德树人根本任务。

（一）课程育人

由思政课程和翻译专业课程思政构建立德树人的课程体系，形成思政课程和翻译专业课程思政协同育人新局面，将思想政治教育覆盖全部课程。本专业的"1+3"课程体系中，"1"为大学第1学年的大类课程，"3"为大学第2—4学年的专业课程，具体包括学科基础课程、专业基础课程、专业核心课程和实践课程，重点做好专业课程思政、通识课程思政和实践课程思政。翻译专业的课程思政目标是宗旨，课程思政资源库是保障，课程思政教学设计是手段，课程思政教学评价是反馈，这四者回答了为什么教、如何教、怎样教和教得如何的问题。翻译专业课程思政目标包括家国情怀、科学精神、文化自信、公民品格、全球视野等，根据上述课程思政目标，以译论资源、译作资源、译者资源、译例资源和语言服务行业资源为核心构建翻译专业课程资源库。教学设计可以在宏观、中观、微观三个层面进行，宏观设计关注教育体制系统改革，中观设计关注学科课程开发，微观设计关注单元、模块和教学片段设计，面向全体教师，应用最广泛。翻译专业的课程思政设计需要根据相关教育政策、课程理论、外语学科特点、翻译活动属性以及学生认知特点，遵守隐性教学原则，科学设计具体课程的教学目标、教学内容、教学过程和教学评价，突出这四个方面的融合性、系统性和渐进性。要在具体课程教学中融合知识传授、能力培养和价值引领，充分发挥翻译专业教学内容、教学方式方法和教师人格的育人作用，注重言、思、行统一，将立德树人贯穿教学全过程。翻译专业的课程思政教学评价坚持过程性评价与终结性评价相结合，采用基于CIPP评价模式的高校课程思政综合评价指标体系（许祥云 等，2022）。该评价体系由四个一级指标构成，即背景评价（18%）、输入评价（28%）、过程评价（39%）和结果评价（15%）。背景评价包括政治环境、政策环境和制度环境，输入评价包括教学资源、能力基础和经费支持，过程评价包括教学方案、教学过程与教师表现、学习过程与学生表现，结果评价包括教学效果和课程影响。其中，过程评价权重最大，这说明该评价体系更关注教学过程，更侧重教师的教和学生的学。

（二）活动育人

活动育人旨在促进学生的全面发展，内容涉及德、智、体、美、劳，活动形式多样，可以是小组活动、班级活动、校内活动、校外活动等。德育活动可以利用校内常规性活动，如升旗仪式、国旗下、班队活动、主题班会、社团活动、经典阅读等，进行中华美德教育、优秀传统文化教育、革命传统教育，培养学生的集体观念、国家意识和民族自信。智育活动主要通过校内外的学科竞赛活动进行，如英语演讲、写作、阅读、辩论、翻译大赛等，以赛促练，以赛促学。通过各类学科竞赛活动，学生可以运用所学专业知识和技能，可以检验学习效果，可以锻炼综合运用能力、应变能力、意志力以及自信心等。体育活动指通过开展运动会及各种体育类的竞技活动，让学生学习和掌握多种运动技能，自主自觉地进行体育活动，从而促进学生的身心健康。美育通过美术、音乐、绘画、文学作品等赏析与鉴赏活动培养和提高学生感受美的能力和鉴赏美的能力。劳动教育是学校有意识、有计划、有组织地从认知情感、态度观点和技能实践三个方面对学生进行的综合培育。劳动教育包括日常生活劳动和富有翻译专业特色的语言服务活动。日常生活劳动围绕学生日常生活事务，如个人卫生、宿舍卫生等，培养学生的自理自立能力。富有翻译专业特色的语言服务活动主要是以志愿服务形式，参与校内外的各种语言服务活动，如冬奥会语言服务、应急语言服务以及各种会展、会议的语言服务等。通过各种常规性活动、集中式主题活动、志愿者语言服务活动、学科赛事活动，学生可以在体验中运用技能、锻炼能力与锤炼品格。

（三）文化育人

高校是传承与创新文化的载体，以文化人的育人实践必不可少，具体内容包括传统文化、校园文化和网络文化。要加强中华优秀传统文化教育，同时了解、学习世界其他国家的优秀文化和人类文明，通过中外文化交流和比较，强化对中华文化的认同，用优秀的中华传统文化，如仁、义、礼、智、信涵养学生，进而树立文化自信，提升文化认同，塑造学生健全的人格和美好的品德，净化心灵，陶冶情操；还可以通过校园精神文化、制度文化、环境文化育人，培养学生形成健全、独立的人格，美好、高尚的人性，这将有助于协调个人与他人、个人与社会、个人与自然的关系，确保学生始终保持正确的价值取向和积极的情感导向。网络文化在信息和大数据时代对全面提高大学生素质起着重要作用，我们积极利用网络带来的机遇，丰富育人内容和形式，发展积极向上的网络文化。翻译专业可依托学校主页、新闻网、党建网、校内论坛等网站，积极引导学生深入学习与传播党中央治国理政新理念、新思想、新战略。同时，利用 App 客户端、微信、微博等网络平台，以文字、图片和视频等多模态方式积极传播中国文化、治国理念与治理方案，树立文化自信，贡献中国智慧，提升中国对外话语权。

（四）实践育人

实践育人作为一项复杂的系统工程，虽然得到普遍认可，但依然是高校人才培养中的薄弱环节，与社会对翻译人才的需求还有差距。实践教学、军事训练、社会实践活动是实践育人的主要形式。翻译专业构建了多维立体的实践教学体系，即一个从课堂到课外，从校内到校外，从个人到团队的多层次、多渠道、立体化的实践教学体系，该实践教学体系有利于改变重理论轻实践、重知识传授轻能力培养的观念，注重学思结合和知行统一。该体系共设有三类实践项目：语言运用项目面向学生的语言综合运用能力、跨学科知识运用能力、问题解决能力、思辨能力和创新能力，突出语言输出能力，分为说、写、译型项目，成果形式为视频、音频、书面资料等；学术研究项目面向学生的专业知识运用能力、思辨能力、研究能力和创新能力，分为调查研究、个案研究、专题研究、文献研究等，成果形式为书面研究报告、口头学术报告与研究论文；综合实践项目面向学生的跨学科知识运用能力、问题解决能力与创新能力，成果形式为项目作品，可以是书面故事集、英文报纸、英文短视频、语料库、公众号等。翻译专业的军事训练旨在让学生通过实践教学和理论教学，提高军事素养、提升国防意识、加深对国防和军队建设的认识，同时提高生活自理能力、自主学习意识和团队合作意识。翻译专业的社会实践主要包括思想政治理论社会实践和专题社会实践。思想政治理论社会实践主要围绕思想政治理论课程内容，结合学生的专业实习，利用假期进行社会实践活动，旨在引导学生理论联系实践，在考察、调研实践中培养科学的世界观、人生观和正确的价值观。学生还可以根据自己的兴趣选择某一主题或视角进行调研或实践，如非遗故事记录与口述、绿色环保英语标示语调查等。

（五）管理育人

第一，要以科学理念引领管理育人，坚持以学生为中心理念，坚持标准化管理与人性化管理相结合，将科学规范化的管理方式和春风化雨的教育方式相结合，尊重学生、理解学生、关爱学生，根据学生的认知规律和特点，充分发挥学生的主体作用。应加强民主管理，采用平等协商的管理方式，保持师生反馈渠道畅通，保障师生的知情权、参与权和监督权，将立德树人体现在系部、班级管理之中，实行科学民主管理，培养学生的民主意识、规则意识、法治意识和责任意识。第二，要以完备的制度保障管理育人，不断完善翻译专业的各项管理制度，如听评课制度、教研活动制度、实践环节管理制度、课程评价考核制度、试卷归档管理制度等，确保管理更好地为翻译专业教学服务。同时，引导学生严格遵守学校、学院和系部的相关规章制度,充分发挥制度育人的作用。第三,以制度+技术方式助力管理育人,提升学生的信息素养,提高管理育人的实效。与此同时,还要加强教学管理,确保线下、线上和混合式教学效果;依托学校的智能教学资源,引导学生充分利用泛在化、智能化的学习空间,营造积极的学习氛围,提高学习效率;利用学校的数据平台和教学管理系统,加强学生日常行为和学习情况的数据分析,及时发现并解决学生在生活和学习中存在的困难和问题。

(六)协同育人

党的十九届五中全会明确了协同育人的地位,并提出"健全学校家庭社会协同育人机制"的要求。坚持"五育并举"是落实立德树人根本任务的关键环节,是解决目前存在的"重智育、轻德育""重成绩、轻素质"的关键所在,这就需要家庭、社会、学校同向而行、相互协调、同频共振,从而有效解决教育难题,快速走出教育困境。良好的社会环境为高校的立德树人工作提供了丰富的育人资源,要充分挖掘优质社会资源,发挥社会对学生的正向引导作用,还要充分利用社会实践资源,如翻译实习基地、产学研基地、创新创业基地、学术活动、国际会议等,引导学生了解国情、了解国内外相关行业及学术情况,培养学生翻译职业素养、社会责任感、国际视野、合作交流能力及创新创业能力等。学校教育要加强第一课堂和第二课堂的协同作用。第一课堂旨在通过思政课程、通识课程和专业课程,紧紧围绕翻译专业人才培养目标,在满足社会发展需要的同时,考虑学生个性发展需求,充分挖掘各门课程的思政元素,构建翻译专业思政体系,实现知识传授、能力培养和价值塑造的统一融合。第二课堂与第一课堂同向同行,要充分发挥第二课堂在培养学生社会主义核心价值观、树立文化自信、涵养家国情怀、培育社会责任感等方面的作用,实现第一课堂和第二课堂协同育人。协同育人在内容上的协同主要体现在三个方面。第一,以理想信念教育为核心,构建集马克思主义理论教育、四史教育、爱国主义教育、社会主义核心价值观教育、形式政策教育、国家安全教育于一体的主旋律教育协同体系，内容协同可以通过高校思政课与社会实践落实。第二，德育教育与法治教育相协同。守道德、讲法制是社会主义核心价值观的内涵要义，也是培养社会主义合格公民的客观要求，二者有机协同、相互促进。德育与法治教育协同有赖于学校、家庭和社会的协同教育。第三，科学精神与人文素养相协同。《国标》对外国语言文学类专业学生的素质要求为：要具备正确世界观、人生观、价值观，良好的道德品质，中国情怀与国际视野，社会责任感，人文和科学素养，合作精神，创新精神以及学科基本素养。科学精神和人文素养的融合教育，可以实现工具理性和价值理性的统一，对大学生树立正确的世界观、人生观和价值观，涵养自信和坚毅的积极品格都有重要作用（黄娟，2021）。

四、翻译专业思政建设

专业建设和课程建设是高校人才培养的关键环节，二者相辅相成、相互促进。专业思政和课程思政之间的关系也是如此。专业思政属于思政教育的宏观层面，可以通过人才培养目标、人才培养方案和课程结构体系进行顶层设计（闫长斌 等，2020）[38]。课程思政则属于思政教育的微观层面。高燕认为，课程思政是将马克思主义理论贯穿教学和研究的全过程，深入发掘各类课程的思想政治理论教育资源，从战略高度构建思想政治理论课程、综合素养课程、专业教育课程"三位一体"的思想政治教育课程体系。课程思政离不开专业思政的方向引领，专业思政也离不开课程思政的基础支撑，二者之间存在天然的耦合基础。在与思想政治教育同向同行、同频共振上，二者存在相同的耦合目标；在三全育人和隐性育人过程中，二者存在相同的耦合功能。专业思政是深化课程思政，推进"三全育人"综合改革，形成一体化育人体制机制和全员、全过程、全方位育人格局的客观要求（闫长斌 等，2020）[36]。专业思政与课程思政紧密相连、互为支撑，共同贯通高校教育教学全过程，构成高校落实立德树人根本任务的有机整体。

（一）基于OBE的翻译专业思政途径

如图5.1所示，翻译专业的专业思政教育融合专业教育和思政教育，以中国学生发展核心素养为主线，基于OBE产出导向理念，反向设计翻译专业人才培养方案，重点设计翻译专业核心价值体系、翻译专业思政矩阵和翻译专业各教学环节的育人功能。如图5.2所示，中国学生发展核心素养框架是一套科学完整的育人目标体系，为各阶段学生提供了系统的发展目标，也为立德树人根本任务的落实提供了理论依据。该框架面向培养全面发展的人，涉及文化基础、自主发展和社会参与三个维度，每个维度包含两大素养。文化基础维度包括人文底蕴和科学精神，自主发展维度包括学会学习和健康生活，社会参与维度包含责任担当和实践创新。上述六大素养又细化为18个基本要点：人文积淀、人文情怀、审美情趣、理性思维、批判质疑、勇于探究、乐学善学、勤于反思、信息意识、珍爱生命、健全人格、自我管理、社会责任、国家认同、国际理解、劳动意识、问题解决和技术运用。该框架明确了学生应具备的适应终身发展和社会发展需要的必备品格和关键能力，从中观层面深入回答了"立什么德、树什么人"的根本问题，引领课程改革和育人模式变革。

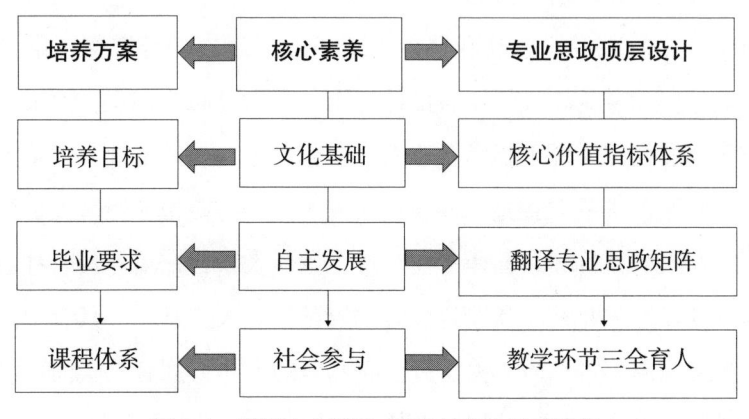

图 5.1 翻译专业基于OBE的专业思政路径

```
中国学生发展核心素养
全面发展的人
├── 文化基础
│   ├── 人文底蕴
│   │   ├── 人文积淀
│   │   ├── 人文情怀
│   │   └── 审美情趣
│   └── 科学精神
│       ├── 理性思维
│       ├── 批判质疑
│       └── 勇于探究
├── 自主发展
│   ├── 学会学习
│   │   ├── 乐学善学
│   │   ├── 勤于反思
│   │   └── 信息意识
│   └── 健康生活
│       ├── 珍爱生命
│       ├── 健全人格
│       └── 自我管理
└── 社会参与
    ├── 责任担当
    │   ├── 社会责任
    │   ├── 国家认同
    │   └── 国际理解
    └── 实践创新
        ├── 劳动意识
        ├── 问题解决
        └── 技术运用
```

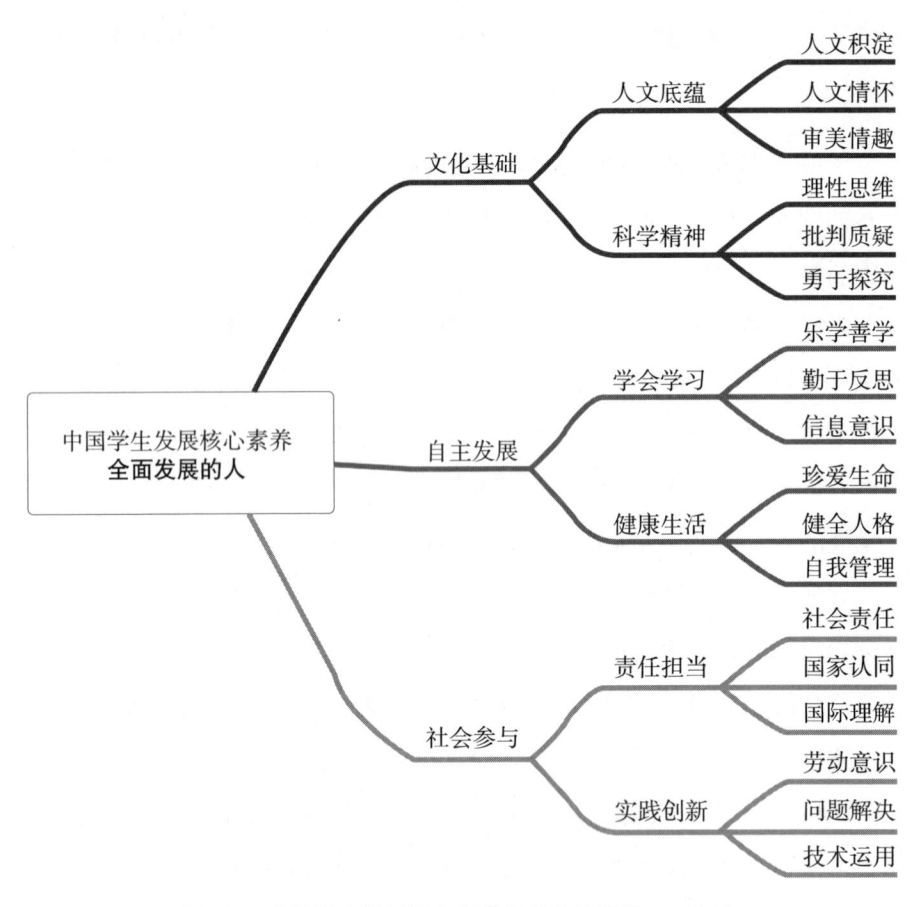

图 5.2　中国学生发展核心素养框架（林崇德，2017）

1. 翻译专业人才培养目标

翻译专业通过专业思政和课程思政将思想政治教育贯穿于翻译人才培养的全过程。专业思政的顶层设计遵循"产出导向"理念，着眼于翻译人才培养全过程，体现于翻译专业人才培养目标、翻译专业人才培养方案和翻译专业课程体系。立德树人根本任务的落实需要将上述育人目标融入各专业的人才培养目标。翻译专业坚持立德树人，旨在培养具有社会责任感，具备良好的职业素养和综合素质、较深厚的人文素养，具有中国情怀和国际视野，德、智、体、美、劳全面发展的人才；拥有扎实的英汉双语语言基础，掌握厚实的翻译专业知识、丰富的百科知识，以及科技、工程、商务等多领域的基础知识的人才；较熟练地掌握口笔译方法和技巧，初步掌握并运用翻译技术和工具的人才；具备较强的英汉双语能力、翻译能力、跨文化能力、思辨能力和创新能力的人才；能够胜任科技、商务、新闻、教育等领域的口笔译等语言服务及国际交流工作的高素质复合型翻译人才。

翻译专业学生毕业5年左右在社会与专业领域应达到的目标有5个。一是知识技能，即能够跟随翻译行业的发展学习新知识，灵活运用所学人文学科基础知识、翻译专业知识、跨学科知识以及相关工具与技术，解决语言服务及国际交流工作中的复杂问题。二是道德责任，即具备语言服务行业和国际交流领域所需的良好职业道德素养，树立和践行社会主义核心价值观，能够在工作中综合考虑法律政策、现实需求和可持续发展等因素。三是社会责任，即具有社会责任感与事业心，具备中国情怀和国际视野，在工作中诚实、守信、公正，能够全面履行职责，积极服务国家与社会。四是沟通合作，即具备多学科多层次的沟通、交流和团队协作能力，能够在多学科背景下的团队中承担个体、团队成员以及负责人的角色，并进行有效交流与合作。五是终身学习，即具有终身学习的意识，能够结合需求进行自主学习，不断学习相关专业领域知识和语言服务行业相关的新技术，适应职业发展，增强职场竞争力。

总之，翻译专业的人才目标以发展学生核心素养为主线，基本涵盖了文化基础、自主发展和社会参与三个维度，并体现了知识、能力、素质目标的协调发展。翻译专业对人才培养目标进行定期评价，毕业生、用人单位和本专业领域专家参与评价和修订过程。根据人才培养需求，翻译专业应成立来自高校、用人单位和语言服务领域等多名专家共同组成的专业建设指导委员会，对专业建设、改革、发展以及人才培养方案等方面定期提出建议和做出评价。

2. 核心素养在翻译专业人才培养方案中的体现

翻译专业的毕业要求属于翻译专业人才培养方案，其大致包括以下几点。

（1）知识掌握：掌握英语语言、文学、文化等基础知识，熟悉中国语言文化知识，比较熟练地掌握翻译的基本理论、口笔译技能与策略、语言服务行业相关知识，了解科技、工程、商务、新闻等跨学科基础知识。

（2）双语运用：能理解英汉口语和书面语传递的信息和情感，能使用英汉双语有效传递信息和情感，能借助相关资源与工具书进行英汉双语写作。

（3）翻译实践：能够运用翻译知识、方法与技巧对不同类型的文本进行有效的英汉互译，能够进行生活口译和一般难度的会议口译。

（4）问题解决：能够运用相关知识或理论分析与解释翻译、语言和文化等现象，解决翻译研究与实践中的具体问题，具有较强的思辨与创新意识，能够通过文献研究进行分析评价和学术写作，并获得有效结论。

（5）合作交流：能够在多学科背景下的团队中承担个体、团队成员以及负责人的角色，能够就翻译领域相关问题与业界同行及社会公众进行有效沟通和交流。

（6）国际视野：能够有效、恰当地进行跨文化沟通，能够追踪和借鉴国际翻译领域的新理论、新方法和新手段对翻译现象进行阐释分析。

（7）文化素养：能够理解中外文化的基本特点和异同，具有文化包容性、批判性意识和文化自信，能够积极传播中华文化，能够对不同文化现象、文本和制品进行阐释和评价。

（8）技术素养：能够运用现代信息技术查询中英文资料、检索文献、获取相关信息，能够运用翻译软件和工具等现代翻译技术完成翻译实践、翻译研究和翻译项目管理等任务。

（9）职业素养：具备良好的生理素质、心理素质、道德素质以及高度责任感，能够在翻译实践中遵守翻译工作者的职业道德和规范。

（10）终身学习：具有终身学习意识，能够自我规划、自我管理，通过不断学习，适应社会和个人高层次、可持续发展的需要。

上述10项毕业要求中，第1项和第7项体现了翻译人才的"人文底蕴"素养，第4项和第8项体现了翻译人才的"科学精神"和"实践创新"素养，第9项中的"生理素质""心理素质"属于"健康生活"素养，第10项是翻译人才的"学会学习"素养，第6项、第7项和第9项的部分内容，如"跨文化沟通""文化包容""文化自信""高度责任感"与"责任担当"素养中的"社会责任、国家认同和国际理解"相吻合。这10项毕业要求是知识、能力和素质三个方面的具体目标，体现了核心素养的三个维度及基本要点。

翻译专业以OBE产出导向为设计理念，根据翻译专业人才培养目标和毕业要求，反向设计翻译专业课程体系，将核心素养分解到课程体系中。毕业要求分解为相应的指标点，明确规定各指标点对应的课程和教学活动，形成毕业要求实现矩阵。

毕业要求中的第1项"知识掌握"分解为三个指标点：掌握用于解决语言问题的语言知识、文学知识与文化知识，对应课程有语言学概论、英汉语言对比与翻译、现代汉语、英语文学概论、英语国家概况、中国文化概论（英）、欧洲文化等；掌握用于解决翻译问题的翻译知识和语言服务产业相关知识，对应课程包括翻译概论、基础口译、交替传译、视译、翻译职业规范与素养、翻译项目管理、专业导论等；了解用于解决各领域翻译问题的相关专业知识，对应课程为工程管理概论、国际贸易理论与实务、工程翻译、科技翻译、商务翻译、新闻编译等。

毕业要求中的第2项"双语运用"分解为两个指标点：用英语进行较为复杂的听、说、读、写、译等语言交际活动，对应课程为综合英语、高级英语、英语口语、英语视听说、英语演讲与辩论、英语写作、科技英语阅读、汉英互译技巧等；运用汉语进行不同体裁、不同语域的口头和笔头交际，借助相关资源与工具书进行汉语写作，对应课程为现代汉语、高级汉语写作、古代汉语等。

毕业要求中的第3项"翻译实践"分解为两个指标点：运用翻译知识、

方法与技巧对不同类型的文本进行有效的英汉互译，对应课程包括科技翻译、文学翻译、工程翻译、商务翻译、新闻编译、笔译工作坊、笔译实训、翻译实习等；运用口译知识、方法与技巧完成口译任务，对应课程有基础口译、交替传译、专题口译、视译、口译工作坊、口译实训等。

毕业要求中的第4项"问题解决"分解为两个指标点：运用相关理论和知识解决翻译实践中的具体问题，对应课程有口译工作坊、笔译工作坊、笔译实训、口译实训、翻译实习等；能对文献研究进行分析评价和学术写作，并获得有效结论，对应课程有研究方法与学术写作、翻译概论、个性发展实践教育等。

毕业要求中的第5项"合作交流"分解为三个指标点：具备基本的人际交往和沟通能力，对应课程包括思想政治理论社会实践、通识教育选修系列、跨文化交际、个性发展实践教育等；具有团队意识，能处理好个人、团队成员和负责人的角色，对应课程包括翻译实习、口笔译工作坊、翻译项目管理、个性发展实践教育、创新创业实践教育等；能在多学科背景下的团队中承担团队成员或负责人的角色，对应课程有翻译实习、翻译项目管理、个性发展实践教育、创新创业实践教育等。

毕业要求中的第6项"国际视野"分解为两个指标点：能够在跨文化语境下进行有效沟通，对应课程为跨文化交际、基础口译、交替传译、专题口译、视译、第二外语等；借鉴国际翻译领域的新理论、新方法和新手段，对翻译现象进行阐释分析，对应课程为研究方法与学术写作、翻译概论等。

毕业要求中的第7项"文化素养"分解为三个指标点：掌握汉语语言文化的基本特点，对应课程为现代汉语、古代汉语、高级汉语写作等；掌握英语语言文化的基本特点，对应课程为英语国家概况、欧洲文化等；理解中外语言文化异同，具备文化包容性与自信，对不同文化现象进行阐释和评价，对应课程为英汉语言对比与翻译、跨文化交际等。

毕业要求中的第8项"技术素养"分解为两个指标点：运用现代信息

技术查询中英文资料、检索文献、获取相关信息，对应课程包括大学计算机基础、笔译实训、翻译实习、毕业设计（论文）等；运用翻译技术与工具完成翻译项目，对应课程包括翻译技术、翻译项目管理、笔译工作坊、笔译实训、翻译实习等。

毕业要求中的第9项"职业素养"分解为四个指标点：具备语言敏感性和良好的语言机能，对应课程包括英语语法、综合英语、高级英语、英语写作、现代汉语、高级汉语写作、第二外语等；具备好奇心、求知欲、创新意识和抗压能力，对应课程包括创新创业实践教育、个性发展实践教育、翻译实习等；具备责任感，以及诚信、知礼、客观、谦逊等优良品质，对应课程包括思想道德修养与法律基础、翻译实习、翻译职业规范与素养等；具备国际视野和团队合作精神，对应课程包括翻译实习、创新创业实践教育、翻译项目管理等。

毕业要求中的第10项"终身学习"分解为三个指标点：具有自主学习的意识，具备自主学习能力；认识终身学习的重要性，具有终身学习的意识；具有不断学习并适应社会发展和专业发展的能力。这三个指标点主要对应实践类和创新创业类课程，包括个性发展与创新创业实践教育、笔译工作坊、口译工作坊、笔译实训、口译实训、翻译实习等。

（二）翻译专业的核心价值体系

专业思政需要做好顶层设计，这仍需要以OBE目标导向为依据，进行反向设计。首先要科学建立翻译专业核心价值体系。应围绕翻译专业培养方案中的人才培养目标、毕业要求和核心素养，提炼出"人文素养、科学精神、文化自信、时代精神、国际视野、家国情怀、社会责任、职业素养、政治认同、法治意识、公民品格"作为翻译专业核心价值要求，并构建具有翻译专业特色的核心价值体系。该体系包括四大维度，分别为人文科学素养、中外文化素养、责任担当素养和合格公民素养。四个维度共设有42个具体指标，每个指标包含具体的要点，如图5.3所示。

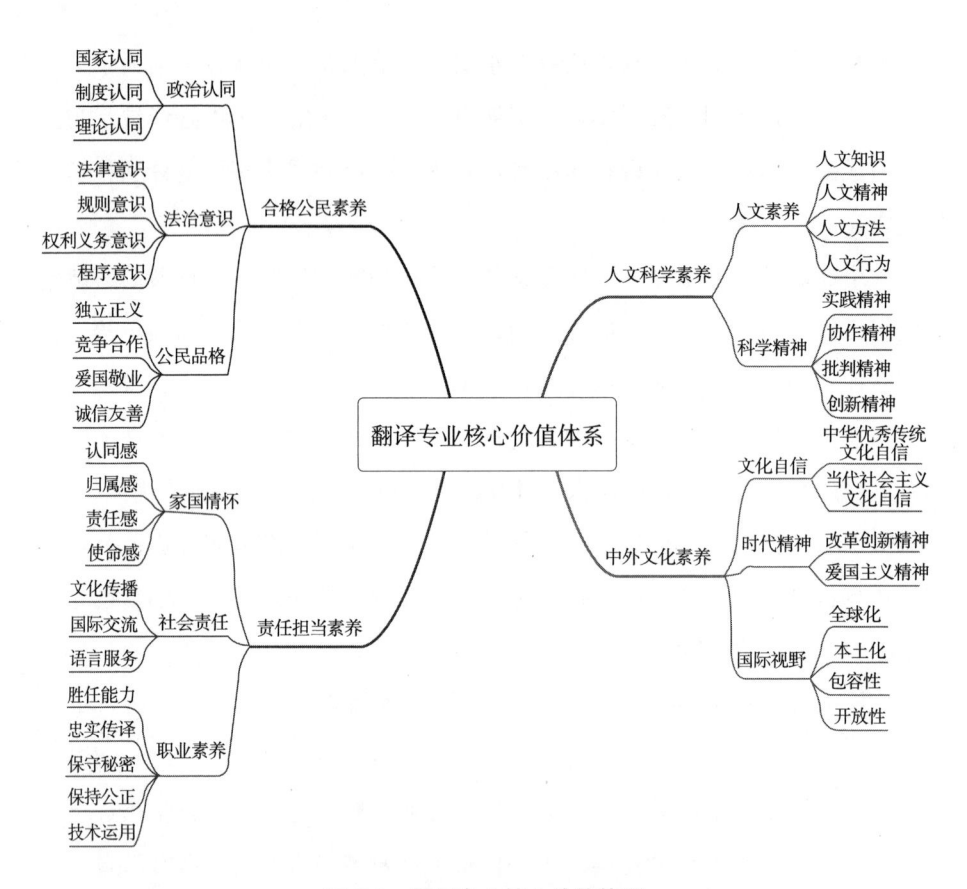

图 5.3 翻译专业核心价值体系

第一个维度人文科学素养包含人文素养和科学精神。人文素养指学生在人文方面所具有的综合品质或达到的发展程度，强调人本主义，关注人的价值和意义，注重人的精神追求，具体内容包括人文知识、人文精神、人文方法和人文行为。人文知识是人类总体知识的一个组成部分，是人类关于人文领域的基本知识，如历史知识、文学知识、政治知识、法律知识、艺术知识、哲学知识、宗教知识、道德知识、语言知识等。人文精神指人对人类生存的价值和意义的关怀，是一种以人为对象、以人为中心的思想，主要包括人的信念、理想、人格尊严和道德情操等，通常与当时的时代旋律吻合，反映当时的时代精神。人文方法是人文思想中所蕴含的认识方法和实践方法，表明了人文思想的产生和形成。学会用人文的方法思考和解决问题，是人文素养的一个重要方面。人文行为是一个人通过人文知识的学习和体悟，感悟生命价值、生命意义，以及通过由此形成的价值追求和精神品格等人文精神的培养而表现出的具有全面素质的行为，是人文知识和人文精神的外延。根据上述人文知识、人文精神、人文方法和人文行为的内涵以及翻译专业的属性和特点，翻译专业的人文素养内涵可以概括为以下四个方面：掌握汉英语言、文学、文化、哲学、艺术、政治、法律等人文领域基础知识；拥有人本主义、天人合一、礼制、自强不息、人类命运共同体等来自中国传统文化的人文精神，同时了解理性、科学等西方人文精神；学会用人文的方法思考和解决问题，人文方法重在定性，强调体验，且与特定的文化相联系；做到知行合一，即将人文知识、人文精神转化为外在的具体行动和实践，如举止得体、善待他人、善待自然、正义勇敢等。科学精神是人们在长期的科学实践活动中形成的共同信念、价值标准和行为规范的总称。根据中国学生发展核心素养框架，科学精神包含三个指标要点：理性思维、批判质疑和勇于探究。人类对科学精神的追求体现在诸多方面，如理性精神、实证精神、探索精神、创新精神、批判精神、协作精神、实践精神、求真精神、务实精神等。结合翻译专业的属性和特点，翻译专业学生应具备实践精神、协作精神、批判精神和创新精神。

  第二个维度中外文化素养包含文化自信、时代精神和国际视野三项指标。文化自信是一个民族、一个国家以及一个政党对自身文化价值的充分肯定和积极践行，并对其文化的生命力持有坚定信心。对于翻译专业学生，文化自信主要体现于对中华优秀传统文化和当代社会主义文化的高度认可与自信中。时代精神是一个社会在最新的创造性实践中激发出来的，反映社会进步的发展方向，引领时代进步潮流，为社会成员普遍认同和接受的思想观念、价值取向、道德规范和行为方式，是一个社会最新的精神气质、精神风貌和社会时尚的综合体现（李少莉，2008）。在时代精神中，改革创新精神居于首要地位，科学精神是重点，大学生要具备理性怀疑能力、严谨求知精神、多方面思考精神、团队合作意识、平等争论态度、社会责任意识等，爱国主义精神是基础（邢美琪，2017）。由于人文科学素养中已经包含科学精神，这里的时代精神就只包括改革创新精神和爱国主义精神。国际视野即国际眼光或者国际视角，拥有国际视野就能够站在全球或更广阔的角度上观察事物和现象并思考问题。关于国际视野主要有两类观点。一类是认识论观点，国际视野被定义为对国际事务的看法。另一类是发展论观点：首先，国际视野是认识世界、了解世界；其次，国际视野是通过世界了解本国、本民族；最后，国际视野要求个体将自身发展的规划与国家的需求、世界的需求相结合（李萌，2018）。翻译专业学生的国际视野体现在学生了解世界其他国家的优秀文化和人类文明，通过中外文化的交流和比较，既有能力从中国的角度看世界，也能够从世界的角度看中国，用全球化、本土化、包容性、开放性的眼光和见识看待事物及现象，并能够将中国发展需求与个人发展规划相联系。

第三个维度责任担当素养包含家国情怀、社会责任和职业素养三项指标。家国情怀是主体对共同体的一种认同，以及促使其发展的思想和理念，是一个人对自己国家和人民表现出的认同感、归属感、责任感和使命感，其基本内涵包括家国同构、共同体意识和仁爱之情。社会责任指在社会生活中对国家或社会承担的一定的使命、职责、义务。通常一个有社会责任感的人应坚持真理、坚持正义、勇于奉献。翻译专业人才应具备的社会责任是文化传播、国际交流、语言服务。职业素养是人类在社会活动中需要遵守的行为规范，主要包括职业道德、职业思想（意识）、职业行为习惯和职业技能。前三项属于世界观、价值观、人生观范畴的产物。根据澳大利亚翻译资格认证局（NATTI）的规定，按照相应的行业道德原则从事工作，其中最重要的五个方面是能力、保密、公正、准确和诚信。能力虽然不属于道德范畴，但它是产生良好职业道德的前提条件。中国翻译协会于2019年11月发布《译员职业道德准则与行为规范》，其中包括端正态度、胜任能力、忠实传译、保持中立、保守秘密、遵守契约、合作互助、妥用技术、提升自我等准则。基于二者，翻译专业的职业素养主要体现为五个要点：胜任能力、忠实传译、保守秘密、保持公正、技术运用。

第四个维度合格公民素养主要涉及政治、法治和个人三个层面，分别为政治认同、法治意识和公民品格。政治认同，即社会成员在一定的政治生活和政治发展中产生的情感和意识上的归属感，具体体现为国家认同、制度认同、理论认同等。政治认同既是把社会成员团结和组织起来的重要凝聚力量，又是激励和促进社会成员共同奋斗与前进的重要思想基础，同时还是社会成员共同遵循的价值目标和理想归宿。法治层面指法治意识，即人们对法治的认知、观念与态度，主要包括法律意识、规则意识、权利义务意识和程序意识。翻译专业人才要牢固树立法治观念，坚定走中国特色社会主义法治道路的理想和信念。个人层面为公民品格，即现代民主社会的公民必须具备的精神品质和道德素养。完整的公民品格包括独立的品格、宽容的品格、正义的品格、诚信的品格等。当代大学生公民品格培育的新内容包括对世界文化尊重包容、对中国文化自觉自信的公民品格；勇于担当、敢于负责的公民品格；敢于竞争、善于合作的公民品格（林春逸 等，2014）。社会主义核心价值观个人层面的价值准则，即爱国、敬业、诚信、友善，也属于公民品格的内涵。根据以上，由于"勇于担当、敢于负责"与责任担当素养重合，翻译专业的公民品格包含独立正义、竞争合作、爱国敬业和诚信友善。

（三）翻译专业思政支撑矩阵

1. 合理构建翻译专业思政支撑矩阵

按照"反向设计、正向实施"原则，对接翻译专业核心价值体系和教学环节类别，可以建立翻译专业思政支撑矩阵，有重点地确定翻译专业内每门课程、每一环节与专业核心价值的支撑关系，推进专业思政目标与课程支撑体系的深度融合。翻译专业思政支撑矩阵内容由核心维度、核心指标、指标要点和对应实现的教学活动组成，见表5-1。

表 5-1 翻译专业思政支撑矩阵

核心维度	核心指标	指标要点	对应实现的教学活动
维度一 人文科学素养	1. 人文素养：具有人文方面的综合品质，强调人本主义，关注人的价值和意义，注重人的精神追求	1-1 人文知识：掌握汉英语言、文学、文化、哲学、艺术、政治、法律等人文领域基础知识	语言学概论、英语文学概论、中国文化、西方文化、现代汉语、英语国家概况、中国文化概论、欧洲文化；文学与艺术类、哲学智慧与推理分析类、中国近现代史纲要、科学探索与技术创新等通识类课程
		1-2 人文精神：拥有人本主义、天人合一、礼制、自强不息、人类命运共同体等来自中国传统文化的人文精神，了解理性、科学等西方人文精神	中国传统文化、西方文明史、中国哲学史、生命关怀与社会认知等通识类课程
		1-3 人文方法：学会用人文的方法思考和解决问题，重在定性，强调体验	科研方法、研究方法与学术写作、定性研究、社会调查等
		1-4 人文行为：将人文知识、人文精神转化为外在的具体行动和实践，做到知行合一，如举止得体、善待他人、善待自然、正义勇敢等	翻译实习、校园主题活动、社会实践等
	2. 科学精神：具有长期科学实践活动中形成的共同信念、价值标准和行为规范	2-1 实践精神：拥有学用贯通、知行合一、追求真理的实践精神，能够运用所学翻译知识、理论和技巧解决翻译实践中的具体问题	社会实践、毕业论文、翻译实习以及工程翻译、商务翻译、新闻编译、交替传译、专题口译等
		2-2 协作精神：能够在团队基础上，发挥团队精神、互帮互助，从而达到翻译团队最大工作效率	口译实训、笔译实训、口译工作坊、笔译工作坊、翻译实习、社会实践等

续表

核心维度	核心指标	指标要点	对应实现的教学活动
维度一 人文科学 素养	2. 科学精神：具有长期科学实践活动中形成的共同信念、价值标准和行为规范	2-3 批判精神：能够站在不同层面或角度，对问题或现象进行剖析和评判，能够对译者思想、原文译文、翻译理论等进行批判性思考	翻译概论，各种口笔译类课程，语言学、文学、文化类课程等
		2-4 创新精神：能够综合运用所学知识、理论、技能和方法，提出新方法、新观点	科学探索与技术创新等通识类课程、创业基础、创新创业与个性化发展教育实践等
维度二 中外文化 素养	3. 文化自信：对中华优秀传统文化和当代社会主义文化的高度认可与自信	3-1 中华优秀传统文化自信：熟知先秦思想与哲学家们追求的"立德、立功、立言"的"三不朽"人生理想；管仲的"树人"教育思想；老子与儒家的"仁义礼智信""五德"思想等，能够积极传播中华优秀传统文化	中国文化概论、中国传统文化、中国古代历史等
		3-2 当代社会主义文化自信：具备人类命运共同体意识、社会主义核心价值观等，能够积极传播当代社会主义文化	毛泽东思想和中国特色社会主义理论体系概论、形势与政策、习近平谈治国理政等
	4. 时代精神：具备反映社会进步的发展方向、引领时代进步潮流、为社会成员普遍认同和接受的思想观念、价值取向、道德规范和行为方式	4-1 改革创新精神：具备在不断变化的环境中寻求发展契机、不断进行变革、不断开创新局面的精神	创新创业实践、社会实践、翻译实习等
		4-2 爱国主义精神：具备为国奉献、对国尽责、维护民族团结、维护国家主权与独立的崇高思想品德	形势与政策、思想道德与法治、爱国主义主题教育活动等

续表

核心维度	核心指标	指标要点	对应实现的教学活动
维度二 中外文化素养	5. 国际视野：能够用全球化、本土化、包容性、开放性的眼光和见识看待事物与现象，能够有效和恰当地进行跨文化沟通	5-1 全球化、本土化：了解世界其他国家的优秀文化和人类文明	中国与世界、世界文化史、世界文明专题等通识类课程等
		5-2 包容性、开放性：能够理解中外语言、文化的基本特点和异同，在跨文化语境下进行有效沟通	跨文化交际、中西文化对比与翻译、欧洲文化等
维度三 责任担当素养	6. 家国情怀：具备对自己国家和人民的认同感、归属感、责任感和使命感	6-1 认同归属感：具备对自己国家和人民的认同感与归属感	思想道德与法治、形势与政策、毛泽东思想和中国特色社会主义理论体系概论、爱国主义主题教育活动等
		6-2 责任使命感：具备对自己国家和人民的责任感与使命感	
	7. 社会责任：在社会生活中承担的对国家或社会的文化传播、国际交流和语言服务的责任	7-1 文化传播：积极传播中国故事、中国文化、中国理念与方案	中国文化概论（英）、习近平谈治国理政等
		7-2 国际交流：承担在工程、商务、新闻等领域的国际交流任务	工程翻译、商务翻译、新闻翻译、国际交流实践等
		7-3 语言服务：通过互联网、大数据、人工智能、云计算等数字技术提供语言产品和服务	翻译技术、语言服务行业概况、机器翻译、语言服务本地化等
	8. 职业素养：能够在翻译实践中理解并遵守翻译工作者的职业道德和规范	8-1 胜任能力：具备职业翻译能力，从事有能力胜任的工作。接受翻译任务时，应保证能满足合同约定的所有合理要求	大学计算机基础、笔译实训、翻译实习、毕业设计（论文）等
		8-2 忠实传译：准确理解并重视传译源语信息，不宜根据自己的意愿或观点进行修饰或增减等更改	翻译技术、翻译项目管理、口笔译工作坊、口笔译实训、翻译实习、翻译职业素养等

续表

核心维度	核心指标	指标要点	对应实现的教学活动
维度三 责任担当 素养	8. 职业素养：能够在翻译实践中理解并遵守翻译工作者的职业道德和规范	8-3 保守秘密：无论是否与翻译活动各参与方签订保密协议，译员都应严格遵守保密原则。未经许可，不应披露翻译工作所接触到的相关信息或资料	翻译技术、翻译项目管理、口笔译工作坊、口笔译实训、翻译实习、翻译职业素养等
		8-4 保持公正：秉持公平、公正的态度，尊重各方权益，维护各方尊严	
		8-5 技术运用：恰当使用翻译技术，以提升翻译效率，保证翻译质量	
维度四 合格公民 素养	9. 公民品格：具备现代民主社会的公民所必须具备的精神品质和道德素养	9-1 独立正义：按一定道德标准做应当做的事，坚持公平与独立	思想道德、社会实践、创新创业实践、学科竞赛、翻译实习、思想政治理论社会实践、劳动教育实践等
		9-2 竞争合作：具有竞争、合作意识和能力	
		9-3 爱国敬业：热爱祖国、热爱自己所从事的工作，并将这种自豪转化成对工作的动力，对生活、集体和国家的热爱	
		9-4 诚信友善：诚恳待人，靠诚取信于人，善待亲友、他人、社会、自然等	
	10. 法治意识：具有坚定地走中国特色社会主义法治道路的理想和信念	10-1 法律规则意识：对法律的本质和作用有基本的看法，能够对人们的行为是否合法进行评价，能够以规则为自己的行动准绳，能够意识到自己对他人、社会、国家、人类负有义务和责任	法律基础、思想道德与法治、形势与政策、法律通识课程等

续表

核心维度	核心指标	指标要点	对应实现的教学活动
维度四 合格公民 素养	10.法治意识：具有坚定地走中国特色社会主义法治道路的理想和信念	**10-2 权利义务意识**：能够意识到自己应当享有的各种权利，并能清晰地懂得权利的正当性、可行性、界限性，在法定范围内主张、行使并捍卫自己的权利	法律基础、思想道德与法治、形式与政策、法律通识课程等
		10-3 程序意识：了解并自觉遵守相关的程序规范，切实维护程序的严肃性	
	11.政治认同：对中国及中国的政党、体制、制度产生的肯定、接纳、赞同的情感体验和意识上的归属感	**11-1 国家认同**：对自己归属的国家及其构成，如政治、文化、族群等要素的肯定、接纳、赞同、归属的情感体验	思想道德修养、马克思主义基本原理、毛泽东思想和中国特色社会主义理论体系概论、形势与政策等
		11-2 制度认同：对中国特色社会主义制度的肯定、接纳和赞同	
		11-3 理论认同：对马克思主义理论、中国特色社会主义理论的肯定、接纳和赞同	

2. 整体设计各教学环节的育人功能

根据不同教学环节的特性，着眼于德、智、体、美、劳"五育"并举，细化不同培养环节的思政要点，将翻译专业的课堂育人与双创育人、实践育人、劳动育人有机结合，提高课堂与课外育人的联动成效。

五、翻译专业依托项目的课程思政研究

（一）依托项目的联动式课程思政途径

笔者以某高校的翻译专业和现代外语教育中心为依托，展开一流本

科翻译专业的课程思政建设研究，旨在构建翻译专业依托项目的联动式课程思政途径，通过点—线—面课程的有机联动，搭建高素质复合型翻译人才培养平台，解决外语课程思政元素碎片化融入、课程之间缺乏关联互动的问题。依托项目的翻译专业课程思政的意义和价值体现在以下几方面。

第一，落实立德树人根本任务。依托项目的翻译专业课程思政面向中国对外话语传播，将中华优秀传统文化、红色经典文化和时政外宣思政素材等自然融入各门专业课程，并通过中西文化对比，使学生坚定文化自信，树立正确的人生观和价值观，从而落实立德树人根本任务。

第二，促进翻译专业课程建设。依托项目的翻译专业课程思政以历史传承、时代精神、人文素养、全球视野和职业素养为思政目标，通过语言、内容和价值的整合，使翻译专业各类课程协力互动，将价值引领蕴于知识传递和能力培养中，有利于实现专业教育和思政教育的有机融合。

第三，助力翻译研学共同体建设。依托项目的翻译专业课程思政以项目为驱动，师生共同参与面向中国对外话语传播的语言实践项目、研究实践项目和综合实践项目，项目涵盖了专业知识和思政元素，可以满足学习个性化、多样化、信息化要求，实现同伴互助、资源共享和共同发展。

第四，促进学生全面发展。依托项目的翻译专业课程思政突出目标导向和项目依托，融思政目标于翻译人才培养中，既注重翻译专业的人文性、实践性、交际性与科学性，又观照学生的认知特点，有利于学生的全面发展。

翻译专业依托项目的联动式课程思政以单门课程为点，课程思政目标为线，项目为驱动，形成由点到线再到面的联动式课程思政。思政目标涵盖历史传承、时代精神、人文素养、全球视野和职业素养，通过整合专业课程的语言、内容和价值，围绕传统文化、红色经典和时政外宣实施语言实践项目、研究实践项目和综合实践项目，使学生达到言（理解）、思（认同）、行（践行）合一，如图 5.4 所示。

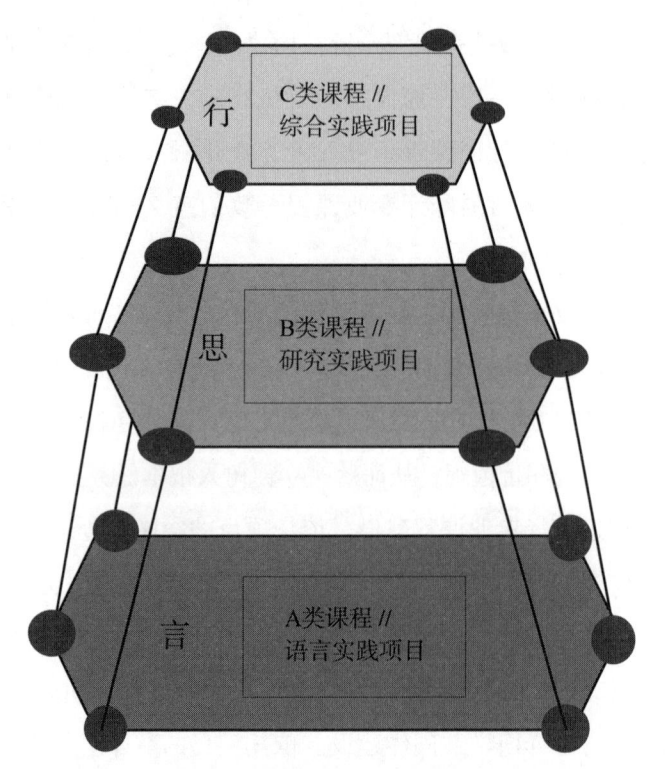

图 5.4　翻译专业依托项目的联动式课程思政途径

说明：点为各门课程；线为各门课程的交叉与关联；面为各类课程的构建。不同颜色的面指言、思、行三层目标的层级关系。

A 类课程（双语知识与技能）：

综合英语、英语视听说、英语口语、英语阅读、英汉笔译、现代汉语、汉英笔译、英语写作、英语语法、英语演讲与辩论等。

B 类课程（专业知识与技能）：

中国文化概论、跨文化交际、英语国家概况、欧洲文化、语言学概论、英语文学概论、翻译概论、英汉语言对比与翻译等。

C 类课程（专业实践）：

翻译技术、基础口译、交替传译、专题口译、应用翻译、科技翻译、工程翻译、文学翻译、商务翻译、视译、新闻编译、口笔译工作坊、个性化发展与创新创业教育等。

1. 独立式课程思政（点）研究

单门课程的思政教学目标要与语言教学目标有机衔接，在价值引领下，赋予专业内容更深层次的内涵。在语言学习中，要为学生创设渐进、互动、体验式学习环境，使其在润物细无声的语言学习环境中受到思政元素的滋养，实现显性外语学习和隐性思政教育的统一。

2. 联动式课程思政（线）研究

打破常见的以课类为线和以层级为线的课程思政组织思路，以课程思政目标为线串联相关课程，明确翻译专业各门课程在思政元素上存在的逻辑联系。可以通过对多门课程的全局导引和对各门课程思政元素的系统规划，实现翻译专业课程思政的精准定位与有效衔接。

3. 项目式课程思政（面）研究

以项目为驱动，面向中国对外话语传播，关联课程通过互联、互通、互动、互证，围绕传统文化、红色经典和时政外宣实施语言实践项目、研究实践项目和综合实践项目，三类项目以动态性、个性化和跨课程为特征，有机融合知识、能力和价值，产出多样化的项目成果。

研究目标：构建翻译专业依托项目的联动式课程思政途径，通过点—线—面课程的有机联动，搭建高素质复合型翻译人才培养平台，使学生具有正确的世界观、人生观、价值观，良好的道德品质，以及中国情怀和国际视野。

需要解决的难点包括以下三点。

（1）确立各门课程思政元素的逻辑联系，关注各专业课程之间思政元素衔接的系统性与科学性，从点到线进而到面，形成灵活多样的开放性动态课程思政链。

（2）设计语言实践、研究实践和综合实践项目，依托项目加强课程之间的紧密互动，共享育人资源，合力价值引领，实现各门课程同向同行，形成多门课程有机联动的协同育人效应。

（3）实施三类项目，使学生达到言、思、行合一。

根据外语课程的整体教育观，在实施项目过程中将价值引领作为重要的一个环节融入外语整体教育，可以帮助学生获得知识、发展思维和塑造品格。

翻译专业依托项目的联动式课程思政途径打破常规的以课程类型和课程层级为线的课程思政组织思路，构建了以思政目标为导向的联动式课程思政组织实施途径，有助于解决课程思政元素碎片化融入问题；突破传统教师单方传授、学生被动参与的教学方式，以问题为导向、项目为驱动、实践为本位，有利于实现翻译专业课程思政目标，达到言、思、行合一。翻译专业依托项目的联动式课程思政途径可以为其他语种专业提供可操作的课程思政途径，提高外语人才培养质量；为外语专业课程思政建设提供实践范例，促进外语专业课程建设；为外语师资培训提供依托项目的课程思政案例，助力教师发展。

（二）翻译专业依托项目的课程思政教学实证研究

《纲要》明确提出，"全面推进课程思政建设，就是要寓价值观引导于知识传授和能力培养之中，帮助学生塑造正确的世界观、人生观、价值观"。在中华民族伟大复兴和世界百年未有之大变局的大背景下，翻译专业教育更加注重服务经济和文化"走出去"、服务中国参与全球治理和构建中国国际话语体系（黄友义，2018）[5]。因此，课程思政建设成为翻译专业履行这一历史使命的有力保障，如何在现有课程中有效挖掘思政元素、如何将思政素材自然融入课程教学是实现思政教育和专业教育有机融合的关键问题。中国对外话语体系是中国向外部世界阐述中国特色社会主义思想理论体系，以及用中国思维阐述外部世界的知识体系的总和（王永贵 等，2015）[6]，其核心维度包括政治、经济、文化、外交和军事（吴贇，2020）[5]。习近平总书记在哲学社会科学工作座谈会上强调，"发挥我国哲学社会科学作用，要注意加强话语体系建设"，明确把"生态"列为中国特色哲学社会科学应该涵盖的领域（王会芝，2022），生态文明也成为中国对外话语体系必要的组成部分。通过对外生态文明话语传播中国生态文明建设的经验与成果，不仅有助于培养学生的生态文明素养，而且有助于重塑人与自然的和谐关系，展现美丽中国的新形象，为全球生态环境治理贡献中国方案和中国智慧，对我国构建对外生态文明话语体系、增强生态文明话语国际传播能力以及提升国际影响力有着重要的现实意义。依托某高校国家级本科翻译一流专业建设点，以生态文明为思政素材，我们可以探讨翻译专业依托项目的课程思政实施路径及效果。

翻译专业课程思政研究主要集中在三个方面。

一是，一些高校对翻译专业课程思政进行了顶层设计。例如：上海外国语大学将政治文献或者富含思政元素的材料作为各门翻译专业课程的教学内容，构成了前后相继、层层递进的翻译专业课程思政"课程链"和课程体系（查明建，2021）[78]；北京外国语大学围绕"三进"建设，精心设计了课程育人、项目育人、研究育人、文化育人、实践育人的全方位育人格局；北京语言大学翻译专业的课程思政体系包括政治认同、家国情怀、科学精神、文化自信、法制意识、公民品格、生态文明、全球视野等8个维度和24个二级指标点（张宝钧，2021）[72]；北京第二外国语学院通过"导学研做"四方协同育人模式、"跨学科合作型"教师团队与"一体化"课程思政体系实施翻译专业课程思政（程维，2021）。

二是，翻译专业课程思政的教学实践研究主要依托具体课程。例如，综合英语、笔译工作坊（周亚莉 等，2021）、中外翻译史（陈向红，2022）等，通过思政元素挖掘和教学设计展开课程思政教学实践。

三是，一些学者从不同视角提出对策建议。例如：李蒙（2021）从教师与学生、课内显性实施与课外隐性实施等层面，提出翻译课程思政的实施方法；焦丹（2022）从课程设置、师资培养、实践教学等层级，论述了融入式和平教育在翻译教育中的理论融合与践行路径；吴耀武、王莹（2022）从人才培养角度，探讨了翻译专业课程思政建设的实践路向和工作机制。

综上所述，翻译专业的课程思政研究重视顶层设计，对实施课程思政具有宏观指导意义。翻译专业的课程思政教学实践主要集中于语言技能类、文化类和翻译知识类课程，鲜少探讨实践类课程；大都是课程思政教学经验介绍，缺少实证数据；注重课堂教学设计，而忽视课外延伸和学生个性化需求；内容主要关注中国文化、政治、经济等，对生态文明关注不够。

1. 翻译专业依托项目的课程思政实施路径

如今，项目学习已成为世界范围内二语教学实践的一个重要模式，能提供可理解性语言输入和输出的机会（Eyring, 1989），发展学生的分析能力（Gardner, 1995），培养学生的责任心（Hilton, 1998）、批判性思维和问题解决能力（Beckett, 2006）、跨学科学习能力（Brassler et al., 2017），发展学科技能，提升思维、协作、实践和创新能力。项目学习于20世纪90年代末引入我国，而依托项目的课程研究为数不多，主要有三种。一是依托项目的课外实践研究，如文秋芳等（1999）在南京大学外国语学院实施"综合素质实践课"，顾佩娅（2007）在苏州大学实施计算机辅助的项目教学研究与实践；二是项目课程化研究，如张文忠（2010）在英语专业二年级开设 ETP 课程；三是课程项目化研究，如常俊跃等（2019）在英语专业实施项目依托式英语国家研究课程。

本章中依托项目的课程坚持"课程项目化"原则，以项目为依托，围绕不同主题，设定不同类型的实践项目供学生选择，注重思政教育和专业教育的融合，充分利用校内外各种教学资源，旨在使学生获得语言技能、专业知识和综合素质的全面发展。如图 5.5 所示，翻译专业依托项目的课程思政实施路径包括目标、内容、项目和评价四个环节，分别回答"为什么学、学什么、怎么学、学得如何"四个问题。该路径以学生学习发展为中心，以目标导向、项目驱动、实践本位为特征。思政目标包括家国情怀、科学精神、文化自信、公民品格和国际视野。思政素材涵盖时事政治、中国经济、传统文化、生态文明、中国外交等。项目类型分为语言实践、研究实践和综合实践项目。语言实践项目侧重语言输出能力，锻炼听、说、读、写、译技能；研究实践项目突出研究能力，分为综述研究、专题研究和调查研究等；综合实践项目强调创新能力，包括作品项目、设计项目、活动项目等。依托项目的课程思政评价反映课程思政效果，主要采取学生自评、学生互评、指导教师评价、专家评价相结合的方法，对项目实施过程（50%）和项目成果（50%）进行定性和定量评价，以确保评价结果的科学性、全面性、公正性和准确性，最终达到言（理解）、思（认同）、行（践行）合一的思政效果。

目标	内容	项目	评价
思政目标	思政素材	项目类型	思政效果
家国情怀 科学精神 文化自信 公民品格 国际视野	时事政治 中国经济 传统文化 生态文明 中国外交	综合实践项目 研究实践项目 语言实践项目	行（践行） 思（认同） 言（理解）
目标	内容	项目	评价

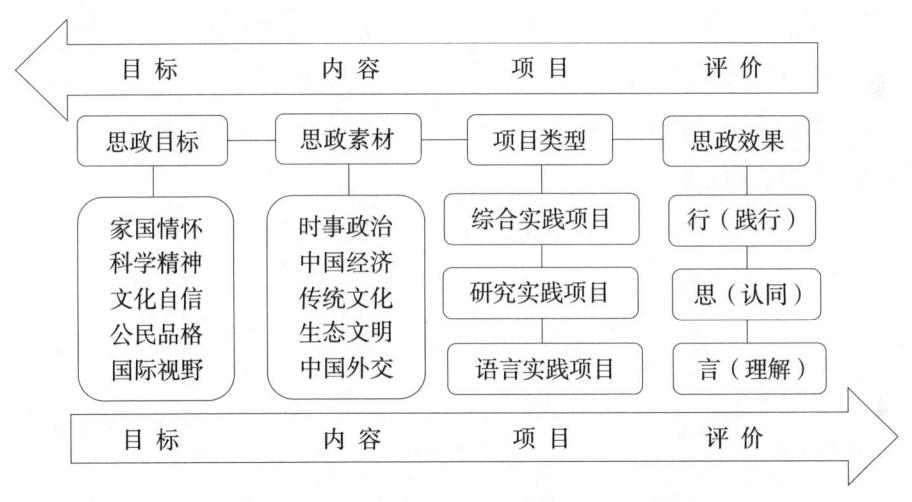

图 5.5　翻译专业依托项目的课程思政实施路径

2. 翻译专业依托项目的课程思政教学实践

笔者基于某高校国家级本科翻译一流专业建设点，依托个性化发展教育实践课程，以生态文明为思政素材，根据学生兴趣和需求指导学生运用所学专业知识和技能以及跨学科知识开展创作和调研，旨在培养学生用外语表达中国生态文明建设故事、经验与成果，传播中国生态文明的核心概念、思想与价值观，并在做项目的过程中逐步培养学生的家国情怀、文化自信、公民品格、科学精神和国际视野。该环节属于翻译专业实践教育课程模块，占 2 学分，为期 6 周，安排在春季学期，实施对象是 42 名翻译专业三年级学生，指导教师为本专业的 6 位专任教师。

（1）翻译专业依托项目的课程思政设计。按照图 5.5 中的语言实践、研究实践和综合实践三大类项目，以"生态文明"为思政素材，共设计了 10 类项目。语言实践项目侧重英语输出能力，包括故事类、演讲类、翻译类和语料类，项目成果形式分别为英文故事视频（6—10 分钟）、英文演讲视频（10—15 分钟）、汉英翻译文本（3000—6000 字）、小型英汉语料库（60 万—100 万字）等；研究实践项目突出研究能力，分为综述类、专题类和调查类，项目成果形式为学术论文或研究报告（6000—10000 字）；综合实践项目强调创新能力，包括作品类、制作类和活动类，项目成果形式分别为双语环保手册（3000—5000 字）、英语新闻报刊（4 个版面）、英语新闻视频（10—15 分钟）、双语宣传策划书（3000—5000 字）等，见表 5-2。

表 5-2　基于项目的翻译专业课程思政设计

项目大类	项目类型	项目内容	项目成果
语言实践项目	故事类	中华秋沙鸭、塞罕坝治理、白色污染	英文故事视频
	演讲类	地球健康、空气污染治理、气候变化、构建人与自然生命共同体	英文演讲视频
	翻译类	习近平总书记生态文明思想	汉英翻译文本
	语料类	生态文明话语（英、汉）	小型英汉语料库
研究实践项目	综述类	国内外生态话语研究的可视化分析	学术论文
	专题类	基于中国对外生态话语的国家形象研究	
	调查类	生态文明核心概念翻译的接受度调查	研究报告
综合实践项目	作品类	校园生态环保手册	双语环保手册
	制作类	《石清镜报》《清灵报》 垃圾分类——我们在路上、绿色冬奥	英语新闻报刊 英语新闻视频
	活动类	绿色产品推介会	双语宣传策划书

学生们根据各自的兴趣和需求，选择适合自己的项目类型和项目内容，

最终确定了七类项目。①故事类项目包括中华秋沙鸭、塞罕坝治理和白色污染；②演讲类项目涉及地球健康、空气污染治理、气候变化、构建人与自然生命共同体；③翻译类项目是对有关习近平总书记生态文明思想的文章进行翻译；④语料类项目是建立有关生态文明话语的小型单语语料库和双语语料库，语料来自政府组织机构、非政府组织机构和新闻媒体机构；⑤综述类项目为国内外生态话语研究的可视化分析；⑥专题类项目为基于中国对外生态话语的国家形象研究。⑦制作类项目包括两种成果形式：英语新闻报刊和英语新闻视频。前者有《石清镜报》和《清灵报》。《石清镜报》通过比较农村与城市、新冠疫情前后、国内国外的垃圾分类，引发关于实施垃圾分类意义的思考。《清灵报》以"生态冬奥"为主题，通过采访1名冬奥会教师志愿者和1名学生志愿者，展示雪如意、延庆赛区、山林赛场三个赛场的生态技术运用和生态理念。后者的主题分别是"垃圾分类"和"绿色冬奥"。"垃圾分类"从国内外垃圾分类现状入手，报道优秀校友创办的公益组织"零废弃村落"，并对中国垃圾分类前景做出展望。"绿色冬奥"通过采访两位冬奥会志愿者介绍低碳场馆、低碳交通、京张两地造林工程和世界首个柔性直流电网工程。

（2）翻译专业依托项目的课程思政实施。在正式实施前，实践课程负责人向学生介绍本次项目实践的目的、内容、方式和评价，并发放项目选择表，学生根据个人兴趣和发展需求，选择相应的项目类型。选择同一类型项目的同学组成一组，并配备相应的指导教师。依托项目的课程思政实施步骤参照依托项目的学习实施步骤（张明芳 等，2019）[102]，并做适当调整。第一周为项目启动阶段，各组根据所选项目类型与指导教师商讨具体的项目内容、熟悉可利用的网络资源、制作或研究工具及软件、回顾或学习相关的专业知识和跨学科知识。第二周为项目计划阶段，各组制订各自的项目计划书，指导教师给出具体建议。第三至五周为项目实施阶段，指导教师提供活动建议、辅导答疑、开设专题讲座、给予工具支持和阶段反馈，学生收集、分析信息，召开小组会议，记录活动进展并制作项目成果。第六周为反思评价阶段，一方面，各小组展示各自的项目成果，由小组自评（20%）、小组互评（20%）、教师评价（30%）和专家评价（30%）汇总出总结性评价，同时提出建议并反馈；另一方面，指导教师根据学生的活动记录、反思总结和辅导答疑情况做出过程性评价，学生最终的成绩采用ABCDE等级制。

（3）翻译专业依托项目的课程思政实施效果。依托项目的课程思政面向学生的个性化发展，其实施效果也主要体现在学生的表现和反馈上。因此，本研究主要运用来自学生的问卷调查和反思总结进行定量和定性分析，讨论其实施效果。

①定量分析与讨论。问卷共包含四项内容。第一项为学生个人基本信息，包括英语专业四级考试（简称专四）成绩、项目类别和项目主题。第二项是依托项目的课程思政实践收获，包括环保意识、生态话语、认知广度、行为改变、践行公益等五个方面。第三项为学生的综合表现情况，包括信息收集、获取与处理、逻辑论证与分析、问题解决与创新、学习兴趣与自主性、抗压与耐力、团队合作与情绪管理等。第四项是对本次个性化发展教育实践的满意度，包括对本次实践主题、方式、指导教师和整体情况的满意度。为了确保问卷结构合理，笔者邀请部分教师、学生对问卷进行修订，对难以理解、表达含糊和重复表达的选项进行删减和修改，最终确定38个题项，每个题项设有"非常满意、比较满意、一般满意、不太满意、非常不满意"5个选项，计分依次计5—1分。对于该问卷的信度，主要使用SPSS 25.0软件，采用内部一致性信度指标检验。经检验，问卷总体的克隆巴赫α系数为0.923，说明信度良好。

如图5.6所示，环保意识、生态话语、认知广度、行为改变和公益践行五个方面均值都在4分以上，只有认知深度的均值低于4分。这说明通过本次依托项目的课程思政实践，学生的生态环保意识普遍得到了加强，并掌握了一些生态环保话语的表达方式，同时还拓宽了生态环保的认知范围和广度。他们表示，会改变自己在日常生活中不利于环保的行为，未来有意愿参加环保公益活动。他们在生态环保方面的言、思、行均有收获，然而，对生态环保的了解仍停留在表层，尚缺乏深层认知。

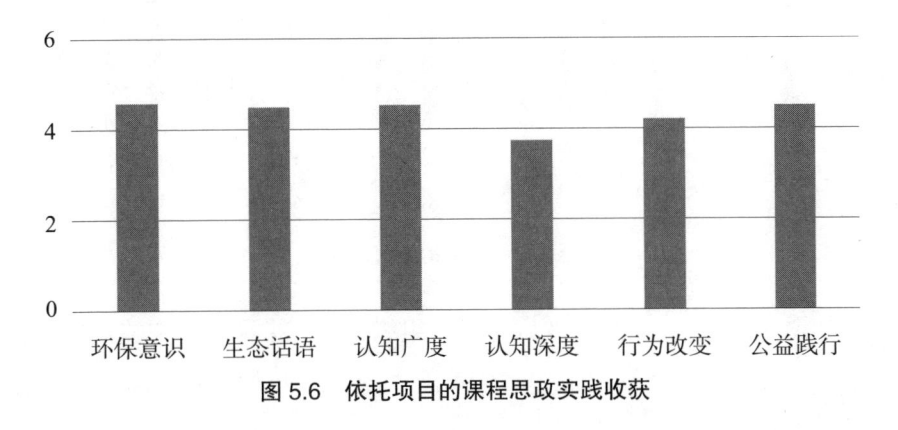

图 5.6　依托项目的课程思政实践收获

如图 5.7 所示，学生的逻辑论证和情绪管理均值分别为 3.07 和 2.48，其他方面的表现均值都在 4 分以上，顺序为团队合作＞信息获取＞团队交流＞信息选择＞问题分析、耐力表现＞综合分析＞自主学习＞抗压表现＞问题提出、学术表达、兴趣激发＞信息处理＞创新能力＞问题解决。这说明学生在团队合作交流方面受益明显，他们学会了如何和团队成员进行有效的沟通交流，如何合作完成共同承担的项目任务。信息选择和信息获取方面好于信息处理，表示他们知道如何选择和获取所需信息，却无法得心应手地处理信息，尤其是在利用相关软件分析处理信息和数据上表现较弱。他们的综合分析、问题提出与问题解决能力得到了加强，同时自主学习能力、抗压力与耐力得到了锻炼，他们能够抵抗困难、顶住压力，并用一定的耐力完成具有挑战性的项目任务。然而，他们在逻辑论证和情绪管理方面明显不足，这是因为逻辑论证能力需要长期系统地训练，而他们在平时学习中逻辑论证训练不足，很难在短时间内得到提高。另外，在完成复杂的具有挑战性的项目任务时，难免会产生畏难情绪，再加上实践时受新冠疫情影响，学生一直待在校园进行线上课程学习，辅导和讲座也都是在线上实施，长时间线上学习和交流的局限性也会使学生出现情绪波动。

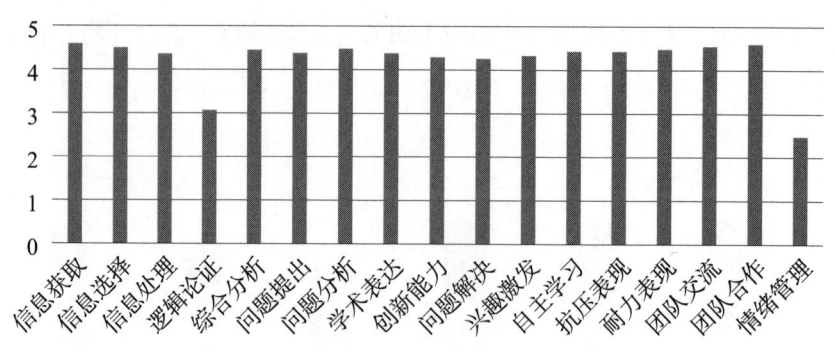

新文科背景下翻译专业建设研究与实践

图 5.7 学生的综合表现

如图 5.8 所示，学生在实践主题、组织方式、指导教师和整体情况方面表示"非常满意"的依次为 76.19%、73.81%、80.95% 和 73.81%，"比较满意"除了"指导教师"一项为 16.67%，其他三项均为 21.43%，这说明学生对本次实践的满意度较高，尤其对指导教师给予了高度认可。

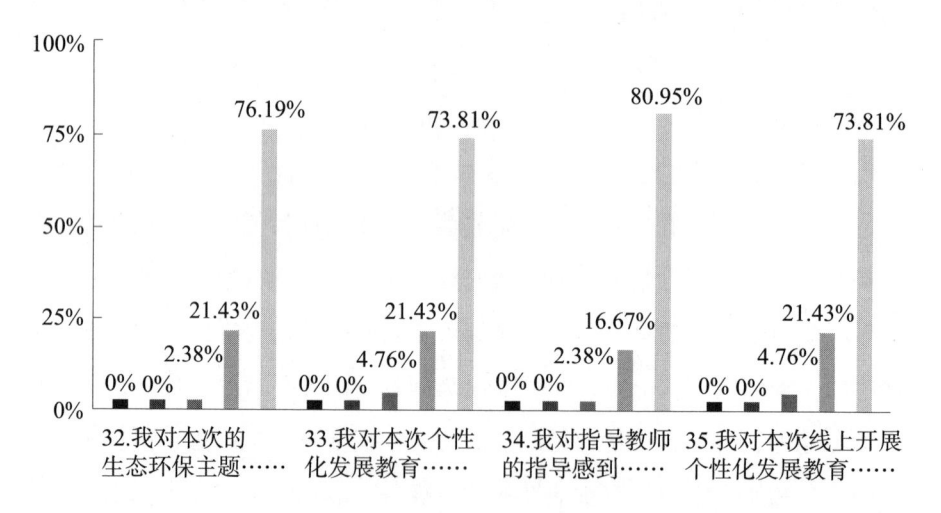

图 5.8 对本次个性化发展教育实践的满意度

②定性分析与讨论。本次依托项目的课程思政实践活动要求每位同学撰写一篇反思总结，内容包括过程、收获及评价，这些反思总结可以从学生视角反映本次实践活动的实施效果。最终，我们收到 42 篇反思总结，共 79761 字。

如图 5.9 所示，本次项目实践的主题为"生态、环保"，面向学生的"个性化发展"，"语言、内容、知识、能力、教育"说明本次基于项目的实践融合语言、内容、知识与能力，最终达到育人目的。"实践、过程、发展、进行"突出了过程导向和实践本位，"老师"在本次项目实践中发挥着重要的指导作用。"任务、项目、问题、研究、活动、完成"强调通过研究和相关活动，解决问题，完成项目任务。"中国、世界、国际、故事、传播、声音、话语、翻译"突出了中国对外话语传播对于本次项目实践的重要性以及翻译在向世界讲述中国故事中的重要作用。此外，"了解、提高、提升、帮助"既体现了学生的收获，也反映了本次依托项目的课程思政的效果。

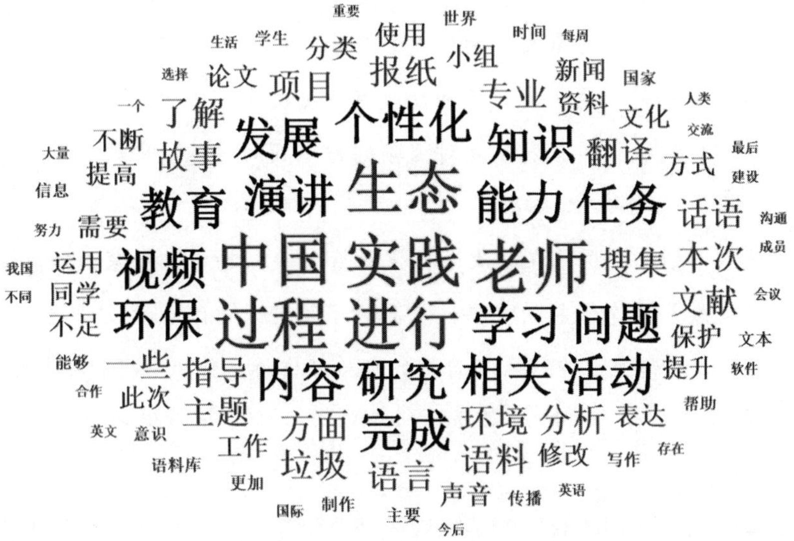

图 5.9 学生反思总结词云图

（4）翻译专业依托项目的课程思政收获。

①思政收获。通过本次项目实践，学生提高了生态环保意识，对中国"天人合一"的哲学思想有了更深刻的理解，增强了文化自信，意识到了肩负的历史责任，并表示作为公民，应将环保落实在行动上，同时也意识到赢得对外生态话语权的迫切性和讲好中国生态故事的重要性。这些都很

好地体现了依托项目的课程思政目标，即家国情怀、国际视野、文化自信、公民品格，同时也体现了学生对"生态环保"这一主题从理解到认同再到践行的思政效果。

学生A（演讲类）：以"思政红＋生态绿"厚植生态文明意识，作为公民，不论我们能做出的贡献大或小，都应该从眼下开始，身体力行地将生态文明意识体现在日常行动及生活中。除了要注意语言准确性，还要注意如何向听众最有效地展示演讲内容，讲述好中国为了生态环境保护以及修复做出的努力，发出中国声音，贡献中国在生态环境保护领域的智慧，展现中国负责任的大国形象。

学生B（故事类）：在这一过程中，我感受到我的生态环保意识提高了，我希望能够践行于实践。作为翻译专业的一名学生，我真切地感受到了"功成不必在我，功成必定有我"的历史责任感和使命感。塞罕坝是具有代表性的环境建设标杆。这次实践活动让我对中国文化"走出去"、文化自信有了更加深刻的认识，激发了我对视频创作以及对外传播中国文化故事的兴趣。

学生C（制作类）：在此次个性化教育实践活动中，我深刻地感受到了可持续发展和生态保护的重要性。同时了解到，中国自古以来就有"天人合一"的发展思想，重视人与自然的可持续发展，作为当代青年大学生，应该响应国家号召，支持国家政策，在日常生活中注重保护环境并付诸实践。

②英汉语言运用收获。除了思政收获，学生在语言技能发展与语言知识积累上也有所收获。依托项目的课程思政实践成果形式多样，突出说、写、译的语言输出技能，同时在实施项目的过程中锻炼了学生的语言输入技能。

学生D（演讲类）：在演讲稿的写作过程中，我熟悉了演讲稿的语言特点和写作方法，对英语演讲从感性认识上升到理性思考，并能够在教师的系统指导下就所选话题做连贯性演讲，我的英语运用能力得到大幅提高。

学生E（翻译类）：我掌握了一些中译英的基本技巧，如语序调整、长句切分、省略等，还积累了一系列中国特色生态话语的英文表达。

学生F（语料类）：一篇文本是否符合实践项目的主题，需要通篇阅读。在此过程中，我接触到大量的、闻所未闻的词汇和译文，特别是关于"生态环保"的中英文表达，这在很大程度上增加了我的词汇量，还训练了我们对于长难句的分析能力。在语料对齐过程中，我对英汉差异有了更加深刻的理解。

学生G（研究类）：在撰写研究论文的过程中，我会将一个句子反反复复地研读修改，力求用最简洁的语言表达出最准确的意思。在英语文献的研读中我也学习到了许多学术英语表达方式。

③跨学科知识学习收获。为了完成各类项目，学生不仅运用了已学专业知识和技能，还学到生态环境、生态技术、环保政策、国家形象、新闻传播等跨学科知识。

学生H（制作类）：由于所做的内容有关"生态冬奥"，在查阅相关资料的过程中，我们了解到环保的相关知识，如地表水收集技术、可再生能源的风电利用、利用透气防渗材料实现水体净化等。

学生J（语料类）：此次实践增长了我对生态环境问题的兴趣，它既包含严谨复杂的自然学科知识，又包含人文地理的内容。我学到了相关的国家政策、最新的生态技术等，拓宽了知识面。

学生K（研究类）：在阅读相关文献时，我了解到生态哲学观、生态环境和国家形象等跨学科领域知识，拓展了自己的知识面，提高了自己的理论知识素养。

④工具或软件应用收获。为了完成项目，学生们还学会了各种相应工具或软件的使用。例如：演讲组、制作组和故事组的最终成果形式都是视频，他们学会了相关视频剪辑软件的使用以及背景配乐的选取；制作组学会了InDesign软件和logo制作小程序的使用，掌握了从规划、撰稿到排版制作整个过程中用到的各种技能，还锻炼了Microsoft Word的使用技巧；语料组学会使用Tmxmall平台进行双语对齐，建立了双语平行文本，还通过

术语提取建立了生态话语术语库；研究组学会在中国知网、读秀、万方等中文数据库以及 WOS、Sci-Hub、ProQuest 等外文数据库中检索文献并导出文献，以及运用 EndNote 筛选和整理文献，将文献格式调整为 RIS 格式并导入 VOSviewer 进行可视化分析，使用 NVivo 和 AntConc 对中英文本高频词、关键词进行检索等。

⑤其他能力收获。学生的反思总结中还提到逻辑论证、批判性思维、合作交流、自主学习等方面的收获。演讲组在撰写与修改演讲稿的过程中，从不同角度充分论证自己的观点；故事组在收集信息的过程中，要对各种信息加以辨别，要考虑这个信息是否真实、这个观点是否可信、这样的支撑是否合理等；研究组不仅要对国内外相关研究进行有条理的梳理，而且要做出合理的评价。上述行为均使学生的逻辑论证能力和批判性思维得到了锻炼。制作组在报刊制作过程中共同探讨、集思广益。在项目启动初期，他们曾质疑自己学习新知识的能力。本次项目实践带给他们成就感和满足感，使他们葆有对事物的好奇、热情和勇气。

从整体看，学生从本次依托项目的课程思政实践活动中收获不少。但是，由于新冠疫情的影响和时间限制，仍然存在一些不足。第一，缺少面对面交流。由于线上指导和交流受限，一些问题不能及时得到解决。一些活动需要实地进行，因新冠疫情只能通过网络实施，效果欠佳。第二，成果展示与评价不充分。本次实践主要利用课外时间开展，时间较为紧张，所以只在同类项目组之间进行了展示和评价，缺少整体展示和评价，这样就无法让学生在更大范围内相互交流学习。第三，项目主题有待丰富。本次项目主题聚焦生态文明，项目成果虽多样化，但部分学生希望能设置更多样化的主题和项目类别，更好地满足他们的个性化需求。

本次依托项目的课程思政教学聚焦生态文明，学生通过做项目，掌握了基本的生态文明话语，更加认同中国生态文明核心价值观，表示在生活中会自觉践行生态环保理念，学生的语言技能、专业知识和综合素质也得到发展。翻译专业依托项目的课程思政实施途径以项目为依托、目标为导向、实践为本位,通过语言实践、研究实践和综合实践项目,整合专业知识和技能,融合思政教育与专业教育,使学生充分运用所学专业知识和技能,快速学习相关的跨学科知识和技能,在做项目的过程中学习知识、发展能力、塑造价值,为外语类专业课程思政建设提供操作依据和实践路径。

第六章
新文科背景下翻译专业的实践教学体系

翻译专业教学具有很强的实践性和行业导向（伍志伟 等，2015）[98]。翻译本身是一项实践性的跨文化交际活动，这就决定翻译实践在翻译人才培养中具有不可或缺的作用。《指南》规定，翻译专业的实践环节占比应不低于15%。尽管翻译实践的重要性得到普遍认同，但是我国的翻译实践教学环节仍旧较为薄弱，还存在一些问题和不足。例如，实践课程模块设置忽视翻译能力的培养、校内实践教学仍侧重理论、校外实践教学形式化、实践教学管理及保障体系不完善等（贺鸿莉 等，2016）。因此，加强翻译专业实践教学成为翻译专业建设和人才培养的关键环节。本章主要回顾了翻译专业实践教学研究概况，构建了从课堂到课外、从校内到校外的多维立体的实践教学体系，同时介绍了本专业的实践、实训教学条件；还论述了依托项目的翻译实践形式，即探究式翻译实践、创业式翻译实践、嵌入式翻译实践、全职式翻译实践，并对这四种形式进行了对比分析；接着构建了依托项目的翻译工作坊平台与教学模式；最后一部分介绍了本专业产教协同育人和专创融合育人的实践与成效。

一、翻译专业实践教学研究概况

翻译专业实践教学研究主要包括翻译专业实践教学模式研究、翻译专业实践教学的问题与对策研究、校本特色的翻译专业实践教学研究和翻专业某门实践类课程教学研究。

（一）翻译专业实践教学模式研究

王爱琴（2011）主要探讨了"实习式"翻译实践教学培养模式，即学生在课外参与教师承接的企业翻译实务，开展研究与实践相结合的翻译课题申报，以翻译社团形式参与社会翻译服务及当地翻译公司的翻译业务，或参加暑期社会翻译实践活动等实践教学培养方式，从而使学生的各项翻译能力得以显著提高。伍志伟和穆雷（2015）论述了产学研结合的合作模式，"夹心式"、"嵌入式"、"作坊/学徒式"和"创业式"四种翻译实践教学组织形式以及紧密结合语言服务业的实践教学内容，并提出翻译专业实践教学的创新模式，其核心为合作一体化、形式多样化和内容行业化。余蕾（2014）提出在实习基地模式下，学校应与律师事务所、公检法机关和法律公司等机构合作建立法律翻译实习基地，将学生以实习生的形式派往各实习基地，接触实际的法律翻译发生的语境，从事实际的法律翻译工作，从而更好地帮助学生掌握法律翻译实践技能，与学生的课堂学习形成互补。除了上述实习式的实践教学模式，一些学者还探讨了基于翻译工作坊的实践教学模式。例如，邓燕、赵冰（2014）论述了翻译工作坊的科技英语翻译课程教学是一种行之有效的实践教学模式，符合和满足科技翻译人才的培养要求。宋平锋（2016）探讨了基于翻译工作坊平台由翻译教师、学生和职业译员共同参与翻译实训的实践教学模式。该模式基于翻译工作坊平台，通过将参训学生置于真实的翻译工作情境，给学生布置真实或模拟的翻译项目，让学生模仿业内翻译流程，开展项目翻译实践，在规定的时间内合作完成翻译项目，并提交翻译文本，最终实现翻译实训目标。此外，张国建（2018）构建了"公司式"实践教学模式，将单纯仿真模拟的校内实训模式与全真校内实习模式连贯成一个整体的校内实践教学模式。它既注重让学生通过模拟仿真模式培养以工作过程为导向的商务英语语言模块化技能和国际贸易岗位模块化技能，又立足于全真"公司式"运营模式让学生实现全真实习。张万防（2020）提出以校内校外二轮为驱动，以5个平台为依托，研究翻译实践教学的4个重点、3个路径和1个目标，从而构建起校内校外翻译专业实践教学的立体模式。上述实践教学模式均体现了校企合作，倡导产学研协同培养，强调实践平台建设，对翻译专业实践教学具有一定的指导价值。翻译专业实践教学模式的提出或构建除了有实践教学的属性与自身要求，还要以相关理论为依据，以人才培养目标为准绳，以社会与学生需求为前提，未来仍将通过长期实践，不断验证其有效性，并不断加以完善。

（二）翻译专业实践教学的问题与对策研究

一些学者针对当前翻译专业实践教学的问题提出了相应的建议或对策。贺鸿莉、莫爱屏（2016）通过问卷和访谈，调查了本科翻译专业实践教学的内容、实施形式、实施效果等方面，发现当前翻译专业教学过程中存在校内实践教学侧重理论、校外实践教学形式化、实践教学管理及保障体系不完善、实践教学评估偏重结果等问题，提出设置面向"翻译能力"的实践课程模块、构建"以实践为中心"的过程教学模式，以及建立"政产学研"一体化的保障及评估机制。张春伏、贺学耘（2017）针对翻译专业教学过程中存在的诸如实践课程学时少、实践教学手段落后、翻译实践与行业对接少、实践教学考核评价体系不完善等问题，通过调研就业市场需求、总结翻译专业教学经验、结合地方院校的校情，提出"3+0.5+0.5"夹心式人才培养模式，并建议增加实践教学环节，改革实践教学手段，建立基于专业核心能力的全过程考核评价体系，实现高素质本科翻译专业应用型人才的培养。沈丽君（2017）指出，当前翻译专业的实践教学存在保障措施不足、实习流于形式和评价体系不完善等问题，为了提升实践教学质量，可以采取一系列措施，如加深校企合作、加强校内实训基地的建设和维护、建立全过程基于翻译能力的综合实训评价体系等。温红霞（2021）以认知语言学为理论指导，根据翻译专业实践教学存在的教学方法不新、实践教学基地不用、教学管理方式不变等问题，建议加强校企合作，建立翻译实践教学基地，学院成立翻译工作室，促进翻译专业教学与实践相结合。武辉（2021）通过对山东省内9所设立BTI或MTI的高校进行调查研究，分析并总结了近10年山东省高校翻译专业实践教学中存在的实践性不强、时效性不高等问题。大部分高校没有从"重文学、轻实用"的模式中跳脱出来，使得学生的实际翻译能力并不能很好地服务于市场需求，翻译人才培养与翻译行业需求脱节。对此，他提出要在校企合作的模式下，顺应当地经济产业结构特点，利用当地资源优势，为学生创造更多的社会实践机会。上述研究基于翻译实践教学中出现的具体问题，从课程模块、教学模式、保障措施、评价体系等不同角度提出相应对策，对翻译专业实践教学改革有很好的参考价值。由此可见，翻译专业的实践教学内容、方式和效果评价受到广泛重视和讨论，但大都属于主观的表层经验之谈，而实施过程中还会遇到诸多困难和具体问题，如协同培养体制中合作机制的建立、评估机制的实施、与理论教学体系的整合等，这些问题仍有待深入探讨。

（三）校本特色的翻译专业实践教学研究

詹成、罗慧琼（2015）以广东外语外贸大学翻译专业为例，提出构建多层次、立体化实践教学平台。广东外语外贸大学利用自身优势，多方联络开辟校外实习基地，为翻译专业学生提供了多种实践平台，如让本科生集体参加中国进出口商品交易会、中国国际中小企业博览会，担任普通的陪同口译；研究生则担任高层次的会议口译，优秀的学生经过考核能获得机会去联合国、美国马里兰大学美华中心等机构；还专门成立了学生口译队和笔译队，队员从所有学生中考核选拔，笔译队为队员提供笔译训练、学术研究、勤工助学"产学研"三位一体的实践平台。总之，实习实践形式多样，层次齐全。曲夏瑾（2016）以中南民族大学为例，指出民族院校翻译本科专业实践教学主要存在民族特色不明显、实践范围狭窄、实践教学管理不完善等问题，认为民族院校应探索建立适合自身发展的实践教学模式，彰显民族特色，利用学生来自全国各民族的便利，扩大实践范围，深入民族地区开展实践。还可建立校企双导师制，配合实践教学管理团队共同组织好学生的各类实习实践。蔡维（2017）以仰恩大学为例，将国内翻译企业采用的"项目团队制"和"互联网＋翻译"行业团队中的项目运作方法引入课堂教学和课后翻译实践，组建基于互联网的高校翻译实践团队，建设"互联网＋翻译"实践平台，让学生实地扮演项目团队角色（如翻译员、译审、项目经理等），进而促进课堂实践教学，帮助学生尽早与行业接轨。陈佳慧（2020）以吉林外国语大学高级翻译学院的翻译专业实践量"套餐"式改革为例，探讨了翻译专业本科实践考核部分改革的一种新的模式。吉林外国语大学高级翻译学院以教学指导委员会建议的数字作为基本线，根据学生多元化发展需要设计了多种套餐供学生选择，并配有相应的"套餐制"分级量化标准表，还设定了浮动指标培养学生的积极性。在考核方面，专人专管，可快速根据实际情况及时调整。以上研究立足于不同类型的地方高校，利用各自的院校优势，实施校本特色的翻译实践，为翻译专业的实践教学提供了参考。

（四）翻译专业某门实践类课程教学研究

肖维青（2010）以上海外国语大学英语学院翻译专业开设的"影视翻译"课程为例，指出如今的翻译行业正在实现从传统的、手工作坊式的翻译流程和运作模式向现代化、信息化、商业化的翻译流程和运作模式转变。因此，专业性较强的翻译实践课必须在教学理念、资源利用以及师资培养等方面做出调整，突出学生的主体角色，充分利用网络资源，加强与市场的联系，加快与国内外高校的交流。王静、吉文凯（2017）以"口译实践"课程为例，指出在翻译实践教学过程中，教师应当在模因同化、记忆、表达、传播这四个阶段的指导下，采取科学合理的教学方法与策略引导学生开展口译练习，优化翻译实践教学过程。朱越峰（2022）以"会展翻译"课程为例，从标准化视角对翻译专业实践类课程教学进行了相关应用研究，在设定教学目标、规范课程内容、提升课程组织形式与教师指导方法、改进考核内容与方法等方面提出了一些行之有效的建议，并指出课程教学标准化是解决当前翻译实践类课程教学困境的有效途径。沈国荣、韩林君

（2022）以"新闻翻译"课程为例，针对教学指导理念缺乏针对性、教学素材单一陈旧、教学反馈滞后以及实践能力跟不上等现实问题，提出应从深入理解和传播跨文化意识入手，采取端正相关主体立场、提高技术引进水平、积极挖掘新闻热点和加强实战训练等策略，促进新闻翻译教学质量的提升。以上研究对翻译专业某门实践类课程教学做出了针对性研究，对翻译专业的实践类课程具有一定的参考价值。

二、翻译专业的实践教学体系

翻译专业的教学具有很强的实践性和行业导向。经过近几年的探索和总结，翻译专业形成了结构合理、素质良好的实践教学队伍。该实践教学队伍包括校内口译、笔译方向的专职教师，校外语言服务行业的专家及专职译员等。同时，翻译专业已逐步构建起一个从课堂到课外，从校内到校外，从个人到团体的多层次、多渠道、立体化的实践教学体系。

（一）翻译专业多维立体的实践教学体系

图 6.1 显示了翻译专业多维立体的实践教学体系。

第一层是中心层，即听、说、读、写、译课堂教学。课堂教学的实践活动多种多样，包括任务、角色表演、口头陈述、演讲、辩论、模拟口译、笔译等。

第二层是课堂向课外的延伸活动，主要包括依托项目的语言实践/研究、笔译工作坊、笔译实训、口译工作坊和口译实训等。

第三层为校内实践，由个性化实践、学科竞赛、外语文化月和创新创业训练等项目组成。个性化实践以项目为依托，共设有语言实践项目、研究实践项目和综合实践项目，旨在满足学生个性化发展需求。外语文化月可围绕外语学习举办一系列丰富多彩的活动，包括英语演讲大赛、英语口译大赛、外语配音大赛、英语辩论赛等。创新创业训练要求学生至少参与校级以上的创新或创业项目一项，或者参加校级以上学科竞赛。

最外围层是校外实践活动，包括校外各级学科竞赛，如全国口译大赛、"外研社杯"全国大学生英语辩论赛、希望之星英语风采大赛、"21世纪杯"全国英语演讲大赛等。校外翻译实习主要依托本专业的翻译实习基地让学生进行线上或实地实习，旨在增加学生的社会实践经验，使学生迅速将翻译理论知识应用到实践当中，从而提高使用计算机和翻译工具的能力，同时培养学生的职业素养以及从事翻译项目和工作的能力，团队合作的能力，发现问题、分析问题、解决问题的能力。校外社会实践围绕翻译专业人才培养目标和社会需求，开展社会调查、志愿服务、公益活动、勤工俭学及助教等社会实践活动，旨在帮助学生了解民情和国情，增强社会责任感。校外语言服务是本专业为社会提供具有翻译专业特色的服务，具有一定的选拔性，是学生检验自己的专业知识与能力的重要平台，也是学生走向社会的重要桥梁，对全面提升学生翻译能力、综合素质具有十分重要的意义。

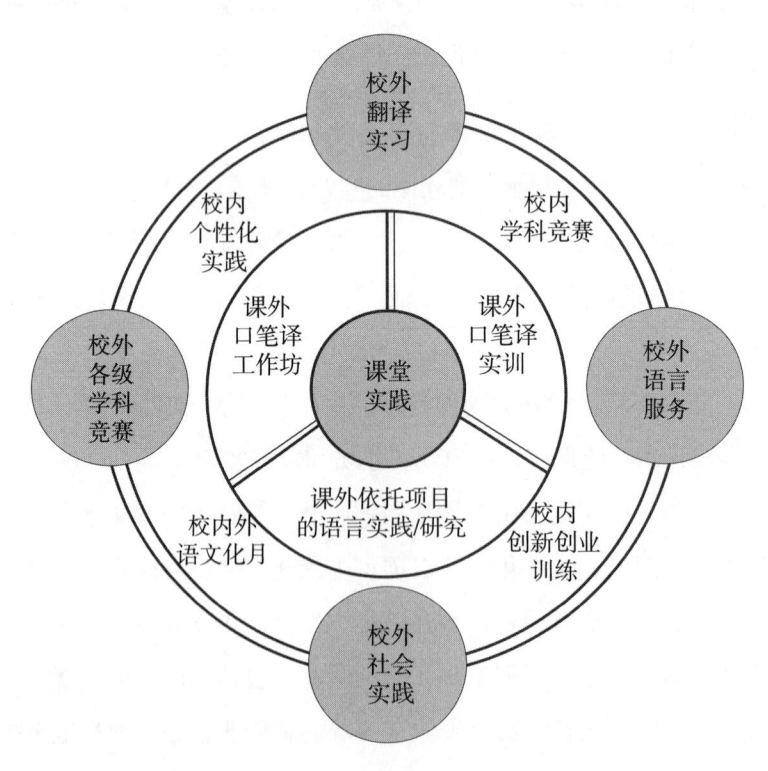

图 6.1　翻译专业多维立体的实践教学体系

（二）翻译专业的实践、实训教学条件

此部分以笔者所在省属重点骨干高校为例。

1. 实训室建设

翻译专业主要配有一间笔译实训室（装有 Trados 系统）、一间口译实训室（装有凌极教学系统）、一间交替传译报告厅（配有德国博世同声传译设备和口译沉浸式教学实训系统）和一间情景模拟实训实验室（装有英途虚拟情景实训系统）。

笔译实训室总面积 180 平方米，可以同时容纳 48 名学生，现有 IBM 服务器、戴尔微型计算机等设备，装有 Trados 计算机辅助翻译软件，并配有传神翻译教学实训系统。该系统由教学平台（课程课时的建立、课堂课件教学、课后作业批改、成绩统计查询、素材库管理等）、实训平台（个人实训、小组实训、翻译工作室等）和实践平台（计算机辅助翻译工具使用、项目管理、余料管理）三部分组成。翻译专业在笔译实训室开设的课程有翻译技术、工程翻译、翻译项目管理、笔译实训、笔译工作坊等。

口译实训室总面积 135 平方米，可以同时容纳 36 名学生，现有宏碁微型计算机、议员间等设备，装有凌极教学系统。翻译专业在口译实训室开设的课程有基础口译、交替传译、视译和口译实训、口译工作坊等。

交替传译报告厅总面积 255 平方米，可以同时容纳 116 人，现有浪潮服务器、宏碁微型计算机、投影机等设备，装有德国博世同声传译设备，并配有口译沉浸式教学实训系统。交替传译报告厅可供翻译专业学生进行模拟会议口译实践。

情景模拟实训实验室总面积 135 平方米，可以同时容纳 36 人，现有蓝鸽无盘工作站，装有英途虚拟情景实训系统和国际商务语言服务虚拟仿真实训系统（自主开发云平台），可供翻译专业学生进行口译实践和个性发展教育实践。

2. 实训基地建设

翻译专业坚持"复合培养，实践育人"，积极加强同企业或用人单位的交流与合作，充分发挥校企各自优势，通过专业实践，实施校企合作培养。当前，翻译专业共建有 8 个翻译实习基地，每个翻译实习基地一次性可接纳 10—30 名学生，分别以线上或线下形式展开实习，给学生提供了优质的实践平台，在翻译人才培养中发挥着重要作用。翻译专业应不断拓展现有翻译实习基地的资源与功能，与企业共同搭建针对性更强的实践平台。

（三）依托项目的翻译实践

翻译专业致力于培养能适应国家与地方经济建设和社会发展需要，能胜任各行业口笔译等语言服务及国际交流工作的复合型人才。口笔译等语言服务和国际交流工作属于跨文化交流活动，具有很强的实践性。翻译专业的人才培养目标决定了翻译实践在翻译人才培养中具有举足轻重的作用。然而，现有的翻译人才培养院校受外语专业背景的影响，在开展实践教学时，还沿用外语专业的办学思路，实践教学与语言服务业之间的联系不紧密（伍志伟 等，2015）[98]。国内大部分高校的翻译专业实践课程还停留在传统的课内作业、课外自主实习阶段，大部分学生的翻译实践能力培养局限在课内练习。虽然一些院校意识到学生实践环节的重要性，但并未就如何真实有效地提高学生的实践能力给出具体措施（詹成 等，2015）[55]。

常见的翻译专业实践教学形式包括"夹心式"、"嵌入式"、"作坊/学徒式"和"创业式"。"夹心式"实践教学是指学生在接受一段时间的专业教育后，到企事业单位中进行一个学期或一年的实习，实习完毕后，回到学校继续接受教育。"嵌入式"实践教学是师生直接进驻实习单位，学生接受学校教师和行业导师的共同指导，边学习边实习。"作坊/学徒式"实践教学有两种具体的形式：一是授课教师承接一项口笔译任务，然后带领学生一起完成该项任务；二是教师承接口笔译任务后，让学生在旁观摩或见习。"创业式"实践教学是指师生自行组建翻译公司或翻译社团，向客户提供有偿或无偿的翻译服务（伍志伟 等，2015）[100]。

"夹心式"实践教学往往持续一个学期或一个学年,学生有充足的时间体验真实环境下的翻译相关岗位工作,翻译能力和职业素养都能得到锻炼,返校后,后续的学习目标会更加明确,学习动力会更加充足。与此同时,学校从该实践教学中可以得到有价值的反馈信息,以进一步改进教学。"夹心式"实践教学常见于一些国外高校的本科专业。例如:瑞士洛桑酒店管理商学院的本科生会在第 2 学期和第 6 学期先后到相关单位进行基础实习和行政实习;德国大学的第 3 学期和第 6 学期为实习学期(陈超 等,2005)[35];香港浸会大学会安排学生在第 3 学年到实习单位全职实习一整个学年。但是,"夹心式"实践教学由于持续时间通常至少一个学期,比较适合翻译硕士生。目前,国内本科翻译专业的实践环节虽然比重加大,规定至少不低于 15%,但某个特定的翻译实践课程通常不会超过 8 周。因此,"夹心式"实践教学还不适合用于本科翻译专业人才培养。

"嵌入式"实践教学通常配有专职教师和行业导师,二者可以发挥各自优势,共同授课、共同指导。一方面,学生可以更加直观地学习教学内容;另一方面,学生还可以直接参与企事业单位的真实翻译项目。其优势在于学生可以边学习边参与企业的大规模翻译项目,及时巩固所学内容,实现学以致用。

"作坊/学徒式"实践教学可以为学生提供真实情境下的口笔译活动,学生通过观摩或者参与口笔译实践,提高口笔译技能和职业素养。在观摩或参与实践后,教师可以组织学生讨论自己的心得体会及遇到的问题或困惑,共同探讨并解决这些问题或困惑。"作坊/学徒式"实践教学通常时间不固定,为期不长,易于操作。教师可以根据自己所承接翻译项目的难度,适当吸收部分学生参与著作翻译、字幕翻译、专利翻译等项目,或者把自己的翻译项目应用到笔译工作坊、应用翻译、文学翻译等课程,让同学体验真实的翻译项目,了解完整的翻译项目流程,培养学生的翻译能力和职业素养。

"创业式"实践教学由教师带领学生组成翻译项目中心或翻译社团,

承接真实的翻译项目。学生可以根据自己的兴趣和特长申报，但需要经过选拔，符合条件和要求的才能成为翻译项目中心或翻译社团的成员。翻译项目中心或翻译社团可以在教师的指导和带领下从一开始的无偿翻译逐渐到有偿翻译，实现创业式翻译实践。

根据上述"夹心式"、"嵌入式"、"作坊/学徒式"和"创业式"四类翻译实践教学及长期以来的翻译实践教学，翻译专业构建了依托项目的翻译实践，见表6-1。依托项目的翻译实践以翻译过程为导向，以生产符合交际情景要求的翻译产品为目的，借助社会、数字、物质等资源，依托真实的翻译项目，通过探究式、创业式、嵌入式和全职式四种翻译实践，促进学习者解决翻译问题，建构深层知识，培养学习者的责任意识、合作能力与翻译能力。

表 6-1 依托项目的翻译实践形式对比

实践形式	实践平台	教师指导	行业指导	学生报酬	实施地点	安排方式
探究式翻译实践	口笔译工作坊	有	视项目而定	无	校内	必修式
创业式翻译实践	翻译项目中心	有	有	视项目而定	校内	选拔式
嵌入式翻译实践	翻译实习基地	有	有	无	校外	必修式
全职式翻译实践	语言服务行业	无	视项目而定	视项目而定	校外	选拔式

第一，探究式翻译实践依托校内的口笔译工作坊，为学生的必修式。它以实际翻译项目为教学内容，在学生共同参与翻译项目，教师引导学生共同研讨翻译项目的基础上，将翻译理论与翻译实践相结合，最终对译文达成一致意见。翻译专业设有笔译工作坊和口译工作坊。笔译工作坊旨在培养学生将翻译理论与翻译知识运用到翻译实践中，提升学生的笔译能力，

第六章　新文科背景下翻译专业的实践教学体系

让学生树立终身学习的观念；通过团队合作培养学生学习的主动性和积极性，加强学生人际交往能力和团队合作能力；通过模拟的或真实的翻译实践项目，让学生熟悉翻译市场的工作流程，积累一定的翻译经验，持有良好的职业操守，为日后的翻译实习和就业奠定基础。口译工作坊旨在锻炼学生运用课堂所学英译汉的理论和技巧解决口译实践中的实际问题，在模拟工作环境中展示和提升在课堂上习得的口译相关知识和技能，在口译实践中培养口语交际能力和口译实践能力；锻炼学生运用恰当技能和可用资源完成或参与完成口译相关工作，培养小组合作意识；使学生了解专业运作模式和职业准则，体会和认识到口译活动的产业、社会和文化价值，从而产生职业意识，提高职业素养，为将来的就业提供有效的参考信息。

第二，创业式翻译实践依托校内的翻译项目中心，由专职教师和行业导师共同带领、指导经选拔的学生完成所承担的翻译项目。学生通过参与翻译项目，不仅可以了解翻译项目流程、提高翻译能力、增强职业素养，还可以培养自己的创新创业内驱力、创新创业领导力及创新创业行动力。

第三，嵌入式翻译实践依托翻译实习基地，学生全员必修，旨在使学生了解相关行业、专业知识，提高学生的英汉互译能力，语言应用中的分析问题及解决问题能力，培养学生的计算机操作能力，基本互联网知识和网络资源使用能力，文献查找、利用、储备和管理能力，翻译软件使用能力和本地化能力等；通过参与实际的翻译项目，可以使学生了解职业道德与行为规范，培养学生的组织管理能力、人际沟通与团队合作能力、解决问题能力及工作压力承受能力，帮助学生在实习过程中发现、记录、整理和思考有价值的、与翻译有关的问题和现象，为毕业论文设计和选题提供思路；使学生了解专业运作模式和职业准则，认识翻译活动的产业、社会和文化价值，增强职业意识，为将来就业提供有效的参考信息。

第四，全职式翻译实践依托语言服务行业平台，以选拔的方式让学生全职参与真实的翻译实践项目。全职参与共有两种方式：一种方式是学生成为企事业单位的全职员工，从事口译、笔译、校对、本地化管理、项目管理、技术写作等工作，享有相应的报酬；另一种方式是学生以志愿者身份参与语言服务项目，如冬奥会语言服务志愿者，提供无报酬服务。前者持续一学期或一学年，时间较长，比较适合翻译硕士生；后者时间不固定，但持续时间一般不长，既适合翻译硕士生也适合翻译本科生。

（四）依托项目的翻译工作坊

第一例翻译工作坊是由美国爱荷华大学的保罗·恩格尔（Paul Engle）于1964年创办的，基于翻译工作坊，学生在翻译实践中对翻译理论进行反思性研讨。Gentzler（1993）首次将翻译工作坊定义为：两个或两个以上的译者一起从事翻译活动的工作坊。Kiraly（2000）的合作建构主义理论为翻译工作坊提供了理论支撑，他把翻译工作坊分为三个类型：一是翻译学的导入性工作坊；二是翻译项目工作坊；三是翻译研讨课。国内对于翻译工作坊的研究绝大多数侧重于翻译项目工作坊及研讨课，而忽略了导入性工作坊（黄远鹏，2017）。李明（2010）[4]把翻译工作坊定义为：一些从事翻译活动的人们聚集在一起，并就某项具体翻译任务如何翻译进行广泛而热烈的讨论，通过不断协商最终议定该群所有成员均可接受或认可的译文的一种活动。卡德尔（2020）认为，翻译工作坊具备以下特点：开放式的教学模式、以学生为中心的教学理念、同研共享的教学思路、理论与实践相结合的教学过程和以实际翻译项目为主的教学内容。他还阐述了翻译工作坊实施的五个步骤：项目公布（教师）、工作坊任务分配（坊主）、项目翻译（译前准备、术语提取、文本翻译、坊内讨论、初稿审定、PPT制作）、项目汇报（成果展示、坊间讨论、审核修改、成果终稿）、成绩评定（教师、学生）等，如图6.2所示。

由此可见，翻译工作坊基于建构主义理论，强调学生的主体地位，注重翻译理论与翻译实践的结合，通过协作、研讨和反思，培养学生的翻译能力、协作精神、责任与探究意识和职业素养。黄远鹏（2017）梳理了

2007—2016年十年间我国翻译工作坊的研究状况，指出我国高校的翻译工作坊存在以下问题：偏重于实践项目教学，理论教学没有得到应有的重视；教师角色没有完全从传统教学中得到转换；对学生的培养缺少独特性和创新性；实践项目缺乏系统性；等等。他进而提出相应对策：从导入到研讨，实现教师和学生的角色转换；通过文学翻译工作坊培养译者主体性；运用文本类型方法进行系统的文体训练。上述探讨为翻译工作坊的实施提供了可操作的路径，并对翻译工作坊实施中存在的问题提出了解决措施，但仍局限于传统教学环境，并没有充分利用新时代大数据、云计算、翻译技术等信息技术手段，信息化程度不高。董洪学、张坤媛（2016）探讨了云计算学习平台下MTI翻译工作坊的教学模式，其学习平台架构如图6.3所示，并实施了为期一个学期的教学实验，跟踪调查了学生的翻译能力发展情况，结果显示学生的翻译能力有了明显的提高。该云计算学习平台有五个功能区：学习平台管理区、课程信息发布区、协作互动区、翻译作品提交与反馈区和翻译辅助工具区。该翻译工作坊教学模式的核心为课上互动学习和课下协作学习，利用信息化手段，学生可以随时随地进行自主学习和协作学习，但是翻译任务一般局限于500字左右的翻译文本，难以让学生真正体会真实环境下完整的翻译项目流程。

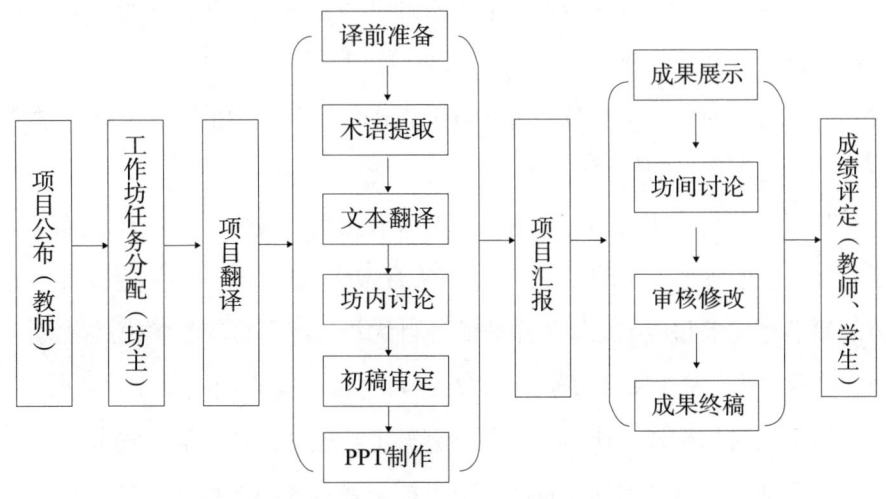

图6.2　翻译工作坊实施步骤（卡德尔，2020）

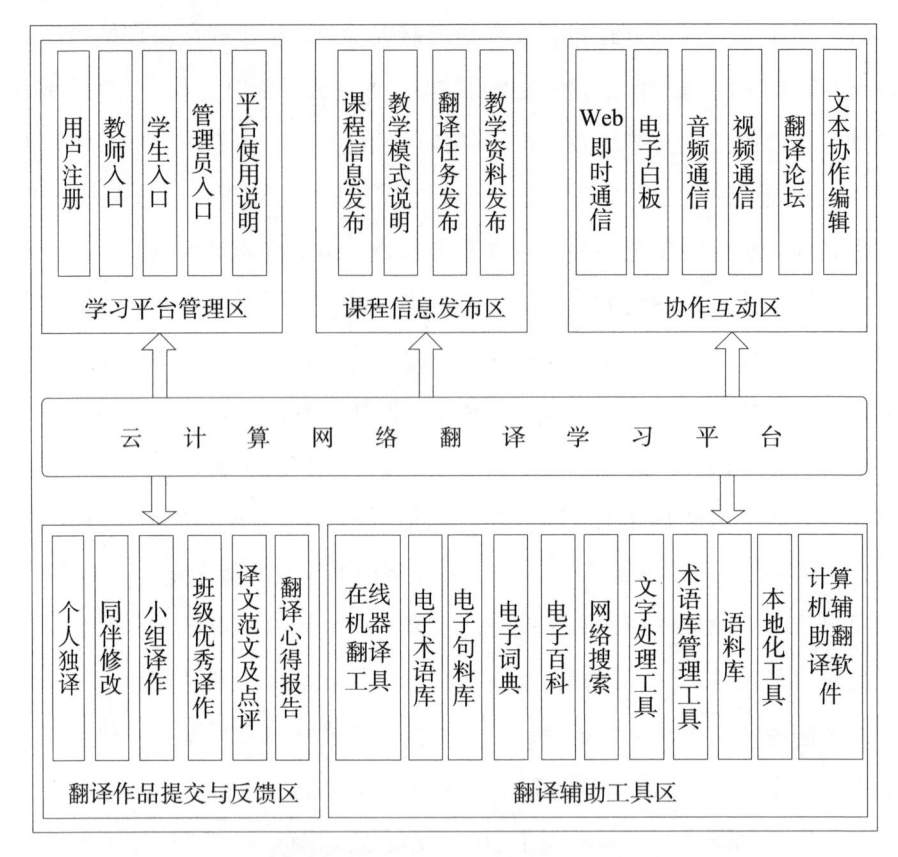

图6.3 云计算网络翻译学习平台架构（董洪学 等，2016）

教育部2012年公布的《教育信息化十年发展规划（2011—2020年）》明确提出：创新信息化教学与学习方式，提升个性化互动教学水平。21世纪属于信息化时代，信息技术为教育创新提供了强有力的技术支撑，对教育发展具有革新性的作用。

翻译工作坊也需要与时俱进，应充分利用信息技术，以便有效提高教学效果。根据前述云计算网络翻译学习平台架构和翻译工作坊实施步骤，充分利用信息技术和传统翻译工作坊的各自优势，将平台和教学模式融为一体，笔者构建了基于项目的翻译工作坊平台与教学模式架构，如图6.4所示。

基于项目的翻译工作坊平台共设有五个功能区：项目信息发布区、项目协作互动区、翻译辅助工具区、项目提交展示区和项目反馈评定区。它们依次实施以下活动：项目公布、项目计划、项目翻译、项目展示、项目反馈和项目评定。

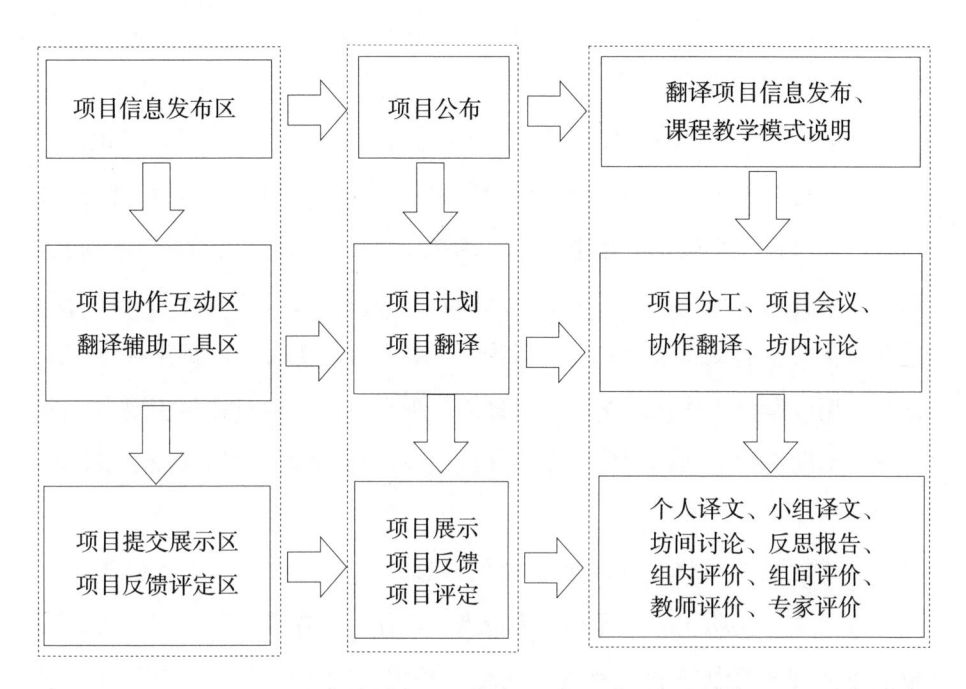

图6.4 基于项目的翻译工作坊平台与教学模式架构

项目信息发布区主要用于翻译项目信息发布和课程教学模式说明，翻译项目信息包括翻译项目背景、译文要求、提交日期等。课程教学模式说明主要向学生提供课程教学目标、教学流程、评价方式等内容，以便学生熟悉教学模式，确保教学效果。

项目协作互动区和翻译辅助工具区对应项目计划和项目翻译。学生需要按照项目要求共同制订项目计划。一方面，可以通过面对面的互动交流制订项目计划；另一方面，还可以通过即时通信发送语音、文字、录音、留言等互动交流，商讨、协调项目分工及计划。按照项目计划，可以利用音视频通讯功能定期召开项目会议，进行反思总结，及时调整下一步计划和方案。在项目翻译过程中，学生可以使用翻译辅助工具区中的工具，如计算机辅助软件、在线机器翻译工具、文字处理工具、电子词典、电子术语库、语料库等，还可以在云端协同写作，项目组成员共同商讨译文的编辑、排版与管理。在云端通过坊内讨论，结合相关翻译理论共同探讨并解决翻译中的具体问题和困惑，有利于达成一致译文。同时，教师可以对各组的翻译项目进程和学生的学习情况进行跟踪和记录，以全面掌握学生的学习过程，及时了解并帮助解决学生的问题和困惑。

项目提交展示区和项目评定反馈区主要负责项目展示、项目反馈和项目评定。项目提交展示区是学生个人译文和项目组翻译作品的过程性展示区，便于各项目组之间、学生个体之间相互参照、相互学习。项目评定反馈区包括学生的反思报告和坊间讨论，为参与翻译工作坊的师生提供反馈信息，用以调整工作坊教学、项目计划与项目翻译。项目评价主要由小组自评、组间评价、教师评价和专家评价组成，分别为各组的翻译项目作品给出定性和定量评价。

基于项目的翻译工作坊既重视项目过程又重视项目成果，以"探究式、协同式、互动式、反思式"为特点。首先，"探究式"与"互动式"特点主要体现在坊内讨论和坊间讨论。坊内讨论主要用于讨论项目计划和项目翻译过程中遇到的问题，小组成员可以相互磋商、协调分工、制订计划，针对个人译文相互给出修改建议，达成一致译文，并联系相关翻译理论，总结出翻译规律和翻译技巧。坊间讨论是各项目组之间的相互讨论，主要用于项目反馈与项目评价环节。各项目组一方面对其他项目组的个人译文和小组译文提出修改建议，做出评价，探讨翻译规律和翻译技巧，总结翻译理论，另一方面达到坊间成员相互学习的目的。其次，"协同式"特点体现在项目翻译过程中的协作翻译中，通过云计算技术实现项目组成员同时参与具有共享资源的协作工作空间，在云端共享翻译工具资源，如翻译记忆库、电子词典、计算机辅助翻译软件和术语库等，实现协作翻译。同时还可以通过协作文本翻译系统进行协同写作，共同商讨译文的编辑、排版与管理，从而消除许多管理任务，提高沟通效率。最后，"反思式"特点主要体现在项目反馈中的反思报告上。

学生通过反思报告可以反思总结自己在项目翻译中发现了什么翻译规律，采用了什么翻译技巧，受到了什么翻译理论的指导，是否解决了存在的问题或困惑，是否还有问题等待解决等。学生的反思报告提交至项目反馈评定区，一方面供学生相互交流学习，另一方面向教师提供反馈信息，以便教师了解翻译项目的完成情况和学生的学习过程，合理分析学生在项目翻译中的收获以及问题、困难，从而采取有效措施及时调整教学，力争优化翻译工作坊的教学效果。

（五）产教协同育人和专创融合育人

1. 产教协同育人

产教协同育人是我国全面推进高等教育改革的重要举措。笔者以"产教协同"和"产教融合"为主题词搜索中国知网文献，共搜到2012—2022年的3849篇文献。从图6.5可以看出，自2014年开始，关于"产教协同"和"产教融合"育人的文献逐年递增，从2014年的14篇上升到2021年1051篇，2020年增幅较大，从446篇增至938篇。2022年截至11月23日达到1317篇，预计到年底还有较大增幅。图6.6显示了主要主题词分布，排列在前十的主题词有产教融合、协同育人、高职院校、校企合作、人才培养、人才培养模式、职业教育、育人模式、校企协同育人、研究与实践，这说明该领域的研究与实践主要面向高职院校的职业教育，研究内容侧重产教融合、协同育人、校企合作的人才培养模式。

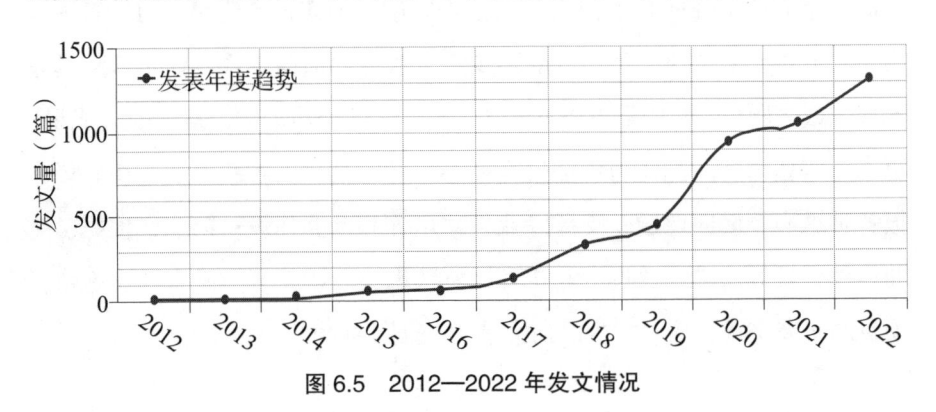

图6.5　2012—2022年发文情况

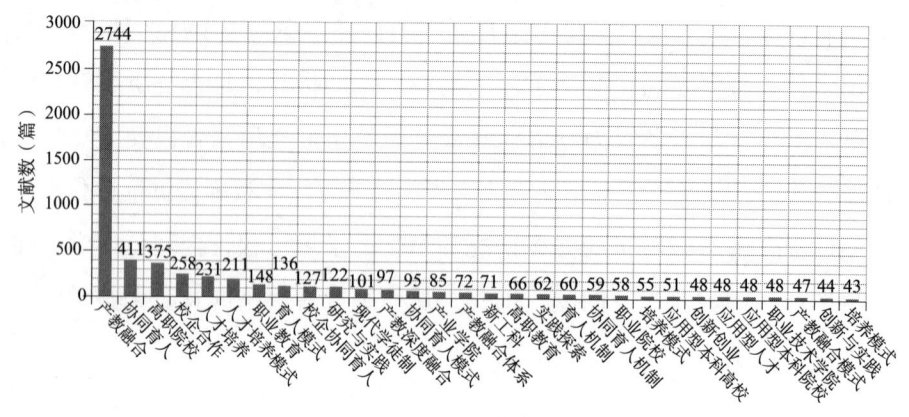

图 6.6　主要主题词分布

2. 专创融合育人

翻译专业充分挖掘现有翻译专业课程中的创新创业元素，进一步优化"创新创业及实践"背景下课程设置，充实专业课程的创新创业教育资源，把创新创业教育有机融入专业教育。一方面，在翻译专业核心课程和翻译实习实训中收集整理创新创业项目及案例资源，将课程教学内容融入创新项目开发、案例分析、创新项目和方法等。另一方面，开设与翻译专业特点、创新创业和就业密切相关的专创融合课程，如翻译项目管理、应用翻译、专题口译等，通过教学理念、内容、方法、考核评价的改革创新，着重培养学生的创新精神、创业意识，提升学生的创新创业能力。

翻译专业致力于提高学生的科研实践能力，努力实现高水平科学研究与高质量人才培养的相辅相成，并主要通过三种方式实施科教协同育人。第一，通过专家讲座，每年开展不少于 5 次专门面向翻译专业本科生的学术报告或主题报告，侧重讲授本学科、本专业的前沿动态与最新研究成果；第二，依托学院的翻译与传播研究中心，针对翻译人才培养及应用翻译申报各种纵向、横向课题，支撑专业人才培养和专业建设；第三，根据学生的个性化发展需求，通过个性化发展实践教育和创新创业教育，实施依托项目的研究实践，培养学生的研究能力与创新能力。

第七章
新文科背景下翻译专业依托项目的创新创业教育

深化高等学校创新创业教育改革,是国家促进经济创新转型、推动高校毕业生创业就业、服务现代化建设的大力举措,是高校发展及体系转型的必然趋势。创新创业教育也成为翻译专业人才培养中必不可少的组成部分。本章第一部分简要回顾了国内创新创业教育研究现状。第二部分构建了面向本科翻译专业学生的创新创业能力指标体系,并根据该指标体系制定了相应的问卷,对7所设有翻译专业的高校实施问卷调查,为翻译专业的创新创业教育提供反馈和建议。第三部分主要探讨了翻译专业创新创业教育途径。

一、国内创新创业教育研究现状

(一)创新创业教育的内涵

国内学者对创新创业教育内涵的理解多种多样,从不同的角度形成了广义狭义说、量变质变说、个体本位说、社会本位说等多种内涵释义。业界普遍认为,创新创业教育是适应经济社会和国家发展战略需要,以培养学生创新精神、创业意识和创新能力为内容,注重实践,激发学生创造力的教育活动(张冰 等,2014)[48-49]。其核心内涵应该是深化教育教学改革,将人才培养、科学研究、社会服务紧密结合，实现从注重知识传授向更加重视能力和素质培养的转变，强化对学生创新创业精神、创新创业意识和创新创业能力的培养，切实提高人才培养质量（王焰新，2015）[5]。相关学者将创新创业教育与专业融合，形成了特定专业领域下创新创业教育的独特概念。具体到翻译专业，即要培养德才兼备，具有国际视野，具备较强的双语能力、翻译能力、跨文化能力、思辨能力、创新能力和创业能力，能够从事国际交流、语言服务、文化教育等领域工作的应用型翻译人才（仲伟合 等，2015）[292]。

（二）创新创业教育研究

基于创新创业教育的内涵，国内学者对创新创业教育的研究主要集中在两个方面。一方面是创新创业教育的构建机制、实施路径及培养模式；另一方面是高校创新创业教育存在的问题及问题的产生原因和解决对策。整体而言，我国创新创业教育仍然处于"创业期"（王焰新，2015）[5]，相关理论与实践都十分欠缺，创新创业教育体系还不完善，在创新创业教育课程的规划、实施及相关教育师资的培养等方面都存在明显不足，与其相关的教育评价考核机制也相对匮乏（杨洋，2019）[2]。对此，国内学者从互联网+背景、高校类型、产教融合、三螺旋理论等不同的视角进行研究，推进创新创业教育。尹国俊等人认为，创新创业教育应该主要依托专业教学，要在专业教育中有机融入创新创业的精神和素质教育（尹国俊 等，2019）[80]。李丹（2020）[33]认为，应当从师资队伍、教学内容、教学方法等方面进行创新，以促进高等院校创新创业教育与专业教育的深度融合。翻译专业具有很强的实践性，其人才培养尤其需要创新能力和创新精神（李正栓 等，2018）[44]。将创新创业教育与翻译专业深度融合，首先，要打造实践性师资队伍。最近的评估数据表明，目前翻译专业师资职业译者数量缺乏，教师的科研和实践能力严重欠缺（仲伟合，2019）[71]。其次，在课程设置上要加大实践教学（含专业实习）的比重，培养学生的实践能力、创新意识和就业能力。通识教育模块要注重学生的自主学习、跨文化交际、创新实践等能力和人文素质的培养,专业课程教学要加强学生思维能力和创新能力的培养(仲伟合,2011)[21, 23]。最后,要利用现代化的技术教学,帮助学生掌握基本翻译技能,提高他们的就业、创业竞争力,进而培养高素质的创新创业型翻译人才(仲伟合,2014)[44]。

(三)创新创业能力研究

创新创业教育是由教育部于2010年首次提出的,创新创业能力自此正式成为高校人才培养中一项重要的能力目标。以往研究通常将创新与创业分开,创新能力主要包括创新意识、创新基础、创新智能、创新方法和创新环境(何静,2011)[52]。创业能力包括创业人格、基本创业能力、核心创业能力和社会应对能力(杨晓慧 等,2015)[127]。王占仁深入阐释了创新创业之间的关系,他把创新与创业比作"双生关系",创新的后面加上创业,就是规定了创新的应用属性,即强调此类创新重在应用,重在促进成果市场化、商业化;创业前加创新,则是一种方向引领,规定了创业要以创新为基础,是机会型、高增长的创业,提升了创业的层次和水平(王占仁,2015)[75-78]。由此可见,创新创业能力被赋予了新的内涵,不是创新能力和创业能力两个概念的简单相加,二者相互依存、相互促进。国内学者大都从大学生创新创业能力的塑造或培养,即学生创新意识、课程体系、师资队伍、平台搭建、组织结构方面展开研究,将大学生创新创业能力大致分为创新创业意识(或品质)、创新创业理论(知识或专业知识)、创新创业实践(或实践能力)。由于各专业的差异性及其对创新创业能力要求的不同,不同专业创新创业能力的内涵与构成各有侧重。

二、翻译专业学生创新创业能力调查

伴随着经济发展和技术革新,"创新""创新型转型""创新型人才"已成为新时代经济社会发展的一大特点。而大学生作为经济发展的主力军，培养其成为高素质的创新型人才尤为重要。目前，受经济形势的影响，大学生就业形势较为严峻，国家更加鼓励提倡大学生自主创业，以此带动就业。社会各界大力提倡创新创业教育，各高校结合各专业积极实施创新创业教育，进行创新创业教育研究，培养学生的创新创业能力，以应对复杂的社会变化和经济形势。联合国教科文组织在《21世纪的高等教育：展望与行动世界宣言》中明确指出，培养具备创新创业核心能力的未来人才是21世纪高等教育的重要使命，必须将创新精神和创业技能作为人才培养的基本目标。而我国也把创新创业教育提高到国家层面。教育部2010年发布《关于大力推进高等学校创新创业教育和大学生自主创业工作的意见》（教办〔2010〕3号），这是我国首次以政府文件的形式提出"创新创业教育"概念（刘坤 等，2016）[117-118]。2012年，党的十八大对创新创业人才培养做出重要部署，提出"健全创新创业教育课程体系，强化创新创业实践教育"。2015年5月4日，国务院办公厅专门发布了《关于深化高等学校创新创业教育改革的实施意见》（国办发〔2015〕36号），对加强创新创业教育提出明确要求。同年，政府工作报告提出，要把"大众创业、万众创新"打造成实现中国经济提质增效升级的"双引擎"之一（郑石明，2016）。2018年，国务院又发布了《关于推动创新创业高质量发展打造"双创"升级版的意见》（国发〔2018〕32号），对推动"大众创业、万众创新"提出了新的更高要求。随后，教育部出台了《关于做好2018年深化创新创业教育改革示范高校建设工作的通知》（教高厅函〔2018〕20号）以及《关于做好深化创新创业教育改革示范高校2019年度建设工作的通知》（教高厅函〔2019〕22号），进一步深入推进高校创新创业教育改革，着力构建具有中国特色的创新创业教育体系。

在国家和教育部的战略部署下，《国标》将创新创业教育纳入公共基础通识教育课程，将创新创业实践纳入实践教学环节，旨在促进学生的全面发展，培养高质量的创新创业型人才。《指南》也强调了创新创业能力的培养。由此可见，创新创业教育已成为高等教育的重要组成部分，深化高等学校创新创业教育改革，是国家促进经济创新型转型，推动高校毕业生创业就业，服务现代化建设的大力举措，也是高校发展及体系转型的必然趋势。因此，各高校大力开展创新创业教育，积极进行创新创业教育研究，着力构建行之有效的创新创业教育体系。然而各高校、各专业因校情、专业背景不同，开展力度及研究深度有所差异。

自《国标》将创新创业教育纳入外语类专业的实践环节，各高校已经把创新创业教育融入各自的人才培养方案。但是，现在的创新创业教育大都在探讨创新创业教育实施途径与对策，从学生角度探讨创新创业能力评价的研究还不多见。翻译专业的创新创业教育实施效果如何？特别是对学生的创新创业能力产生了怎样的作用或影响？针对这些问题，我们还缺乏科学的评价体系。鉴于此，我们根据西班牙 PACTE 小组的多元素翻译能力模式、《指南》对翻译能力的定义和大学生创新创业能力结构模型（李娜，2019）[33]，构建了面向本科翻译专业学生的创新创业能力指标体系，并在某省 7 所设有翻译专业的高校实施问卷调查，旨在揭示翻译专业学生创新创业能力的整体状况及其历时变化情况，为翻译专业的创新创业教育提供反馈和建议。

创新创业能力是一个整合性、过程性、注重价值导向性的概念，是指在机遇和想法的基础上，在行动力的驱使下，将想法转化为社会、经济、文化价值的能力。依据能力结构理论、蒂蒙斯创业过程模型、效果推理理论与社会学习理论，李娜从创新创业能力结构模型和大学生创新创业者访谈中提取了创新创业能力构成要素，提出创新创业能力构想模型，并编制了初测问卷，然后基于探索性因素分析和验证性因素分析，对该模型进行了修正，确定了创新创业能力构成要素，最终构建了创新创业能力结构模型。该能力结构模型主要包括 3 个一级指标，即创新创业内驱力、创新创业领导力、创新创业行动力，以及 14 个二级维度指标（李娜，2019）[25-37]。翻译能力是翻译专业人才培养中的关键能力，翻译专业学生的创新创业能力与翻译能力密切相关。《指南》规定，翻译专业的人才培养目标是培养具有良好的综合素质和职业道德、较深厚的人文素养、扎实的英汉双语基本功、较强的跨文化能力、厚实的翻译专业知识、丰富的百科知识和必要的相关专业知识，较熟练地掌握翻译方法和技巧，能适应国家与地方经济建设和社会发展需要，能胜任各行业口笔译等语言服务及国际交流工作的复合型人才。当前，国内外学者普遍认同西班牙 PACTE 小组的多元素翻译能力模式，即翻译能力包括双语子能力、超语言子能力（百科知识、话题知识等）、翻译知识子能力、工具子能力、策略子能力以及心理生理因素等。《指南》在此基础上进一步明确了翻译能力的内涵。翻译能力指能运用翻译知识、方法与技巧进行有效的语言转换，一般包括双语能力、超语言能力（如百科知识、话题知识等）、工具能力、策略能力等（肖维青 等，2019）[10]。

本研究中的翻译专业学生的创新创业能力指标采用了创新创业能力结构模型、西班牙 PACTE 小组的多元素翻译能力模式与《指南》中对翻译能力的界定，针对翻译专业学生的创新创业能力设计了 4 个一级维度指标，分别是创新创业内驱力、创新创业领导力、创新创业行动力及翻译能力。创新创业内驱力指个人认为有意义、有价值去从事或完成从而实现自己心中理想的一种内在驱动力，囊括能够激发个人想去实现自我价值或完成个人理想的各项品质和素质，包括踏实肯干、自信果断、创业兴趣、自我认知、情绪控制、学习能力 6 个二级维度；创新创业领导力则指在整个创新创业的过程中，能够率领团队成员共同实现相同目标的能力，包括团队管理、沟通交往、项目管理、危机处理、协作共情、组织协调 6 个二级维度；创新创业行动力指能够积极主动地把自己或团队成员的想法付诸实践的能力，包括创新思维、资源整合、问题解决、统筹规划 4 个二级维度；翻译能力指能够运用翻译知识、方法与技巧进行有效的语言转换，包括双语转换、超语言知识、技术使用和策略运用 4 个二级维度，如图 7.1 所示。

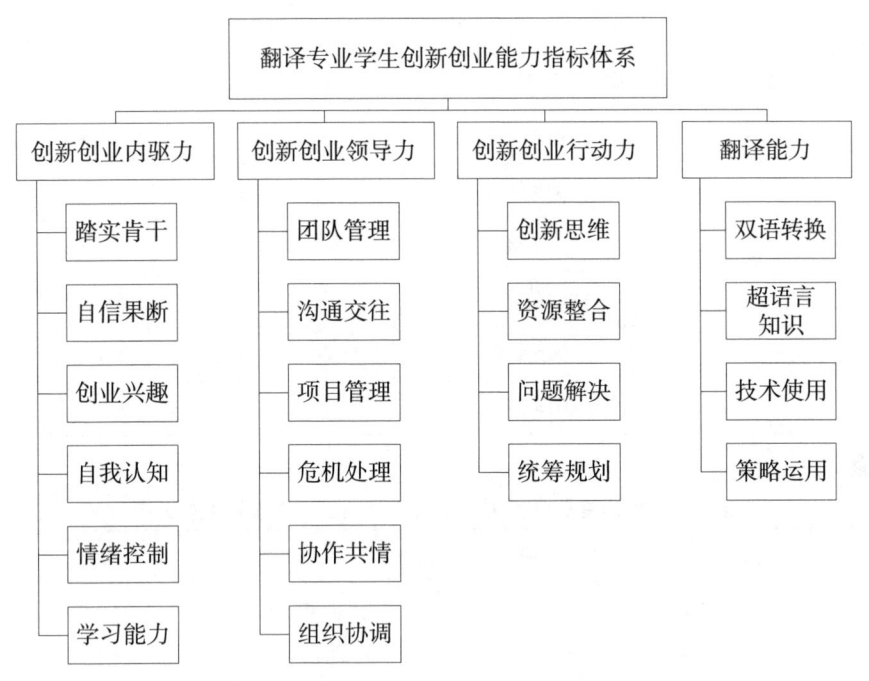

```
                    翻译专业学生创新创业能力指标体系
        ┌──────────────┬──────────────┬──────────────┐
   创新创业内驱力      创新创业领导力   创新创业行动力      翻译能力
     ├踏实肯干          ├团队管理        ├创新思维         ├双语转换
     ├自信果断          ├沟通交往        ├资源整合         ├超语言知识
     ├创业兴趣          ├项目管理        ├问题解决         ├技术使用
     ├自我认知          ├危机处理        ├统筹规划         └策略运用
     ├情绪控制          ├协作共情
     └学习能力          └组织协调
```

图 7.1 翻译专业学生创新创业能力指标体系

（一）调查对象

本次调查对象来自某省 7 所设有翻译专业的高校，包括 3 所省直属重点院校和 4 所普通院校。7 所高校中有 2 所师范类高校、3 所理工类高校、1 所外语类高校和 1 所综合类高校。调查对象为 2014—2019 级的翻译专业在校生和毕业生共 538 人，共收回有效问卷 473 份，有效率达到 87.92%，其中男生占 9.94%，女生占 90.06%。2014—2019 级学生比例分别为 3.17%、5.07%、5.29%、32.56%、36.58%、17.34%，可见表 7-1、表 7-2。调查对象中有 131 人参加过大学生创新创业大赛，占 27.7%，校级、省级和国家级占比分别为 74.81%、14.5% 和 10.69%。参加过互联网+大赛的学生占 15.64%。

表 7-1 翻译专业学生创新创业能力调研样本分布

项目	类别	人数	比例
性别	男	47	9.94%
	女	426	90.06%

续表

项目	类别	人数	比例
年级	2019 级	82	17.34%
	2018 级	173	36.58%
	2017 级	154	32.56%
	2016 级	25	5.29%
	2015 级	24	5.07%
	2014 级	15	3.17%

表 7-2 翻译专业学生创新创业能力调研样本学校类型分布

项目	类别	人数	比例
高校层次	省直属	278	58.78%
	非省属	195	41.23%
高校类型	师范类	81	17.13%
	外语类	28	5.92%
	理工类	272	57.51%
	综合类	92	19.45%

（二）研究问题

本研究主要调查翻译专业学生的创新创业能力，具体研究问题包括：

（1）翻译专业学生的创新创业能力整体状况如何？

（2）不同类型高校的翻译专业学生的创新创业能力有何异同？

（3）翻译专业学生的创新创业能力有何历时变化？

（三）研究工具

本研究运用调查问卷作为研究工具。根据上述翻译专业学生创新创业能力指标体系，我们编制了翻译专业学生创新创业能力自评初测问卷，涵盖创新创业内驱力、创新创业领导力、创新创业行动力和翻译能力 4 个一级维度，20个二级维度，共72个题项。为了确保问卷结构合理，邀请该领域相关专家和教师对问卷进行修订，并请部分学生对问卷进行评定，对难以理解和表达含糊的选项进行删减和修改，最终确定了56个题项。题项共设有"非常符合""比较符合""一般""不太符合""非常不符合"5个选项，计分依次计5—1分。问卷主要使用SPSS25.0软件，采用内部一致性信度指标检验信度。经检验，各因素层面的信度系数达到了0.7以上，各二级维度的信度系数均达到0.8以上，问卷总体的克隆巴赫α系数为0.969，说明该问卷信度良好。

（四）调查结果与讨论

1. 翻译专业学生创新创业能力整体情况

问卷设有"非常不符合""不太符合""一般""比较符合""非常符合"5个选项，采用里克特5点评分，分别计1—5分。这样创新创业能力在每个题目中共有四个等级：低（1—1.99）、较低（2—2.99）、中高（3—3.99）、高（4—5）。表7-3结果显示，翻译专业学生的创新创业能力的一级指标呈现为：创新创业领导力（3.74）＞创新创业行动力（3.67）＞翻译能力（3.65）＞创新创业内驱力（3.59），其中创新创业领导力得分最高，创新创业内驱力得分最低。从20个二级维度上看，只有"协作共情"达到高水平，其余均处于中上水平。其中，均值相对较低的二级指标为创业兴趣（3.27）＜自信果断（3.40）＜项目管理（3.47）＜学习能力、资源整合、双语转换、超语言知识（3.50），创业兴趣、自信果断和项目管理三种能力均值都低于3.50。上述调查结果说明，翻译专业学生在完成某个任务或项目时能够自愿合作、协同努力，并且能设身处地体验别人的处境，感受和理解别人的情感，而创新创业内驱力中的自信果断和创业兴趣相对较弱，同时由于缺乏创新创业经验，项目管理能力也相对较弱。此外，相对于技术使用和策略运用能力，学生的双语转换能力和超语言知识（专门领域知识、百科知识和话题知识）较薄弱，这很可能是由于平时的教学重理论、技巧讲解而轻实践。虽然翻译实践的重要性毋庸置疑，但学生仍然缺乏充足的、多领域的翻译实践。

表 7-3 翻译专业学生创新创业能力指标均值

指标	最大值	最小值	均值	标准差
创新创业内驱力	4.86	1.00	3.59	0.8917
1. 踏实肯干	5.00	1.00	3.80	0.8128
2. 自信果断	4.75	1.00	3.40	0.8914
3. 创业兴趣	5.00	1.33	3.27	1.0232
4. 自我认知	5.00	1.67	3.90	0.7048
5. 情绪控制	4.67	2.33	3.70	0.8258
6. 学习能力	5.00	1.67	3.50	0.8570
创新创业领导力	5.00	2.26	3.74	0.8540
7. 团队管理	5.00	1.50	3.53	0.8605
8. 沟通交往	5.00	1.00	3.82	0.8589
9. 项目管理	5.00	1.00	3.47	0.8307
10. 危机处理	5.00	1.00	3.53	0.8289
11. 协作共情	5.00	1.00	4.20	0.6264
12. 组织协调	5.00	1.00	3.90	0.7886
创新创业行动力	4.91	1.82	3.67	0.8218
13. 资源整合	5.00	1.00	3.50	0.8713
14. 创新思维	5.00	1.00	3.78	0.8081
15. 问题解决	5.00	1.61	3.70	0.7888
16. 统筹规划	4.75	1.75	3.70	0.8114
翻译能力	4.96	1.08	3.65	0.8613
17. 双语转换	4.50	1.50	3.50	0.8201
18. 超语言知识	5.00	1.00	3.50	0.8948
19. 技术使用	5.00	1.00	3.80	0.8329
20. 策略运用	5.00	1.00	3.80	0.7490

2. 不同类型高校的翻译专业学生创新创业能力表现

图 7.2 显示了师范类、理工类和综合类高校翻译专业学生在创新创业能力 4 个一级指标的表现。综合类高校翻译专业学生的创新创业内驱力、创新创业领导力、创新创业行动力和翻译能力均高于师范类和理工类翻译专业学生。师范类高校翻译专业学生在创新创业内驱力、创新创业行动力和翻译能力上均高于理工类高校，而在创新创业领导力上略低于理工类高校。综合类和师范类高校翻译专业学生 4 个一级指标呈现相似排列：创新创业行动力 > 创新创业领导力 > 翻译能力 > 创新创业内驱力。理工类高校翻译专业学生在翻译能力上明显低于其他两类高校的学生。

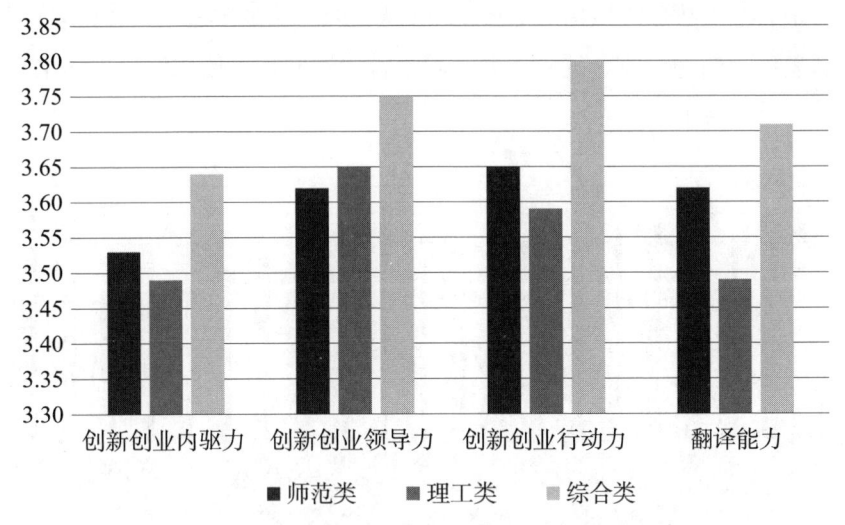

图 7.2 不同类型高校翻译专业学生创新创业能力表现

调查结果表明，综合类高校翻译专业学生的创新创业能力更加突出。笔者分析，综合类高校在创新创业方面具备以下优势：综合性生源及师资力量丰富，学生创新创业能力培养的环境及各方面投入充实，专业类别齐全，各专业相互补充，拥有的市场资源也更丰富。师范类高校与理工类高校由于其院校特色，在学生创新创业能力培养上的表现也有差别。

笔者认为，师范类高校更加注重学生的人文素养，进而学生的创新创业内驱力、创新创业行动力和翻译能力要高于理工类高校。而理工类高校更加注重应用型人才培养，翻译专业学生受理工科环境影响，创新创业领导力略高于师范类高校。但由于在理工类高校中，包括翻译专业在内的文科专业并非学校重点专业，缺乏师资力量、软硬件设备环境、翻译实践资源等，学生的翻译能力培养与发展也会受到相应的限制。

图 7.3 进一步显示了三类高校翻译专业学生在创新创业能力 20 个二级指标上的表现。三类高校翻译专业学生在踏实肯干、策略运用、自我认知和组织协调上表现相似。综合类高校翻译专业学生在以下二级指标上均高于理工类和师范类高校翻译专业学生，即学习能力、资源整合、沟通交往、项目管理、协作共情。自信果断、创业兴趣、团队管理、危机处理、协作共情、双语转换的呈现结果是：师范类＜理工类＜综合类，而情绪控制、创新思维、问题解决、统筹规划、超语言知识和技术使用的呈现结果是：理工类＜师范类＜综合类。

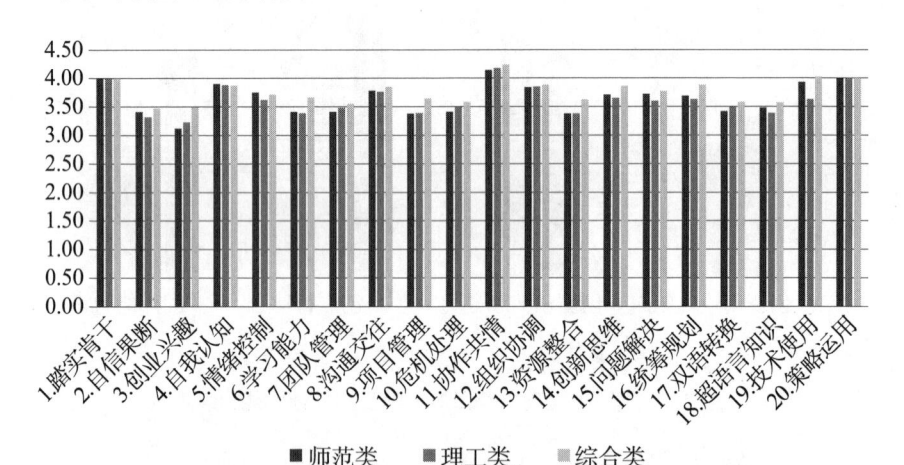

图 7.3 师范类、理工类和综合类高校 20 个二级指标对比

调查结果显示，三类高校翻译专业学生都已具备基本的素质。首先能够准确地自我认知，脚踏实地工作；其次掌握了基本的翻译策略，并且能够灵活地运用。而在组织协调上，三类高校翻译专业学生表现相同，可能是受专业限制，并没有哪一类高校学生有突出表现。其他二级指标综合类高校均高于理工类高校和师范类高校。

笔者认为，仍然由于其综合性优势，综合类高校对翻译专业学生各方面的培养也优于其他两类高校。理工类高校翻译专业受理工科环境与背景影响，更加注重学生实干型品质的培养，因此与师范类高校翻译专业学生相比，理工类高校翻译专业学生更加自信果断，创业兴趣更浓，团队管理、危机处理、协作共情、双语转换的能力也较高，但是在情绪控制和创新思维上低于师范类高校。并且由于理工类高校缺乏对翻译专业软件的投入，翻译专业学生在翻译技术方面的知识和能力也低于师范类高校。

3. 翻译专业学生创新创业能力的历时变化

图7.4显示了翻译专业学生在校期间及毕业后两年间创新创业能力的变化。可以看出，翻译专业学生的创新创业内驱力（2.56，2.55，3.60）、创新创业领导力（3.69，3.66，3.70）、创新创业行动能力（3.72，3.67，3.69）在前三年经历了相似的变化，略有浮动，在第四年时出现下降，分别降至3.37、3.45、3.43，而翻译能力则在前三年持续上升（3.41<3.60<3.66），在第四年时有所下降，降至3.51。在毕业后第一年，四个一级指标均有明显上升（3.75，3.88，3.85，3.74），毕业后第二年创新创业内驱力（3.52）、翻译能力（3.73）和创新创业内驱力（3.52）都出现下降，只有创新创业行动力（4.01）出现上升。

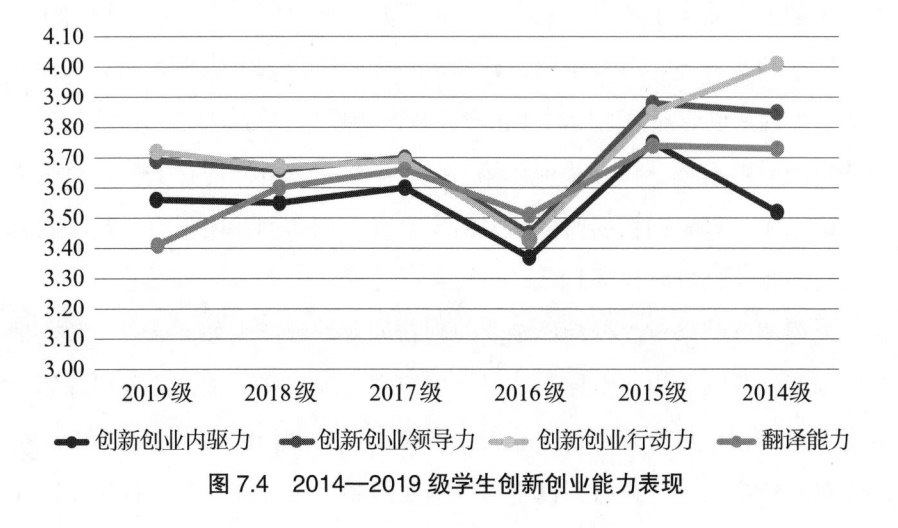

图 7.4　2014—2019级学生创新创业能力表现

由此可以看出，学生的4个一级指标在校前三年基本持续增强，四年级时略有回落，这可能是由于大部分学生在此阶段更多关注于自己毕业后的去向，开始把精力放在考研、出国学习和找工作上。毕业后两年，只有创新创业行动力持续上升，创新创业领导力和创新创业内驱力在毕业后第一年有所上升，但在第二年又有所回落，这可能是由于学生往往在刚毕业时保持较强的创新创业内驱力和创新创业领导力，随着创新创业进程的展开，开始遇到来自各方的问题或困难，使得创新创业的内驱力和创新创业领导力均受到影响，从而有所下降。

（五）结论与启示

从整体看，翻译专业学生的创新创业能力的一级指标呈现为：创新创业领导力＞创新创业行动力＞翻译能力＞创新创业内驱力，在二级指标上，只有协作共情达到高水平，其余均处于中上水平，而创业兴趣、自信果断、项目管理、学习能力、资源整合、双语转换、超语言知识的均值相对较低。从不同高校类型看，综合类高校翻译专业学生的创新创业内驱力、创新创业领导力、创新创业行动力和翻译能力均高于师范类和理工类高校翻译专业学生。综合类和师范类高校翻译专业学生的4个一级指标呈现相似排列：创新创业行动力＞创新创业领导力＞翻译能力＞创新创业内驱力，而理工类高校翻译专业学生的翻译能力明显低于其他两类高校。三类高校翻译专业学生在踏实肯干、策略运用、自我认知和组织协调上表现相似。从翻译专业学生创新创业能力的历时变化看，4个一级指标在校前三年持续增强，但四年级时略有回落，在毕业后第一年，4个一级指标均有上升，而在毕业后第二年，只有创新创业行动力出现上升，创新创业内驱力、翻译能力和创新创业内驱力都有所下降。

上述调查结果对高校翻译专业的创新创业教育产生如下启示：激发学生的创新创业内驱力，引导学生树立理想和实现自我价值，注重锻炼他们的资源整合、项目管理和学习能力；同时，针对翻译能力，在教学中继续加强双语转换训练，在课程设置和教学实践中注重专业知识、百科知识和跨学科知识的积累和应用。不同类型的高校应充分发挥各自的优势实施创新创业教育，一方面有效结合翻译专业教育和创新创业教育，另一方面利用各自的学科优势，以问题为导向、项目为驱动，展开跨学科合作，将翻译专业知识和跨学科知识应用于创新创业项目。此外，还需遵循大学生创新创业过程规律与翻译专业学生的阶段性学习情况，满足学生个性化发展需求，制定不同阶段或不同年级的创新创业能力层级培养方案，有序推进创新创业教育，使学生逐步积累专业知识与跨学科知识，养成创新创业意识，通过实训进行锻炼，选择培育项目，最终完成创新创业项目。后续研究可以通过定性研究和跟踪研究深入揭示翻译专业本科生创新创业能力的发展情况及阻碍其发展的因素，以便为创新创业教育提供更全面、更深入的反馈信息。创新创业教育的顺利展开依赖有效的创新创业课程设置、卓越的师资队伍和特色鲜明的实践平台。

三、翻译专业创新创业教育途径

多年来，国外翻译人才培养体系呈现出三个主要特点：翻译需求的持续性、方向设置的灵活性和课程设置的多元性（Schaffner，2000）。学者们从译者能力（Gouadec et al.，1991）和翻译能力（Toury，1995；Pym et al.，2003）出发，研究翻译人才培养。翻译能力包括转换能力、双语能力、语言外能力、工具使用能力、生理心理能力和策略能力（Pacte，2003），而译者需具备双语能力、领域知识、翻译理论与方法以及翻译能力。近年来，国外高校将人才培养与语言产业需求相结合，开展了翻译中心等符合市场需求的项目（Bilovesky et al.，2016）。

近几年，国内学者也结合我国语言产业发展现状及社会需求探讨了新型语言服务人才培养模式。刘和平（2014）探讨了政、产、学、研结合的语言服务人才培养模式。其他学者还提出了其他途径，如翻译工作坊与校企合作机构结合（卢颖，2014）；以市场为导向，引入翻译技术课程与翻译项目教学，大力开展校企合作（杨振刚，2017）；培养翻译项目管理人才；共同构建以项目为依托的教学模式（贺鸿莉，2016）；等等。仲伟合（2011）[23]提出，翻译专业应"在课程设置上加大实践教学（含专业实习）的比重，培养学生的实践能力、创新意识和就业能力"。然而，现有人才培养院校受外语专业背景的影响，在开展实践教学时，仍沿用旧办学思路，实践教学与语言产业之间联系松散（伍志伟 等，2015）。国内多数高校翻译专业实践课程还停留在课内作业、课外自主实习阶段。虽意识到实践环节的重要性，但并未就此制定有实效的学生实践能力提高措施（詹成 等，2015）。上述研究虽提出校企合作，政、产、学、研相结合的理念，但仍缺乏培养学生创新创业（简称"双创"）能力的具体实施方案，也没能体现实践环节的系统性、递进性和延续性。本部分试图系统构建语言服务人才"双创"平台，培养翻译专业学生"双创"能力，服务区域经济发展和文化交流。

联合国教科文组织在《21世纪的高等教育：展望与行动世界宣言》中明确指出，培养具备创新创业核心能力的未来人才是21世纪高等教育的重要使命，必须将创新精神和创业技能作为人才培养的基本目标（刘伟 等，2014）。因此，可以说，深化高校创新创业教育改革既是高等教育的一项重要任务，也是高等教育改革的重要举措。当前，世界各国都专注于培养高素质的创新型人才，以便更好地为社会、经济发展服务。国外发达国家的大学生创新创业教育已日趋成熟，建立了相对完善的大学生创新创业教育体系，积累了较丰富的理论研究成果和实践经验。我国大学创新创业教育起步较晚。1996年，教育部明确提出高等学校要重视培养大学生的创新能力、实践能力和创新精神；2002年，教育部确定了创新创业教育的9个试点高校；2008年，教育部通过了质量工程项目建设的30个创新创业教育人才培养模式试验区。近年来，我国政府实施了多项举措促进大学创新创业教育的开展，部分高校还明确提出将创新创业教育融入人才培养方案，将创新精神、创业意识和创新创业能力列为衡量人才培养质量的重要指标。然而，我国大学创新创业教育由于开展的时间较短，其学科还没有真正确立，与专业教育分离，创新创业教育的资源与手段缺乏，政策环境有待完善（刘伟 等，2014）。如何在创新创业教育的理论研究和实践基础上，结合各个专业的特点，有效实施创新创业教育是高校各专业的重要任务。

创新创业能力在翻译专业人才培养中十分重要。创新创业教育旨在培养大学生的创新精神、创业意识和创业能力，突出理论与实践相结合，具有实践性，通过实践活动培养创新创业能力。学生创新创业能力的培养是一个系统工程，并非在大学某个阶段学习几门相关课程就能实现。因此，翻译专业的创新创业教育要根据大学生创新创业能力提升的逻辑顺序，按照"依次递进、有机衔接、通专结合、校企合作"的建设思路，以实践为依托展开，体现它的阶段性、连续性与整体性。如图 7.5 所示，实施翻译专业创新创业教育有以下三条途径。

第一，通过课程教学与设置，将创新创业教育融入专业基础课程、专业课程、笔译工作坊、口译工作坊、翻译实习、个性发展教育和毕业论文设计等教学环节。实施依托项目的翻译实践，以翻译过程为导向，以提供或生产符合交际情景要求的翻译服务或翻译产品为目的，借助社会、数字、物质等资源，依托真实或仿拟的翻译项目，通过发现式、探究式和交互式学习，促进学生解决翻译问题，建构深层知识，培养学生的责任意识、合作能力、翻译能力和创新创业能力。设置培养创新创业能力相关的专业基础课和专业课程，如计算机辅助翻译、翻译项目管理、翻译职业与素养、本地化等，为创新创业打好专业基础。授课时，聘请语言服务行业的译者或专家与校内专职教师联合授课，使学生了解语言服务业的基本情况和翻译行业的运作流程，掌握翻译理论知识，运用翻译技术和工具，提升翻译实践能力，形成创新思维和创业能动性。同时，还可以引入校外优质的创新创业教育类慕课，建立在线开放课程学习认证，提升学生的创新创业能力。

第二，通过赛、证引入，将大学生创新创业竞赛和学科竞赛纳入学分体系，鼓励学生参加国家级、省级、校级创新创业项目或比赛，以及各级学科竞赛。创新创业项目和竞赛是培养学生创新创业能力的重要途径，可以充分展现学生的创新创业能力。笔者所在学校翻译专业的学生曾参加了一系列赛事，如中西部外语翻译大赛、全国口译大赛、"外研社杯"全国大学生英语辩论赛、希望之星英语风采大赛、"21世纪杯"全国英语演讲比赛等。同时，引入诸如CATTI、LSCAT等翻译资格证。以赛促学、以考促学，可以提升学生的翻译实践能力和翻译职业素养，为创新创业提供专业支撑。

第三，创建语言服务创新创业协同发展中心，为翻译专业学生的创新创业实践提供共享平台，即语言服务人才的创新创业平台，培养翻译专业学生的创新创业能力。笔者所在学校的翻译专业正在筹建语言服务创新创业协同发展中心，该中心以人才培养、语言服务、科学研究为己任，以项目为途径，依托语言服务人才培养平台、语言服务创业平台、语言服务与翻译研究创新平台，使学生获得双语能力、翻译能力、跨文化能力、思辨能力、创新创业能力。此外，需要建立创新创业教育科学评价体系，作为检验创新创业教育效果的重要依据。高校创新创业教育可采用基于OBE理念的创新创业能力评价体系，即基于综合能力、专业能力和创新创业能力三方面构建的创新创业能力评价体系（胡剑锋 等，2016）。综合能力包括学生的人际沟通与团队合作能力、解决问题能力、工作压力承受能力、职业道德与行为规范等；专业能力就是学生的双语互译能力、各类文本处理能力、本地化能力、计算机操作能力、基于互联网知识的网络资源使用能力等；创新创业能力指学生的创新创业意识、创新创业品质、创新创业知识的掌握和创新创业实践能力。以此评价体系全方位评价创新创业教育效果，可以发现其中的不足，并予以改进，切实提升创新创业人才的培育质量。

第七章　新文科背景下翻译专业依托项目的创新创业教育

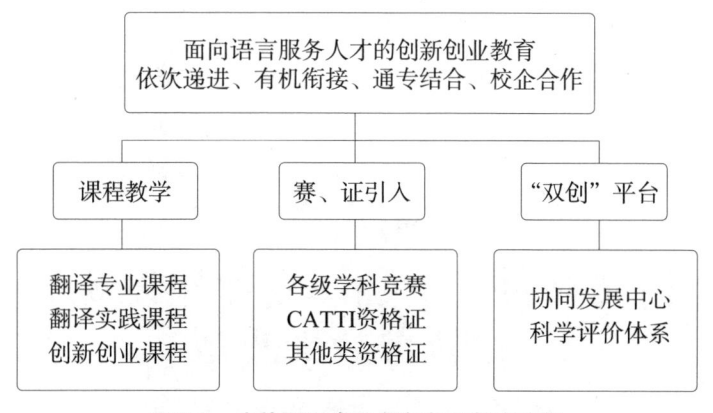

图 7.5　实施翻译专业创新创业教育途径

总而言之，创新创业教育是一个系统工程，应贯穿于大学教育的全过程。翻译专业的创新创业教育要按照"依次递进、有机衔接、通专结合、校企合作"原则从多层面实施，融合开展专业教育与创新创业教育，以参赛、考证促进翻译教学，提升学生的专业素养，为创新创业提供专业支撑，并创建语言服务创新创业协同发展中心及创新创业科学评价体系，不断改进、完善创新创业人才培养方式，提升人才培养质量。翻译专业创新创业教育还需要搭建校内外，政、产、学、研相结合的立体化语言服务人才"双创"平台，设计基于项目的翻译实训、实践与实习方案，包括目标、内容、组织管理方式、保障措施和评价方式。基于翻译工作坊、语言服务协同创新中心和实习基地的三维"双创"平台为高校翻译专业的实践教育提供了新思路，拓展完善了现课程体系，为本科翻译专业及翻译硕士人才培养，特别是翻译实践教育提供了具体思路与方案，解决了目前高校翻译专业人才培养无法满足市场需求的矛盾，为其他语种翻译专业提供了借鉴与参考，以平台建设促进专业建设和学科发展。

第八章
新文科背景下翻译专业建设规划和教育教学改革

专业建设是一项长期系统的工程，既需要科学合理地规划，又需要扎实稳步地落实。本章内容为翻译专业建设规划和翻译专业教育教学改革。前者是从宏观层面对翻译专业建设规划的顶层设计，主要从课程思政体系建设、专业课程建设、翻译师资建设、人才培养模式和循环式质量评价五个方面介绍本专业的建设规划；后者是从微观层面对翻译专业教育教学具体措施和举措的探讨，主要从人才培养方案修订、课程体系重构、教学方法改革和教学评价改革四个方面介绍本专业教育教学改革情况。

一、翻译专业建设规划

（一）构建依托项目的联动式课程思政体系，落实立德树人根本任务

以立德树人为根本任务，实施价值引领、知识传授和能力培养有机统一的教育，大力推进翻译专业课程思政建设，建立翻译专业依托项目的联动式课程思政体系，建设翻译专业多模态课程思政资源库，鼓励教师申报各级课程思政教改项目和课程思政示范课程。

依托项目的联动式课程思政体系，以单门课程为点、课程思政目标

为线、项目为驱动，形成由点到线再到面的联动式课程思政。思政目标体现于翻译专业核心价值体系，涉及人文科学、文化素养、责任担当和公民素质4个维度，包括人文素养、科学精神、文化自信、时代精神、国际视野、家国情怀、社会责任、职业素养、政治认同、法治意识、公民品格等11项一级指标及42个二级指标。

建设翻译专业多模态课程思政资源库，以翻译专业课程思政目标为线，串联相关课程，面向中国特色对外话语传播，内容涉及中华优秀传统文化、红色经典、时政外宣、生态文明等，为各门专业课程思政教学提供思政素材。

通过整合专业课程的语言、内容和价值，围绕传统文化、红色经典、生态环保、时政外宣等实施语言运用类项目、课题研究类项目和综合应用类项目，可以使学生达到言（理解）、思（认同）、行（践行）合一。

此外，应通过课程思政教改立项、专题研讨和示范课堂评比等活动展开课程思政研究与实践。

（二）完善课程教学内容、教学手段与教学评价，加强翻译专业课程建设

翻译专业课程设置以"通用翻译＋专业翻译""人文素养＋翻译技术""翻译理论＋翻译实践""双语知识＋翻译技能"为特点，以学生发展为中心，以满足新时代社会对翻译人才的需求为目标，加强新文科背景下的翻译专业课程建设。

第一，满足新文科建设背景下翻译专业交叉融合发展要求。一方面，加强工程翻译、科技翻译等特色翻译课程建设；另一方面，将翻译技术与信息技术融入专业课程教学。除了翻译技术基础课程，逐步增加语料库技术、译后编辑、本地化等高层级翻译技术课程。通过教学大纲的修订，引入前沿性、时代性和跨学科的教学内容，拓展课程内容的深度和广度，注重语言与内容融合（L&C）、思政与专业融合（I&D）、科学与人文融合（S&A）。建立课程教学资源库，包括电子课件、电子讲义、习题库、案例库等。

第二，创建立体化的信息技术教学平台，实施技术赋能式教学。通过基于云班课、蓝墨云、学习通等App的课程资源库，基于微课与慕课的学习资源，以及基于移动平台的交流群，将现代化信息技术手段深度融入翻译专业的各门课程教学，采用互动式、合作式、体验式、启发式、项目式教学方法展开翻译专业的教学活动，培养学生的高阶思维和解决复杂问题的综合能力。

第三，注重学生学习过程评价，突出评价的个性化、发展性和真实性，合理采用以信息技术为支撑的学习评价，完善翻译专业各门课程教学评价的具体内容、方式、比例以及形成性评价标准与细则，实现以评辅教和以评促学。

（三）建设"双师型"翻译师资，全面提升翻译师资队伍业务水平

紧紧围绕翻译专业人才培养目标，以一流专业建设为核心任务，建立一支师德高尚、学风严谨、素质优良的翻译师资队伍。努力提升博士学位占比和中青年教师的高级职称比例，使"双师型"教师达到专任教师的70%以上。采取校内与校外、引进来与走出去、线上培训与线下培训相结合的师资建设途径和"专业培训+教师共同体"的培养模式，将培训资源引进校园或将翻译专业教师送出去；实施教师共同体活动，通过教学研讨活动共同学习、观察、分析、评议，增强教师自主发展意识，使其形成明确的专业发展目标和科学的教育观，从而提升翻译教学能力、翻译实践能力和翻译研究能力。加强校企合作，继续引入具有语言服务行业背景的师资，充实翻译教师队伍，由行业专家与专任教师共同制定课程大纲、教案、课程评估标准，实施合作教学与指导，发挥各自优势，优化教学效果。实施科学合理的管理机制，制定"双师型"师资考核与奖励机制，将翻译实践成果纳入教师考核，鼓励教师考取翻译职业资格证书。

（四）完善产学研协同培养模式，提高翻译人才培养质量

依据"三螺旋"理论，产学研各方协同建立培养机制、打造培养平

台、优化培养过程、保障培养质量。按照"依次递进、有机衔接、通专结合、校企合作"的建设思路，推进产学研深度融合，以社会需求与学生需求为导向，遵循教育教学规律，重点突出"四结合"，即课堂教学与课外实践结合、通用翻译人才培养与专业翻译人才培养结合、校内培养与校外企业培养结合、教学科研与翻译实践结合，培养符合语言服务市场需求的高素质复合型翻译人才，服务于地方经济文化建设和科学技术发展。进一步完善翻译实习实训基地，改进依托项目的翻译实践。依托项目的翻译实践依托校内的语言服务"双创"中心、口笔译工作坊以及校外的翻译实习基地，与企业或政府在项目开发、实施、创新发展、成果分享等方面实现协同合作，语言服务行业或企业专职人员可与校内教师联合授课或联合指导学生的翻译实践，培养学生的翻译能力、责任意识与合作能力等。

（五）实施校内、校外循环式质量评价，持续改进翻译专业教学质量

翻译专业教学质量评价既可以检验教学及人才培养质量，又可以为翻译专业教学及人才培养提供反馈信息。实施校内、校外循环式质量评价体系，可以持续改进翻译专业教学质量，如图8.1所示。在校内，翻译专业就人才培养的各个环节建立扎实可行的管理制度，针对学习阶段和课程类型，建立层级递进、动态平衡的课程教学质量标准，依照学校"一点""两级""三线""四查""五评"教学质量监控体系，通过校内听课制度、教学督导、学生评教、专项检查、试卷分析等进行教学质量监督。在校外，翻译专业定期就人才需求、就业状况、课程设置、人才培养等对用人单位、行业专家及毕业生进行调研，不断完善弥补人才培养中的薄弱环节。基于教学反馈和调研结果，翻译专业重点围绕课程建设、课堂教学、翻译实践教学等展开教研活动，持续推进教学改革，循环式提升翻译专业教学质量。

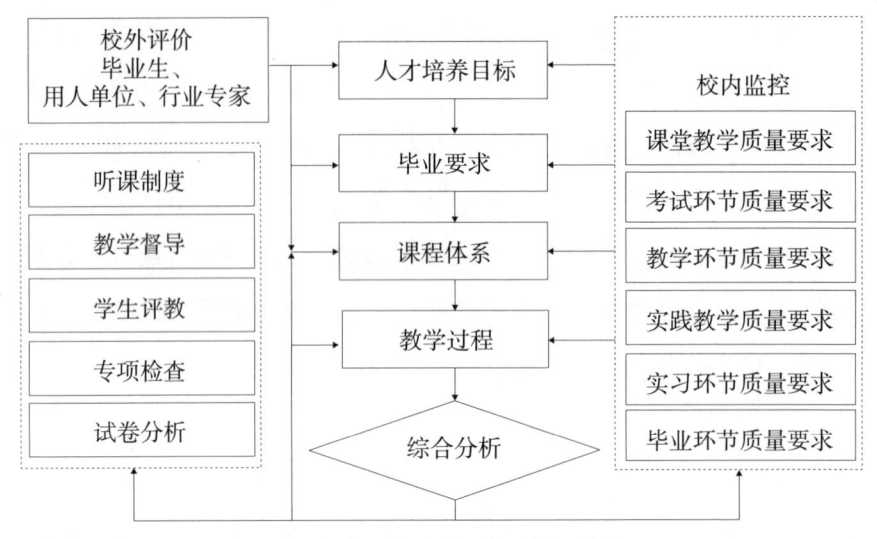

```
┌─────────────────┐                              ┌─────────────────┐
│   校外评价       │      ┌──────────┐            │    校内监控      │
│   毕业生、       │─────▶│人才培养目标│◀─────────│                 │
│ 用人单位、行业专家│      └──────────┘            │  课堂教学质量要求 │
└─────────────────┘           │                  ├─────────────────┤
┌─────────────────┐           ▼                  │  考试环节质量要求 │
│   听课制度       │      ┌──────────┐            ├─────────────────┤
├─────────────────┤─────▶│  毕业要求  │◀─────────│  教学环节质量要求 │
│   教学督导       │      └──────────┘            ├─────────────────┤
├─────────────────┤           │                  │  实践教学质量要求 │
│   学生评教       │           ▼                  ├─────────────────┤
├─────────────────┤      ┌──────────┐            │  实习环节质量要求 │
│   专项检查       │─────▶│  课程体系  │◀─────────├─────────────────┤
├─────────────────┤      └──────────┘            │  毕业环节质量要求 │
│   试卷分析       │           │                  └─────────────────┘
└─────────────────┘           ▼
                         ┌──────────┐
                         │  教学过程  │
                         └──────────┘
                              │
                              ▼
                         ◇ 综合分析 ◇
```

图 8.1　校内、校外循环式质量评价体系

二、翻译专业教育教学改革

以学生发展为中心就是要关注学生需求，把学生视为教育教学改革的主要参与者，让学生以主角身份整体、全程地参与教育教学改革，包括教育目标设置、教育过程实践和教育结果评价。其目的是让学生明白他们将获得什么，如何有效达成教育目标，以及如何衡量学校教育的成效。翻译专业坚持"学生中心、产出导向、持续改进"的育人理念，面向翻译专业人才培养目标，着力在以下四个方面深化教育教学改革。

（一）人才培养方案修订

翻译专业的人才培养方案通过每年一微调、每四年一大调，由 2014 版到 2017 版再到 2021 版，不断调整完善。每一版都贯穿了"以学生为中心"的教育理念，坚持成效为本、能力导向、价值引领和素质培养，采取产出导向原则，逐步整合与细化，每一轮改革都是一次系统性的完善与持续改进。比如，2017 年的修订强调反向设计，从培养目标到毕业要求再到课程体系，构建了毕业要求实现矩阵，加强了通识教育与专业教育的融合，重视实践环节及校企协同育人。2021年的修订强化"课程思政""专业思政",把思想政治教育有机融入每门课程,形成专业课教学与思政课教学同向同行、协同育人。专业思政要引领、深化课程思政;深化成效为本、能力导向的培养方案设计;突出专业特色,设计新文科背景下的人才培养模式;通专结合,强化素质培养,培养健全的人格,培养全面发展的人;等等。

(二)课程体系重构

翻译专业的理论教学体系以学生学习和掌握外国语言文学学科基础知识、翻译专业基础知识和翻译专业核心知识为主要内容,依次设有学科基础课程、专业基础课程与专业核心课程。专业选修课程包括语言技能类、口笔译类、专业知识类、跨学科知识类课程,满足学生个性化发展需求。通识教育模块包括德育、身心素质、计算机基础、创新创业系列必修课程和通识教育系列选修课程。实践教学体系以培养学生翻译实践能力、问题解决能力和创新能力为主要目标,突出项目驱动、实践本位和问题导向,贯穿整个专业培养阶段(二、三、四年级)。从语言运用实践到学术研究实践,从笔译实践到口译实践,从校内实践到校外实践,实践教学呈递进性、连贯性、系统性和个性化特征。每个实践课程都有相关的理论课程做支撑,充分体现从理论到实践,再从实践到理论的循环过程。

(三)教学方法改革

创建立体化的信息技术教学平台,实现技术赋能式教学。通过基于云班课、学习通等App的课程资源库,基于微课与慕课的学习资源,以及基于移动平台的交流群,将现代化信息技术手段深度融入翻译专业的各门课程教学,同时将翻译技术融入各个翻译实践环节,采用互动式、启发式、项目式、研究性和个性化教学,培养学生的高级思维、问题解决与翻译实践能力。

(四)教学评价改革

由传统单一的闭卷考试转向多元评价,即评价主体、评价形式、评价内容、评价标准的多元化。改进结果评价，坚持以学生成长成才为中心，采用多种形式，如项目作品、课程论文、调查报告等检验学生的学习效果，促进学生多元智能、个性丰盈的全面发展；强化过程评价，发挥增值评价作用。面向学生发展，建立基于数据驱动的分层次、分阶段的动态评价，如学生学习过程性分析等。关注学生知识、能力与素质的成长性评价，让学生体验和感受自我进步的获得感、成就感和幸福感。

参考文献

[1] 蔡维, 2017. 高校英语专业翻译实践教学研究: 以仰恩大学"互联网+翻译"实践平台建设为例[J]. 艺术科技, 30（1）: 1-2, 27.

[2] 曹长德, 2007. 对研究性学习的再认识[J]. 课程·教材·教法（12）: 9-12.

[3] 曹进, 靳琰, 2016. 市场驱动下的翻译硕士培养模式: 以西北师范大学为例[J]. 中国翻译（2）: 50-55.

[4] 常俊跃, 2018. 对《国标》框架下外语院校英语专业课程设置的思考[J]. 外语教学（1）: 60-64.

[5] 常俊跃, 米微, 曾小花, 2019. 项目依托式英语国家研究课程的教学对学生影响的探究[J]. 中国外语（1）: 55-61.

[6] 陈冰冰, 2009. 国外需求分析研究述评[J]. 外语教学与研究, 41（2）: 125-130.

[7] 陈超, 赵可, 2005. 国外大学实践教育的理念与实践[J]. 外国教育研究（11）: 35-40.

[8] 陈佳慧, 2020. 本科翻译专业实践量"套餐"式改革[J]. 现代交际（1）: 36-37.

[9] 陈姝, 张艳, 2012. 翻译专业课程设置中开设汉文化课的需求分析[J]. 江西师范大学学报（哲学社会科学版）, 45（2）: 139-144.

[10] 陈向红, 2022. 大思政格局下"中外翻译史"课程教学探索[J].

外语与翻译（2）：92-96.

［11］陈英祁，华佳陈，王浩南，等，2016.语言与翻译服务行业人才需求的调查与分析：以全球100强语言服务提供商（LSPs）为例［J］.东方翻译（4）：32-39.

［12］陈守刚，2005.基于ILD框架的项目学习活动的设计研究［D］.北京：北京师范大学.

［13］程海东，2001.研究性学习模式初探［J］.教育探索（10）：60-61.

［14］程维，2021.道术并举，知行合一：翻译专业课程思政建设的思考与实践［J］.中国翻译（4）：57-60.

［15］程维，魏子杭，2015.欧洲高校翻译人才多元化培养一窥：国际翻译院校联盟主席Frank Peeters教授访谈［J］.中国翻译（36）：74-77.

［16］崔启亮，2019.中国语言服务行业40年回顾与展望（1979—2019）［J］.译苑新谭（2）：108-114.

［17］邓燕，赵冰，2014.基于翻译工作坊的科技英语翻译人才培养途径探究［J］.江西理工大学学报，35（2）：91-94.

［18］丁晶，2014.基于需求分析的翻译专业本科课程设置调查研究：以山东省两所高校为例［D］.济南：山东师范大学.

［19］董洪学，张坤媛，2016.云计算学习平台下MTI翻译工作坊教学模式研究［J］.外语电化教学（1）：56-61.

［20］多尔，2000.后现代课程观［M］.王红宇，译.北京：教育科学出版社.

［21］冯仰生，2017.内容·方法：国外高校德育及其借鉴［J］.江苏高教（11）：104-107.

［22］傅艳蕾，何红连，2013.以"社会关系需求"融合国家需求与个人需求：提炼社会主义核心价值观的可能路径［J］.中共天津市委党校学报，15（1）：84-88.

［23］高乾，裘禾敏，2022.中国文化外译与国家翻译实践［J］.中国翻译，43（4）：129-132.

［24］高照，吴珏燕，钟夏利，2022.基于模糊层次分析法的中英双语短视频评价体系构建：《文化传播英语》课程思政学业成果评估［J］.外语电化教学（1）：15-19，26，103.

［25］高雅古丽·卡德尔，2020.翻译工作坊在MTI教学中的应用研究［J］.中国俄语教学，39（1）：53-58.

［26］顾佩娅，朱敏华，2002.网上英语写作与项目教学法研究［J］.外语电化教学（6）：3-7.

［27］顾佩娅，2007.多媒体项目教学法的理论与实践［J］.外语界（2）：2-8.

［28］郭丽，2000.语言自学中心与学习自主性：英国中央兰开夏大学语言学习中心个案研究［J］.外语电化教学（4）：56-58.

［29］韩林涛，刘和平，2020.语言服务本科人才培养："翻译＋技术"模式探索［J］.中国翻译，41（3）：59-66，188.

［30］贺学耘，曾燕波，2013.高校本科翻译专业课程设置现状及体系重构［J］.解放军外国语学院学报，36（5）：69-72，128.

［31］贺鸿莉，2016.语言服务业背景下翻译人才培养模式的探索［J］.韶关学院学报（5）：141-144.

［32］贺鸿莉，莫爱屏，2016.翻译本科专业实践教学调研报告［J］.中国外语，13（2）：4-11.

［33］何静，2011.大学生创新能力开发与应用［M］.上海：同济大学出版社.

［34］贺学耘，廖冬芳，周维，2013.渥太华大学翻译学院本科翻译专业课程设置：解读及启示［J］.外国语文（29）：98-102.

［35］何心，2013.中国内地与香港地区翻译专业本科课程设置比较与启示［J］.语文建设（20）：79-80.

［36］何轶君，2011.项目学习对非英语专业学生口语自我效能感的影响研究［D］.苏州：苏州大学.

［37］胡安江，2021.翻译专业教学管理与人才培养：新趋势、新变局与新思路［J］.中国翻译，42（1）：68-74，191.

［38］胡剑锋，程样国，2016.基于OBE的民办本科高校大学生创新创业能力评价［J］.社会科学家（12）：123-127.

［39］胡开宝，2020.新文科视域下外语学科的建设与发展：理念与路径［J］.中国外语（3）：14-19.

［40］黄娟，2021.新时代高校立德树人落实机制研究［D］.西安：陕西师范大学.

［41］黄远鹏，2017."翻译工作坊"的问题与对策［J］.教育理论与实践，37（30）：51-53.

［42］黄友义，2018.服务改革开放40年，翻译实践与翻译教育迎来转型发展的新时代［J］.中国翻译（3）：5-8.

［43］蒋洪新，2019a.推动构建中国特色英语类本科专业人才培养体系：英语类专业《教学指南》的研制与思考［J］.外语界（5）：2-7.

［44］蒋洪新，2019b.新时代外语专业复合型人才培养的思考［J］.中国外语，16（1）：1，11-14.

［45］蒋平，2022.我国翻译本科专业课程设置调查与分析［J］.外语教学，43（5）：60-65，84.

［46］焦丹，2022.融入式和平教育在翻译教育中的理论融合与实践探行［J］.外国语文（2）：132-139.

［47］2006.教育部批准设立本科翻译专业［J］.中国翻译，27（3）：85.

［48］教育部高等学校外国语言文学类专业教学指导委员会英语专业教学指导分委员会，2020.普通高等学校本科外国语言文学类专业教学指南：上 英语类专业教学指南［M］.北京：外语教学与研究出版社.

［49］揭廷媛，汤元斌，2013. 基于翻译能力多元模式的翻译专业课程设置［J］. 四川文理学院学报，23（5）：133-136.

［50］靳玉乐，2005. 合作学习［M］. 成都：四川教育出版社.

［51］孔祥昊，2014. A Needs-based Research on Mti Curriculum Design：Translation Section［D］. 西安：西安外国语大学.

［52］李丹，2020. 高校创新创业教育与专业教育融合研究［J］. 大学教育（4）：32-34.

［53］李昊旻，2019. 项目依托学习对学生学术能力的影响研究［D］. 大连：大连外国语大学.

［54］李红玉，2018. 渥太华大学翻译专业人才培养及其对我国的启示［J］. 中国翻译，39（5）：49-55.

［55］李明，2010. 翻译工作坊：汉译英［M］. 武汉：武汉大学出版社.

［56］李蒙，2021. 翻译教学中课程思政的两个维度和四个层面［J］. 外语教育研究（4）：38-43.

［57］李萌，2018. 高校思想政治理论课培养大学生全球意识研究［D］. 成都：西南交通大学.

［58］李娜，2019. 新时代大学生创新创业能力结构与现状研究［D］. 长春：东北师范大学.

［59］李萍，2010. 论地方应用型翻译人才培养项目融入式课程设置［J］. 译苑新谭（1）：179，181-191.

［60］李少莉，2008. 弘扬以改革创新为核心的时代精神［J］. 思想政治工作研究（2）：37-38.

［61］李政涛，文娟，2020. "五育融合"与新时代"教育新体系"的构建［J］. 中国电化教育（3）：7-16.

［62］李正栓，申玉革，2018. 本科翻译专业"校标"制定的原则与要求［J］. 中国翻译（4）：42-47.

［63］梁登敏，2010. PBL 在英语报刊阅读教学中的实践与探讨［J］.

海外英语（7）：25-26.

［64］林春逸，杨智勇，2014.当代大学生公民品格的培育和发展［J］.思想教育研究（9）：43-46.

［65］林崇德，2017.构建中国化的学生发展核心素养［J］.北京师范大学学报（社会科学版）（1）：66-73.

［66］刘和平，2014.政产学研：语言服务人才培养新模式探究［J］.中国翻译（5）：40-45，128.

［67］刘坤，李继怀，2016.创新创业教育本质内涵的演变及其深化策略［J］.黑龙江高教研究（1）：117-120.

［68］李丽君，2009.基于项目学习模式的大学英语自主学习研究［J］.教育探索（8）：23-24.

［69］林记明，2011.关于同声传译在本科翻译专业课程设置中的定位思考［J］.河北师范大学学报（教育科学版），13（12）：82-86.

［70］刘靖之，2001.香港的翻译与口译教学［J］.中国翻译（3）：36-43.

［71］刘伟，邓志超，2014.我国大学创新创业教育的现状调查与政策建议：基于8所大学的抽样分析［J］.教育科学（6）：79-84.

［72］刘宇波，2015.基于学生需求评估的翻译教学改革：以北外高翻为案例［D］.北京：北京外国语大学.

［73］刘育东，2010.我国项目学习研究：问题与趋势［J］.苏州大学学报（哲学社会科学版）（4）：182-187.

［74］陆丽莹，2014.MTI口译课程设置与市场需求差异的调研报告：以广东外语外贸大学MTI口译专业为例［D］.广州：广东外语外贸大学.

［75］卢颖，2014.产学相结合翻译应用型人才教学模式研究［J］.山东广播电视大学学报（1）：37-39.

［76］卢植，2018.创新型外语人才培养的理念与实践［J］.外语教学，39（1）：50-54.

［77］苗兴伟，2021.新文科背景下师范类院校外语专业人才培养体系建设［J］.当代外语研究（4）：72-81，102，2.

［78］穆雷，沈慧芝，邹兵，2017.面向国际语言服务业的翻译人才能力特征研究：基于全球语言服务供应商100强的调研分析［J］.上海翻译（1）：8-16，94.

［79］穆雷，刘馨媛，2022.从知识生产模式转型看翻译博士专业学位［J］.当代外语研究（6）：22-29，161.

［80］潘华凌，刘兵飞，2011.翻译人才需求状况调查及其培养对策研究：基于江西省的情况［J］.解放军外国语学院学报（1）：79-83，90.

［81］庞维国，2003.自主学习：学与教的原理和策略［M］.上海：华东师范大学出版社.

［82］彭芸，2013.基于专业技能标准的翻译本科课程设置研究［D］.金华：浙江师范大学.

［83］平洪，2014.翻译本科教学要求解读［J］.中国翻译（1）：53-58.

［84］曲夏瑾，2016.民族院校翻译本科专业实践教学体系的构建［J］.黑龙江教育（高教研究与评估）（11）：33-34.

［85］任月花，2009.社会需求对翻译专业本科课程设置的启示［J］.广东技术师范学院学报，30（5）：109-111.

［86］沈国荣，韩林君，2022.跨文化语境下英语翻译硕士专业教学实践研究：以新闻翻译为例［J］.齐鲁师范学院学报，37（2）：39-44.

［87］沈丽君，2017.地方高校应用型转变背景下翻译本科专业实践教学质量提升路径［J］.长春工程学院学报（社会科学版），18（4）：143-145，152.

［88］石进芳，2014.依托项目学习培养外语学习者隐喻能力研究［C］//Information Engineering Research Institute，USA.Proceedings of 2014 4th International Conference on Applied Social Science（ICASS 2014 V54）.南昌：华

东交通大学：6.

［89］石中英，2002. 试论研究性学习的性质［J］. 课程·教材·教法（8）：14-17.

［90］宋平锋，2016. 基于翻译工作坊平台的START翻译实训模式研究与实践［J］. 实验室研究与探索，35（7）：230-234.

［91］苏伟，2011. 学习者视角下的口译专业课程需求调查与分析：以国内4所高校翻译本科专业的交替传译课程为例［J］. 外语界（5）：84-92.

［92］苏艳飞，2015. 基于社会与学生需求的本科翻译专业课程设置研究：以四川文理学院为例［J］. 牡丹江教育学院学报（5）：89-91.

［93］孙静，2014. 翻译本科专业（BTI）建设的国际化经验与启示［J］. 课程教育研究（33）：214-215.

［94］孙伟，2011. 解读《高等学校翻译专业本科教学要求》（试行）：对构建复合应用型翻译专业人才培养模式的思考［J］. 北京第二外国语学院学报，33（10）：58-64.

［95］谭思蓉，2016. 加拿大三大高校本科翻译专业课程设置解读与启示［J］. 湖北第二师范学院学报，33（11）：127-132.

［96］唐萍，2008. 加拿大和香港翻译专业本科课程设置比较及其启示［D］. 湘潭：湘潭大学.

［97］王爱琴，2011. "实习式"翻译实践教学模式探索与思考［J］. 外语教学理论与实践（1）：83-88.

［98］王传英，2012. 2011年企业语言服务人才需求分析及启示［J］. 中国翻译，33（1）：67-70.

［99］王爱芬，2005. 国外及我国开展研究性学习的综述［J］. 教育理论与实践（8）：48-51.

［100］王非，陈向京，韩翀，2013. 翻译专业教学的国际化经验：来自澳大利亚的启示［J］. 上海翻译（3）：45-48.

［101］王勃然，2013.项目学习模式对大学英语学习动机的影响因素分析［J］.外语电化教学（1）：37-41，68.

［102］王华树，李莹，2021.新时代我国翻译技术教学研究：问题与对策——基于《翻译专业本科教学指南》的思考［J］.外语界（3）：13-21.

［103］王会芝.（2022-06-07）［2022-06-10］.积极构建新时代生态文明话语体系［EB/OL］.https://baijiahao.baidu.com/s?id=17349360336874089 54&wfr=spider&for=pc.

［104］王立非，宋海玲，2021.新文科指引下的复合型商务英语人才培养理念与路径［J］.外语界（5）：33-40.

［105］王万红，夏惠贤，2006.项目学习的理论与实践：多元智力视野下的跨学科项目设计与开发［M］.上海：百家出版社.

［106］王圣希，2012.中国内地与香港本科翻译专业课程设置的比较研究［D］.武汉：华中科技大学.

［107］王坦，2001.合作学习：原理与策略［M］.北京：学苑出版社.

［108］王天予，2018.我国本科翻译专业课程设置现状研究［J］.外语学刊（2）：110-114.

［109］王卓，2022.文学教育与师范类外语专业人才特色培养：以师范类专业认证为视角［J］.北京第二外国语学院学报，44（3）：85-98.

［110］王寰，2021.我国复合型外语人才培养改革的政策演进研究［D］.上海：上海外国语大学.

［111］王静，吉文凯，2017.翻译模因理论对高校英语翻译实践教学的启示：以《口译》课程实践为例［J］.新西部（理论版）（7）：138-139，129.

［112］王军哲，2020.新文科背景下外语类院校一流本科建设探索与实践［J］.外语教学，41（1）：3-6.

［113］王铭玉，张涛，2019.高校新文科建设思考与探索：兼谈外国

语言文学学科建设［J］.天津外国语大学学报，26（6）：1-7.

［114］王焰新，2015.高校创新创业教育的反思与模式构建［J］.中国大学教学（4）：4-7，24.

［115］王永贵，刘泰来，2015.打造中国特色的对外话语体系：学习习近平关于构建中国特色对外话语体系的重要论述［J］.马克思主义研究（11）：5-14，159.

［116］王宇，马骏，2017.澳大利亚职业培训课程设置分析及启示：以西悉尼大学翻译培训课程为例［J］.成人教育，37（10）：92-94.

［117］王志伟，2012.美国应用型翻译人才培养及其对我国MTI教育的启示［J］.外语界（4）：52-60.

［118］王占仁，2015.高校创新创业教育观念变革的整体构想［J］.中国高教研究（7）：75-78.

［119］温红霞，2021.认知语言学视角下地方高等院校翻译专业实践教学研究［J］.高教学刊，7（24）：120-123.

［120］文军，2021.《教学指南》背景下"翻译概论"课程设计的思考［J］.上海翻译（2）：61-64，95.

［121］文秋芳，2014.英语类专业实践多元人才观面临的挑战与对策［J］.外语教学与研究，46（1）：118-126，160.

［122］文秋芳，宋文伟，1999.综合素质实践课：从理论到实践［J］.外语界（3）：11-15，38.

［123］文旭，2018.全人教育视域下的外语人才培养［J］.当代外语教育（00）：1-5.

［124］文旭，司卫国，2018.从复合型人才培养到"全人"教育：对我国外语人才培养的再思考［J］.山东外语教学，39（3）：50-60.

［125］武辉，2021.山东省高校翻译专业建设十年综述：回顾与展望［J］.翻译研究与教学（1）：127-132.

［126］吴耀武，王莹，2022.我国翻译专业课程思政建设的几点思

考［J］.外语电化教学（3）：8-11，102.

［127］吴赟，2020.中国特色对外话语体系译介与传播研究：概念、框架与实践［J］.外语界（6）：2-11.

［128］伍志伟，穆雷，2015.构建翻译专业实践教学的创新模式［J］.外语教学，36（1）：98-102.

［129］习近平，2020.习近平谈治国理政（第三卷）［M］.北京：外文出版社.

［130］夏赛辉，张文忠，2017.依托项目语言学习模式下的学习者努力研究［J］.外语与外语教学（3）：78-88，148-149.

［131］向李林，2012.依托于项目的教学法对英语专业学生批判性思维能力影响的实证研究［D］.重庆：重庆大学.

［132］肖维青，2010.学术性·职业性·趣味性："影视翻译"课程教学探索［J］.外语教学理论与实践（3）：65-70.

［133］肖维青，冯庆华，2019.《翻译专业本科教学指南》解读［J］.外语界（5）：8-13，20.

［134］肖维青，赵璧，冯庆华，2021.推动构建中国特色翻译本科专业人才培养体系：《翻译教学指南》的研制与思考［J］.中国翻译，42（2）：65-71，190.

［135］谢天振，2013.给翻译史课以应有的位置：对《高等学校翻译专业本科教学要求（试行）》的一点建议［J］.东方翻译（5）：4-8.

［136］邢美琪，2017.当代大学生时代精神的弘扬与培育研究［D］.长春：吉林农业大学.

［137］徐海铭，2005.近30年中国英语课程设计范式变革之检讨及其现实启示［J］.外语界（5）：29-36.

［138］徐锦芬，2007.大学外语自主学习理论与实践［M］.北京：中国社会科学出版社.

［139］许祥云，王佳佳，2022.高校课程思政综合评价指标体系构建：

基于CIPP评价模式的理论框架［J］.高校教育管理，16（1）：47-60.

［140］闫长斌，郭院成，2020.推进专业思政与课程思政耦合育人：认识、策略与着力点［J］.中国大学教学（10）：35-41.

［141］杨冬敏，2020.翻译本科专业语言类课程的设置与实施研究［J］.跨语言文化研究（00）：205-217.

［142］杨华，2021.我国高校外语课程思政实践的探索研究：以大学生"外语讲述中国"为例［J］.外语界（2）：10-17.

［143］杨金蕊，丁晶，2013.基于需求分析的翻译专业本科课程设置调查研究：以山东省一高校为例［J］.山东外语教学，34（5）：74-82.

［144］杨振刚，2015.本科翻译专业计算机辅助翻译课程设置与项目实践研究［J］.陕西教育（高教）（10）：48-49.

［145］姚腾，2016.本地化模式下地方高校翻译本科专业课程设置：以忻州师范学院为例［J］.忻州师范学院学报，32（5）：122-125.

［146］杨晓慧，等，2015.大学生就业创业教育研究［M］.北京：经济科学出版社.

［147］杨振刚，2017.以市场为导向的翻译人才培养模式探究［J］.经济研究导刊（4）：135-136.

［148］杨洋，2019.应用型本科院校创新创业教育实现途径研究［D］.哈尔滨：哈尔滨理工大学.

［149］姚亚芝，司显柱，2018.基于大数据的语言服务行业人才需求分析［J］.中国翻译，39（3）：80-86.

［150］尹国俊，都红雯，朱玉红，2019.基于师生共创的创新创业教育双螺旋模式构建：以浙江大学为例［J］.高等教育研究，40（8）：77-87.

［151］余蕾，2014.法律翻译实践教学新探索：实习基地模式下的法律翻译教学［J］.广东外语外贸大学学报，25（3）：90-95.

［152］苑英奕，李婷婷，2016.韩国外国语大学翻译人才培养模式成

功案例及启示［J］.翻译论坛（1）：32-35.

［153］查明建，2021.以课程思政引领翻译专业内涵建设与创新发展［J］.中国翻译，42（5）：77-80.

［154］詹成，罗慧琼，2015.翻译专业实践教学模式的探索与建构：以广东外语外贸大学为例［J］.开封教育学院学报，35（4）：55-57.

［155］覃胜勇，2012.跨学科视野下的翻译专业本科课程设置研究［J］.北京第二外国语学院学报，34（10）：43-47，61.

［156］张宝钧，2021.论课程思政教育的三组关系［J］.中国翻译，42（5）：70-72.

［157］张冰，白华，2014."高校创新创业教育"概念之辨［J］.高教探索（3）：48-52.

［158］张春伏，贺学耘，2017.应用型本科院校翻译专业实践教学改革与实践［J］.鸡西大学学报，17（3）：102-105.

［159］张国建，2018.商务英语专业"公司式"实践教学模式研究：以西安翻译学院为例［J］.智库时代（50）：110，112.

［160］张虹，郭绍青，2003.从人文主义的角度寻求研究性学习的理论支撑［J］.电化教育研究（5）：24-27.

［161］张华，石伟平，马庆发，2000.课程流派研究［M］.济南：山东教育出版社：36.

［162］张美芳，2001.外语教学如何迎接21世纪的挑战？——香港高校的翻译教学给我们的启示［J］.外语与外语教学（1）：42-44.

［163］张明芳，刘育东，周迎，2019.依托项目的外语学习：从理论到实践［M］.北京：清华大学出版社.

［164］张肇丰，2000.试论研究性学习［J］.课程·教材·教法（6）：42-45.

［165］张生祥，2021.基于社会需求的翻译人才核心素养提升路径探究［J］.外语教学，42（2）：55-59.

［166］张生祥，张春丽，2017. 翻译人才素养的社会需求分析与培养模式探索［J］. 上海翻译（6）：53-62，94.

［167］张万防，2020. 双轮驱动下本科翻译专业实践教学的"5431"模式构建［J］. 黑龙江工业学院学报（综合版），20（1）：124-128.

［168］张文忠，2010. 国外依托项目的二语/外语教学研究三十年［J］. 中国外语，7（2）：68-74.

［169］张文忠，冯光武，2015. 关于英语专业设置创新能力培养课程模块之思考［J］. 外语与外语教学（3）：29-34.

［170］张志祥，2005. 国外德育发展趋势及我们的立足点［J］. 黑龙江高教研究（12）：52-55.

［171］赵璧，冯庆华，2019.《翻译专业本科教学指南》中的翻译技术：内涵、历程与落地［J］. 外语界（5）：14-20.

［172］赵朝永，冯庆华，2020.《翻译专业本科教学指南》中的翻译能力：内涵、要素与培养建议［J］. 外语界（3）：12-19.

［173］郑晨瑶，2021.《论语》中的全人教育传统［J］. 齐鲁师范学院学报，36（1）：49-55.

［174］郑石明，2016. 大数据驱动创新创业教育变革：理论与实践［J］. 清华大学教育研究，37（3）：65-73.

［175］钟启泉，2005. "研究性学习"的基本内涵［J］. 上海教育科研（2）：1.

［176］仲伟合，2011. 高等学校翻译专业本科教学要求［J］. 中国翻译（3）：20-24.

［177］仲伟合，2014. 我国翻译专业教育的问题与对策［J］. 中国翻译，35（4）：40-44.

［178］仲伟合，2016. 国内语言服务研究的现状、问题和未来［J］. 上海翻译（6）：1-6，93.

［179］仲伟合，2019. 改革开放40年我国翻译专业教育：成就、挑

战与发展［J］.中国翻译（1）：68-75.

［180］仲伟合，赵军峰，2015.翻译本科专业教学质量国家标准要点解读［J］.外语教学与研究（2）：289-296.

［181］周毅，李卓卓，2019.新文科建设的理路与设计［J］.中国大学教学（6）：52-59.

［182］周亚莉，周继霞，2021.混合式教学模式下课程思政教学实践探索：以笔译工作坊为例［J］.中国翻译（6）：54-60.

［183］朱斌谊，2008.基于网络的项目学习：英语教学可资借鉴的方式［J］.中国民航飞行学院学报（1）：55-58.

［184］朱慕菊，2002.走进新课程：与课程实施者对话［M］.北京：北京师范大学出版社.

［185］朱越峰，2022.标准化视角下的翻译专业实践类课程教学应用研究：以"会展翻译"课程为例［J］.现代英语（4）：49-52.

［186］ABRAMS Z，2002. Surfing to cross-cultural awareness：Using internet-mediated projects to explore cultural stereotypes［J］. Foreign Language Annals（2）：141-153.

［187］ACHARYA C，2003. Outcome-Based Education（OBE）：A new paradigm for learning［J］. CDT Link，7（3）：7-9.

［188］BECKETT G，2006. Beyond second language acquisition：Secondary school ESL teacher goals and actions for project-based instruction［A］//BECKETT, G., H. & PC MILLER（Eds.）. Project-Based Second and Foreign Language Education：Past，Present，and Future. Information Age Publishing Inc.：55-70.

［189］BECKETT G，SLATER T，2005. The project framework：A tool for language，content，and skills integration［J］. ELT Journal（2）：108-116.

［190］BEGLEY P T，STEFKOVICH J，2007. Integrating Values and Ethics into Post Secondary Teaching for Leadership Development：Principles，Concepts，and Strategies［J］. Journal of Educational Administration，45（4）：398-412.

［191］BILOVESKY, DJOVCOS, 2016. Teaching Translation and Interpreting in Slovakia: is there anything other than Levy and Popovic［J］. European Journal of Contemporary Education: 199-204.

［192］BRASSLER M, DETTMERS J, 2017. How to Enhance Interdisciplinary Competence—Interdisciplinary Problem-Based Learning versus Interdisciplinary Project-Based Learning［J］. Interdisciplinary Journal of Problem-based Learning（2）.

［193］BROWN J, 2001. The Elements of Language Curriculum: A Systematic Approach to Program Development［M］. Beijing: Foreign Language Teaching and Research Press: 35-37.

［194］BRUNDAGE D H, MACKERACHER D, 1980. Adult Learning Principles and Their Application to Programme Planning［M］. Ontario: OntarioInstitute for Studies in Education.

［195］CARTER G, THOMAS H, 1986. "Dear Brown Eyes": Experiential learning in a project-orientated approach［J］. ELT Journal（3）: 196-204.

［196］CATES K A, JACOBS G, 2006. Global issue projects in the English language classroom［A］//BECKETT, G., H. & PC Miller（Eds.）. Project-Based Second and Foreign Language Education: Past, Present, and Future. Information Age Publishing Inc.: 167-180.

［197］CASE R, 2006. Project work as a conduit for change in the newcomers classroom［A］// BECKETT, G., H. & PC MILLER（Eds.）. Project-Based Second and Foreign Language Education: Past, Present, and Future. Information Age Publishing Inc.: 123-141.

［198］DOOLY M, 2008. Understanding the many steps for effective collaborative language projects［J］. Language Learning Journal（1）: 65-78.

［199］DUDLEY E T, JOHN S, 1998. Developments in English for Specific Purposes: A Multi-Disciplinary Approach［M］. Cambridge: Cambridge University Press: 125.

[200] ELGAR A G, 2002. Student playwriting for language development [J]. ELT Journal (1): 22-28.

[201] EYRING J L, 1989. Teacher Experience and Student Responses in ESL Project Work Instruction: A Case Study [D]. Unpublished doctoral dissertation. University of California at Los Angeles.

[202] FRIEDBERG M, 1997. Literary Translation in Russia: A Cultural History [M]. Pennsylvania: The Pennsylvania State University Press.

[203] FRIED B D, 1982. Project work with advanced classes [J]. ELT Journal (2): 98-103.

[204] FRIED B D, 1986. Project work [M]. Oxford: Oxford University Press.

[205] GARDNER D, 1995. Student produced video documentary provides a real reason for using the target language [J]. Language Learning Journal (12): 54-56.

[206] GENTZLER E, 1993. Contemporary Translation Theories [M]. London: Clays Ltd.

[207] GILE D, 1995. Basic Concepts and Models for Interpreter and Translator Training [J]. Benjamins Translation Library.

[208] GOUADEC, DANIEL, 1991. Profession-Traducteur [M]. Paris: La maison du dictionnaire.

[209] GYN V, 1996. Reflective practice: The needs of professions and the promise of cooperative education [J]. Journal of Cooperative Education (31): 103-131.

[210] HENRY, 1994. Teaching through Projects [M]. London: Kogan Page.

[211] HILTON J U, 1988. Project-based learning for foreign students in an English-speaking environment [J]. ERIC Document Reproduction Service No. ED

301054.

［212］JOHNSON D W，JOHNSON R T，1999. Learning Together and Alone： Cooperative，Competitive，and Individualistic Learning（5th，ed）［M］. New Jersey：Prentice-Hall，Inc.

［213］JONATHAN，ROBERT，2015. Can Disciplinary Integration Promote Students' Lifelong Learning Attitudes and Skills in Project-Based Engineering Courses? ［J］. International Journal of Engineering Education（1B）：434-449.

［214］KAGAN S，1994. Cooperative Learning［M］. San Clemente：Kagan.

［215］KELLY D，2005. A Handbook for Translation Trainers：A Guide to Reflective Practice［M］. Manchester：St. Jerome.

［216］KIRALY D，2000. A Social Constructivist Approach to Translator Education：Empowerment from Theory to Practice［M］. Manchester，UK：St. Jerome Publishing.

［217］KOHONEN，et al.，2001. Experiential learning in foreign language education［M］. New Jersey：Pearson Education Limited.

［218］LARSON M L，1991. Translation：Theory and Practice，Tension and Interdependence［M］. Binghamton：State University of New York.

［219］LEWIS D G，et al.，2019. Opportunities for educational innovations in authentic project-based learning：understanding instructor perceived challenges to design for adoption［J］. Educational Technology Research and Development（4）：953-982.

［220］LITTLEWOOD D，1996. Freedom to Learn and Compulsion to Interact：Promoting Learner Autonomy through the Use of Information Systems and Information Technologies［J］. Taking control：autonomy in language learning，1：203-218.

［221］LITTLEWOOD W T，1996. Autonomy：an anatomy and a framework ［J］. System，24（4）：427-435.

［222］MINFORD J, 1997. Some thoughts on teaching translation［C］. Paper presented at the Conference on Translation Teaching. Hong Kong: Chinese University of Hong Kong.

［223］NEWMARK, 1988. A Textbook of Translation［M］. New York: Prentice-Hall.

［224］NIDA E, 1981. Translators are born not made［J］. The Bible Translator, 32（4）: 401-405.

［225］NUCCI L, 1987. Synthesis of research on moral development［J］. Educational Leadership, 44（5）: 86-92.

［226］NUNAN D, 1990. The Learner-centered Curriculum［M］. Cambridge: Cambridge University Press.

［227］LONSDALE A B, RODRIGUEZ M F, KENNEDY W O F, et al., 2003. Building a Translation Competence［M］// Triangulating Translation: Perspectives in Process Oriented Research. Amsterdam: John Benjamins: 43-66.

［228］PINTRICH P R, GROOT E V, 1990. Motivational and Self-Regulated Learning Components of Classroom Academic Performance［J］. Journal of Educational Psychology（82）: 33-40.

［229］POSNER G, 1980/1994. Course Design: A Guide to Curriculum Development for Teachers（4th ed.）［M］. London: Longman.

［230］PYM A, 2003. Redefining Translation Competence in an Electronic Age. In Defence of a Minimalist Approach［J］. Meta: 4.

［231］REVIERE R, BERKOWITZ S, CARTER C C, et al., 1996. Needs Assessment: A Creative and Practical Guide for Social Scientists［M］. Washington D.C.: Taylor & Francis.

［232］SCHAFFNER C, 2000. Running before walking? Designing a translation programme at undergraduate level［J］. Benjamins translation library（38）: 143-156.

［233］SLAVIN R E, 1995. Cooperative Learning: Theory, Research, and Practice (2nd ed.) ［M］. Boston: Allyn & Bacon.

［234］STOLLER F L, 1997. Project work: A means to promote language and content ［J］. English Teaching Forum (4): 2-37.

［235］TESSEMA K A, 2005. Stimulating Writing through Project-Based Tasks ［J］. English Teaching Forum (4): 22-28.

［236］TUDOR I, 1996. Learner-centeredness as Language Education ［M］. Cambridge: Cambridge University Press.

［237］TOURY G, 1995. Descriptive Translation and Beyond ［M］. Amsterdam: Benjamins.

［238］UMAMI I, GANI A, WASKITO T, 2019. Proposal of Character and Moral Education for Gifted Young Scientists in Indonesia ［J］. Journal for the Education of Gifted Young Scientists, 7 (2): 87-377.

［239］VIAGGIO S, 1994. Theory and professional development: or admonishing translators to be good ［M］// CAY D & ANNETTE L (Eds.). Teaching Translation and Interpreting 2: Insights, Aims, Visions. Amsterdam: John Benjamins: 97-105.

［240］WESSELS C, 1991. From improvisation to publication on an English through drama course ［J］. ELT Journal (3): 230-236.

［241］WIDDOWSON H G, 1981. English for Specific Purposes: Criteria for Course Design ［C］//SELINKER L, TARONE E, HANZEL V. English for Academic and Technical Purposes: Studies in honor of Louis Trimble. Rowley, MA: Newbury House: 1-11.

［242］WILLIAMS M, BURDEN R L, 1997. Psychology for Language Teachers: A Social Constructivist Approach ［M］. Cambridge: Cambridge University Press.

［243］ZIMMERMAN B J, 1989. Self-regulated learning and academic achievement: Theory, research, and practice ［M］. New York: Springer-Verlag.

［244］ZIMMERMAN B J, MARTINEZ P, 1990. Student differences in self-regulated learning: Relating grade, sex, and giftedness to self-efficacy and strategy use［J］. Journal of Educational Psychology（82）: 51-59.

［245］ZIMMERMAN B J, 1998. Academic studying and the development of personal skill: A self-regulatory perspective［J］. Educational Psychologist, 33（2/3）: 73-86.

［246］ZIMMERMAN B J, 2000a. Attaining self-regulation: A social cognitive perspective［M］//Handbook of self-regulation. Academic press: 13-39.

［247］ZIMMERMAN B J, 2000b. Self-efficacy: An essential motive to learn［J］. Contemporary Educational Psychology, 25: 82-91.

［248］ZIMMERMAN B J, 2002. Becoming a self-regulated learner: An overview［J］. Theory into Practice, 41（2）: 64-72.

［249］ZULKIFLI H, HASHIM R, 2020. Philosophy for Children（P4C）in Improving Critical Thinking in a Secondary Moral Education Class［J］. International Journal of Learning, Teaching and Educational Research, 19（2）: 29-45.

附　录

附录1　翻译专业学生就业现状、课程需求及满意度调查问卷

各位同学好：

　　我们正在做一项关于翻译专业学生就业现状、课程需求及满意度分析的调查，希望您如实填写这份问卷。您的回答将为翻译专业培养方案的修订提供重要的参考依据，对我们非常重要。答案不分对错，感谢您的配合与支持！

一、个人信息

1. 姓名：

2. 性别：A. 男　B. 女

3. 年级：A. 2014级　B. 2015级　C. 2016级

4. 电话：

5. 邮箱：

6. 生源所在地：_____省（自治区、市）_____市_____县（区）

7. 专业四级：A. 优秀　B. 良好　C. 一般　D. 及格　E. 不及格

8. 专业八级：A. 已通过　B. 未通过

9. CATTI 证书：A. 没有　B. 二级笔译　C. 三级笔译　D. 二级口译

　　　　　　　E. 三级口译

二、就业情况

1. 您目前所在单位名称：_____

2. 单位所在地：_____ 省（自治区、市）_____ 市 _____ 县（区）

3. 单位所在地区属于：

A. 直辖市　B. 省会城市　C. 沿海城市　D. 地级城市　E. 县级城市

F. 县级以下区域

G. 其他 _____（请填写）

4. 您所在的单位属于以下哪个行业：

A. 翻译（或语言服务）　　　　　B. 教育业　　C. 部队

D. 公共管理、社会保障和社会组织　E. 科学研究和技术服务业

F. 信息、软件和计算机服务业　　　G. 卫生和社会工作

H. 文化、体育和娱乐业　　　　　　I. 房地产

J. 其他 _____（请填写）

5. 您的工作中是否有与翻译实践相关的任务？

A. 有　B. 没有

6. 若您从事翻译，翻译的主要领域为：

A. 商务翻译　B. 旅游翻译　C. 工程翻译　D. 时政翻译　E. 新闻翻译

F. 文学翻译　G. 其他 _____（请填写）

7. 您所在单位的性质是：

A. 党政机关　　　　B. 国有企业　　　　C. 科研单位

D. 高等教育单位　　E. 初中级教育单位　F. 其他事业单位

G. 民营企业　　　　H. 外资（合资）企业　I. 部队

J. 其他 _____（请填写）

8.您落实就业单位的招聘信息来自：

A.校园招聘会　　　　　　　B.学校（含老师）提供的招聘信息

C.各类招聘网站信息　　　　D.社会人才市场招聘

E.报纸、杂志发布的招聘信息　F.亲朋好友介绍

G.其他 _____ （请填写）

9.您目前每月的薪酬是人民币（　　）。

A.2000元及以下　　B.2001—3000元　　C.3001—4000元

D.4001—5000元　　E.5001—6000元　　F.6001—8000元

G.8001—10000元　　H.10000元以上

10.您所学专业与工作岗位是否对口？

A.完全对口　B.比较对口　C.有点对口　D.不对口

11.您目前的工作单位是否落实"五险一金"或"六险一金"政策？

A.有"五险一金"　　　　　B."五险一金"不全

C.没有"五险一金"　　　　D.有"六险一金"

12.从知识和能力的角度来说，您认为自己能否胜任目前所从事的工作？

A.完全胜任　B.比较胜任　C.胜任　D.不太胜任　E.很难胜任

13.您对目前所从事的工作是否感到满意？

A.非常满意　B.比较满意　C.一般　D.不太满意　E.很不满意

14.您认为翻译专业的社会需求程度为：

A.很高　B.高　C.一般　D.低　E.很低

15.您目前落实的工作是否与期望相符？

A.很相符　B.相符　C.一般　D.不相符　E.很不相符

16.您入职后经历过几次晋升（包括显著的待遇提升等）？

A.从未晋升　B.一次　C.二次　D.三次　E.四次及以上

17.您是否获得过行业或单位内的奖励或荣誉？

A.国家级奖励或荣誉　　B.省级奖励或荣誉　　C.市级奖励或荣誉

D.区级奖励或荣誉　　　E.单位内部奖励或荣誉　F.无

18. 您入职后取得了哪些成果？

A. 专利　B. 论文　C. 著作　D. 其他 _____（请填写）　E. 无

三、课程需求

1. 您认为在就业中以下能力自己欠缺的程度为：

程度	非常欠缺	比较欠缺	一般欠缺	比较不欠缺	非常不欠缺
语言及文化的交际和语篇能力（传统意义上的口笔译技能和多语言信息处理能力）					
文化及跨文化能力（译者的跨文化交流意识和处理文化差异的能力）					
学科领域能力（对诸如科技、经贸、旅游、文学等具体学科领域的驾驭能力）					
职业及工具应用能力（职业规范、职业素养、项目经验、市场意识以及IT技能、本地化技能、术语管理、翻译技术与工具使用、排版印刷等多项技能）					
态度或精神心理能力（译者的职业道德操守、职业态度、翻译认知能力）					
人际能力（译者在翻译管理、项目外包或众包、团队合作、项目分配与实施等方面体现出来的组织、协调、管理能力）					
策略能力（翻译任务的分析和规划、翻译过程中策略的选择和运用、对翻译产品的检测和评价、对翻译反馈信息的处理等）					

2. 您认为以下课程开设的必要程度是：

程度	非常重要	比较重要	一般重要	比较不重要	非常不重要
英语技能类课程（听、说、读、写）					

续表

程度	非常重要	比较重要	一般重要	比较不重要	非常不重要
翻译理论类课程					
笔译技能类课程					
口译技能类课程					
科技文献写作课程					
现代汉语类课程					
古代汉语类课程					
中国文化类课程					
西方文化类课程					
跨文化交际课程					
语言学类课程					
英美文学类课程					
应用翻译类课程（如商务、新闻、旅游工程翻译等）					
文学翻译类课程					
术语翻译					
跨学科课程					
译作评析课程					
计算机辅助翻译课程					
翻译职业知识课程					
笔译实践					
口译实践					
专创融合课程（创新创业与翻译专业课程融合）					

续表

程度	非常重要	比较重要	一般重要	比较不重要	非常不重要
通识类课程（学校开设的公共必修课和选修课）					

四、评价（您对以下问题的满意程度）

程度	非常满意	比较满意	一般满意	比较不满意	非常不满意
现行课程内容					
课程先后顺序					
课程设置比例					
课程门数					
每学期的课程门数					
开设的专业选修课					
实践教学安排					
开设课程使用的教材					

请给翻译专业课程设置提建议，如可以增设或删掉哪些课程，哪些课程可以放在第几学期上，某类课程的所占比重等；还可以谈谈你收获最大或者收获最小的课程。

谢谢您的配合！

附录2 企事业单位翻译人才需求调查问卷

致各企事业单位相关人士：

为了培养能够满足社会需求的翻译人才，我们特别组织此次问卷调查，以期改进翻译专业人才的培养模式和方案。您的回答将为我们培养方案的修订提供重要的参考依据，敬请如实填写。我们郑重承诺：问卷调查数据会被妥善使用和保管，并只用于本次调研。感谢您的参与合作！

1. 贵单位/公司（名称）

2. 贵单位/公司翻译工作所涉及的专业领域是：（多选）

A. 外事外交类（政府公文、领导讲话致辞、地方简介、往来信函等）

B. 科技类（电子机械、医药化工、信息技术、能源环保等）

C. 经济类（金融、保险、经贸、招投标文件、旅游等）

D. 文教类（新闻、报纸、广告、杂志、教育、广播等）

E. 法律类（合同、法规条例、商标专利、行业标准等）

F. 文学类（小说、电影、诗歌、散文、戏剧等）

G. 实用类（各类应用文、函件、证件等）

H. 其他_____（请填写）

3. 贵单位/公司翻译岗位的设置包括：（多选）

A.（副）译审　　　B. 翻译（翻译助理）　　　C. 项目经理（助理）

D. 无专职翻译岗位　　E. 其他_____（请填写）

4. 贵单位/公司招聘翻译人员时，学历学位要求是：

A. 专科　B. 本科　C. 硕士研究生　D. 博士研究生

5.贵单位/公司在招聘人员时，对翻译人才的资格证书的要求是：（多选）

    A. 大学英语四级、六级证书

    B. 英语专业四级、八级证书

    C. CATTI 等翻译资格证书

    D. 其他外语证书

    E. 无要求

6.贵单位/公司在招聘人员时，对应聘人才以下素质能力的需求程度为：

程度	非常重要	比较重要	一般重要	比较不重要	非常不重要
实践能力					
工作态度					
职业道德					
良好心理素质					
良好身体素质					
技术能力（办公软件、各类翻译软件等使用的能力）					
人际沟通与团队合作能力					
逻辑分析能力					
问题解决能力					
多任务处理能力					
时间管理能力					
组织能力					
英汉双语理解运用转化能力					
术语翻译能力					
专业领域知识					
相关知识运用能力					

续表

程度	非常重要	比较重要	一般重要	比较不重要	非常不重要
学习能力（信息获取研究转化能力）					
思辨能力					
广博的双语文化知识					
服务能力					
创新能力					

7. 贵单位 / 公司对刚就业翻译专业毕业生的满意程度为：

A. 非常满意　B. 比较满意　C. 一般满意　D. 比较不满意　E. 不满意

8. 贵单位 / 公司对刚就业翻译专业毕业生以下方面的满意程度为：

程度	非常满意	比较满意	一般满意	比较不满意	非常不满意
工作态度					
职业道德					
良好心理素质					
良好身体素质					
技术能力（办公软件、各类翻译软件等使用的能力）					
人际沟通与团队合作能力					
逻辑分析能力					
问题解决能力					
多任务处理能力					
时间管理能力					
组织能力					
术语翻译能力					

续表

程度	非常满意	比较满意	一般满意	比较不满意	非常不满意
专业领域知识					
相关知识运用能力					
学习能力（信息获取研究转化能力）					
思辨能力					
广博的双语文化知识					
服务能力					

9. 贵单位/公司希望对翻译人员进行重点培训的内容是：（多选）

A. 双语能力

B. 翻译策略与实践

C. 翻译理论

D. 与翻译项目相关的行业知识

E. 翻译文件格式编辑（PPT，FLASH，PDF，WORD，EXCEL 等）

F. 翻译软件等其他内容

G. 其他_____（请填写）

10. 贵单位/公司对高校翻译人才培养工作有何具体建议？

谢谢您的配合！

附录 3　翻译专业培养方案修订——企业访谈提纲

1. 您认为语言服务行业（翻译行业）的发展趋势如何？
2. 您认为语言服务行业（翻译行业）的人才需求有哪些？
3. 贵单位/公司招聘时对本科翻译专业学生的岗位需求有哪些？
4. 贵单位/公司招聘时对翻译人员的学历要求是什么？
5. 贵单位/公司招聘时对翻译人员的资格证书要求是什么？您如何看待 CATTI 翻译资格证书？
6. 贵单位/公司招聘时比较看中翻译人员的哪些素质和能力？
7. 您认为刚毕业的本科翻译专业学生的素质及能力与市场需求是否相符？哪方面的能力比较欠缺或需要提高？
8. 贵单位/公司翻译相关岗位的发展空间和培训如何？
9. 您认为学生的实习如何进行更有效果？
10. 您认为校企协同如何实施效果更好？
11. 您认为我们应该在课程设置中增加哪些课程？或者应让学生增加哪些方面的学习？
12. 您认为在本科翻译人才培养中，个性化培养需求有哪些？
13. 您认为翻译专业本科课程如何与市场需求衔接？

附录4　翻译专业课程设置的学生需求调查问卷

同学，你好！

我们正在做一项关于英语翻译专业学生需求分析的调查，希望你填写这份问卷。你的回答将作为英语翻译专业培养方案修改的重要参考依据，对我们非常重要。问卷采用不记名形式，答案不分对错，感谢你的配合与支持！

性别：A. 男　B. 女

年级：A. 一年级　B. 二年级　C. 三年级　D. 四年级

英语专业四级水平：A. 优秀（90分以上）　B. 良好（80—89分）

　　　　　　　　　C. 一般（70—79分）　D. 及格（60—69分）

　　　　　　　　　E. 不及格（60分以下）

一、个人信息

1. 你选择英语翻译专业的目的是：

A. 直接从事翻译工作　B. 考研　C. 出国留学或移民

D. 考取翻译能力证书　E. 其他 ＿＿＿＿＿＿＿＿

2. 你的理想职业是：

A. 翻译　　　B. 教师　　　C. 外贸公司职员　　D. 文秘

E. 对外导游　F. 公务员　　G. 外交工作　　　　H. 金融工作

I. 科技工作　J. 其他 ＿＿＿＿＿＿＿＿＿＿

3. 如从事翻译，你希望是：

A. 商务翻译　B. 旅游翻译　C. 工程翻译　D. 时政翻译　E. 新闻翻译

F. 其他 ＿＿＿＿＿＿＿＿

4.如从事工程翻译，你希望是：

A.土木　　B.化工　　C.环工　　D.制药　　E.纺织

F.材料　　G.机械　　H.金融　　I.其他 _____

5.你对英语翻译专业的认识有多少？

A.非常了解　B.基本了解　C.说不清　D.很少了解　E.不了解

6.你现有的英语知识技能水平为：（请在相应的选项处画"√"）

程度	很差	差	一般	较高	很高
听力水平					
口语水平					
阅读水平					
写作水平					
笔译水平					
口译水平					

7.你是否参加过笔译实践？

A.是　B.否

8.你认同的英语翻译专业课程模块是：

A.英汉语言知识与技能＋翻译理论与技能＋跨文化能力

B.英汉语言知识与技能＋翻译理论与技能＋跨文化能力＋人文素养

C.英汉语言知识与技能＋翻译理论与技能＋职业翻译能力＋职业工具应用能力＋跨文化能力

D.英汉语言知识与技能＋翻译理论与技能＋职业翻译能力＋职业工具应用能力＋人文素养

E.英汉语言知识与技能＋翻译理论与技能＋职业翻译能力＋职业工具应用能力＋跨文化能力＋人文素养

二、课程需求

1. 你对以下知识、技能的需求程度为：（请在相应的选项处画"√"）

程度	没有	较小	一般	比较	非常
英语听力					
英语口语					
英语阅读					
英语写作					
中文阅读					
中文写作					
中文演讲					
辩论训练					
翻译软件使用					
人文知识					
跨文化交际知识					
跨学科知识					
翻译理论					
翻译职业知识					
笔译技能					
口译技能					
翻译项目管理					

2. 你最欠缺的能力是（请依据欠缺的程度，从最欠缺到最不欠缺将以下7项能力用相应的字母进行排序）：＿＿＿＿＿＿＿＿＿＿＿＿＿＿＿

A. 语言及文化的交际和语篇能力（传统意义上的口笔译技能和多语言信息处理能力）

B. 文化及跨文化能力（译者的跨文化交流意识和处理文化差异的能力）

C. 学科领域能力（对诸如科技、经贸、旅游、文学等具体学科领域的驾驭能力）

D. 职业及工具应用能力（职业规范、职业素养、项目经验、市场意识以及 IT 技能、本地化技能、术语管理、翻译技术与工具使用、排版印刷等多项技能）

E. 态度或精神心理能力（译者的职业道德操守、职业态度、翻译认知能力）

F. 人际能力（译者在翻译管理、项目外包或众包、团队合作、项目分配与实施等方面体现出来的组织、协调、管理能力）

G. 策略能力（翻译任务的分析和规划、翻译过程中策略的选择和运用、对翻译产品的检测和评价、对翻译反馈信息的处理等）

3. 你更倾向于学习：A. 笔译　B. 口译

4. 你更倾向于学习：A. 文学翻译　B. 非文学翻译

5. 你认为以下课程开设的必要性为：（请在相应的选项处画"√"）

必要性	没有	较小	一般	比较	非常
英语技能类课程（听、说、读、写）					
翻译理论类课程					
笔译技能类课程					
口译技能类课程					
科技文献写作课程					
现代汉语类课程					
古代汉语类课程					
中国文化类课程					
西方文化类课程					
跨文化交际课程					
语言学类课程					
英美文学类课程					

续表

必要性	没有	较小	一般	比较	非常
应用翻译类课程（如商务、新闻、旅游工程翻译等）					
文学翻译类课程					
术语翻译					
跨学科课程					
译作评析课程					
计算机辅助翻译课程					
翻译职业知识课程					
笔译实践课程					
口译实践课程					

三、评价

你对以下问题的满意程度为：（请在相应的选项处画"√"）

程度	不满意	不太满意	比较满意	满意	非常满意
现行课程内容					
课程先后顺序					
课程设置比例					
课程门数					

请从你的角度，给翻译专业或翻译方向的课程设置提建议，如可以增设或删掉哪些课程，哪些课程可以放在第几学期上，某类课程的所占比重等；还可以谈谈你收获最大或者收获最小的课程。

谢谢你的配合！

附录5　翻译专业个性化发展教育实践课程教学效果调查问卷

亲爱的同学：你好！

　　为了了解本次个性化发展教育实践情况，请你参与本次调查。你的答案无对错之分，也不计成绩，请认真地选出最符合自己实际情况的答案。你的回答将对改进我们的个性化发展教育实践、改善你们的学习效果、促进你们的全面发展提供有益的帮助。

　　衷心感谢你的支持和协助！

一、个人基本情况

1. 姓名：
2. 性别：A. 男　B. 女
3. 英语专业四级成绩：A. 优秀　B. 良好　C. 中等　D. 合格　E. 不合格
4. 项目类别：A. 故事类　B. 新闻类　C. 演讲类　D. 翻译实践类
　　　　　　　E. 语料类　F. 研究类
5. 本次个性化教育实践组织形式：A. 个人　B. 小组

二、评价

（一）语言水平的受益程度

1	2	3	4	5
没有	较小	一些	较大	很大

1. 我的阅读水平获得 _____ 提升。

2. 我的听力水平获得 _____ 提升。

3. 我的写作水平获得 _____ 提升。

4. 我的演讲水平获得 _____ 提升。

5. 我的翻译水平获得 _____ 提升。

6. 我的语音水平获得 _____ 提升。

（二）综合能力的收获情况

1	2	3	4	5
完全不赞同	不赞同	不确定	赞同	完全赞同

1. 我学会如何收集、获取所需信息。

2. 我知道如何选择所需信息。

3. 我学会运用相关软件分析处理信息和数据。

4. 我在逻辑论证方面没有得到改善。

5. 我在综合分析方面有了改善。

6. 我知道如何提出相关的研究问题。

7. 我学会运用相关理论或知识分析具体问题。

8. 我在学术内容表达方面取得了进步。

9. 我的创新能力得到了加强。

10. 我知道如何解决复杂问题。

11. 我能够较快地学习与本专业相关的其他学科的知识。

12. 此次实践项目激发了我的学习兴趣。

13. 我在学习上的自主性增强了。

14. 我知道如何抵抗压力。

15. 我有耐力完成具有挑战性的任务。

16. 我学会如何和团队成员进行有效的沟通交流。

17. 我知道如何和团队成员合作完成共同承担的任务。

18. 面对多项任务时，我不知道如何管理自己的情绪。

19. 我在做项目的过程中学会了解决复杂问题的方法。

20. 我的生态环保意识得到了加强。

21. 我掌握了一些生态环保话语表达方式。

22. 我拓宽了生态环保认知范围或广度。

23. 我对生态环保的认知深度不够。

24. 我认为此次项目实践会改变自己日常生活中不利于环保的行为。

25. 我在未来有意愿参加环保公益活动。

26. 我本次的个性化发展实践受益于以下课程：

    A. 语言学类课程   B. 文学类课程   C. 翻译类课程   D. 跨文化交际

    E. 综合英语   F. 汉语类课程   G. 英语写作   H. 英语阅读

    I. 英语听力   J. 英文演讲与辩论   K. 论文写作   L. 其他

27. 我在本次个性化发展实践中应用或学到的跨学科知识：

28. 我在本次个性化发展实践中还学会了其他技能：

（三）对本次个性化教育实践的评价

1	2	3	4	5
非常不满意	不满意	一般满意	比较满意	非常满意

1. 我对本次的生态环保主题感到 _____ 。

（请写出你感兴趣的其他 3 个实践主题）

_____

2. 我对此次个性化发展教育实践组织方式感到 _____ 。

3. 我对指导教师的指导感到 _____ 。

4. 我对本次个性化教育实践的整体评价为：A. 优秀   B. 良好   C. 一般   D. 较差   E. 很差

附录6 相关能力量表

一、研究能力评价表

等级	问题	应用	论证	评价	表达
强	问题明确，有研究价值	多渠道收集信息，信息充分；数据收集方法恰当、规范；灵活运用本学科知识和跨学科知识	论点明确；论据充分、规范；推理深刻、逻辑性强；有新的创意和想法	评价具体、客观、规范	正确、得体、流畅
较强	问题明确，比较有研究价值	多渠道收集信息，信息充分；数据收集方法恰当、规范；灵活运用本学科知识	论点明确；论据充分、规范；推理比较深刻、逻辑性较强；有新的创意和想法	评价具体、客观、比较规范	绝大部分正确、比较得体、流畅
中等	问题比较明确，具有一定的研究价值	多渠道收集信息，信息充分；数据收集方法单一，较规范；比较灵活地运用本学科知识	论点明确；论据比较充分、规范；推理有一定的深刻性和逻辑性；有较新的想法	评价比较具体、客观、规范	大部分正确；有个别表达不得体；比较流畅
较差	问题不太明确，研究价值不大	信息渠道有限，信息不充分；数据收集方法单一，不规范；机械运用本学科知识	论点不大明确；论据不够充分、规范；推理较为简单，逻辑性较差；基本上没有新的想法	评价比较泛泛、主观性较强、不规范	有明显的语法错误；用词不当；不够流畅

续表

等级	问题	应用	论证	评价	表达
差	问题不明确，基本没有研究价值	信息渠道有限，信息匮乏；数据收集方法单一、使用不恰当、不规范；没有运用本学科知识	论点不明确；论据不充分、规范；推理简单，逻辑性差；没有新的想法	评价不具体、主观性强、不规范	语法错误较多；多处表达不得体；明显不流畅

二、演讲评价表

评价维度	入门级	有待提高	能胜任	非常好
内容	演讲中没有提供与主题有关的信息	重要信息缺失，很少有细节论证支持	信息完整，有基本的论据支持，能在某种程度上帮助听众了解与主题相关的知识	信息充分，有细节论据支持，能够很好地帮助听众了解与主题相关的知识
思想与沟通	演讲没有清晰而全面地表达出主要观点，没有说服力	演讲显示出演讲者对主题只有部分理解。演讲者的主要观点不太清晰，缺少说服力	演讲显示出演讲者对主题有很好的理解，但有个别失误。演讲者的主要观点很有逻辑性，但说服力差	演讲传达出演讲者对主题有深入的理解。演讲者的主要观点很有逻辑性，有说服力
逻辑结构文法用词	没有吸引人的开场。演讲的主体结构不清晰，需要整理和增加细节论据。演讲者没有掌握与主题相关的关键词汇及短语	开场不清晰，未能引起听众的注意力。演讲的主体结构不清晰，细节论据有限。演讲收尾不清晰，未对主要的观点进行总结。演讲者语言使用单一	开场讲明目标，但未能抓住听众的注意力。演讲的主体结构清晰，并有部分细节论据。演讲收尾大部分主要观点做了基本总结。演讲者语言得体，有少量失误	开场生动，能吸引听众的注意力并给出清晰的目的。演讲的主题结构清晰、有逻辑，并有细节论据。演讲收尾对所有主要观点做了完整的总结。演讲者语言丰富、切合主题
展示	没有辅助演讲的展示材料	辅助演讲的展示材料没有加强听众对主题的理解，或者它们本身就容易令人迷惑	辅助演讲的展示材料与主题相关，但没有很好地整合到演讲过程中	辅助演讲的展示材料与主题紧密相关，听众收获很大

续表

评价维度	入门级	有待提高	能胜任	非常好
陈述	缺乏对语音语调的掌控,讲话不清晰。没有创意。演讲者明显紧张,对所讲主题没有兴趣。演讲者与观众没有目光交流。演讲者没有肢体语言和有意的表情流露	讲话有时不清晰,有犹豫。缺乏创意。演讲者对演讲主题不是很熟悉,显得紧张、不投入。演讲过程中偶尔与观众有目光交流。肢体语言和表情的使用有限,也不太得体	演讲吐字清晰,有个别失误,但不会影响整体发挥。在调动听众参与方面富有创意,但有些生硬。演讲者对演讲主题很熟悉,但有些紧张。演讲大部分过程中与观众有很好的目光交流。使用肢体语言和表情,但有时会显得做作	讲话有力,吐字清晰,易于听众理解。在调动听众参与方面富有创意。演讲者在演讲主题上显示出自信。演讲整个过程中与观众有很好的目光交流。通过肢体语言和表情,表达演讲者的活力和激情

(引自:巴克教育研究所,2007)

三、创造性思维能力评价表

评价维度	较高级别	中等级别	较低级别
独创性	对问题能够提出独特、新颖的观点和解决方法,且方法合理可行	对问题及解决方法能表现出一定独特的见解	不能对问题的解决方法提出独到的见解
深刻性	能够深刻地、细致地思考问题;观点的表达新颖、独特,深入浅出,易于对方的掌握及理解	思考问题比较深入细致;对问题的阐释比较全面、深刻	对问题的思考不够深入,流于表层;不能深刻细致地阐释复杂的问题
灵活性	能够发散思维,从多个不同角度思考或讨论同一个问题;能提出自己有独到建设性的观点	能从不同角度思考或讨论同一个问题;提出有一定建设性的观点	用惯常的方法思考或讨论同一个问题

四、口头展示评价表

评价指标	差	一般	好	很好
展示技巧： 得体地介绍自己 明确项目及其目标 感谢资源和导师 明确预期 对听众讲话时保持目光交流 讲话像平时会话时放松 声音足够大，让听众听到 使用标准英语，避免俚语等				
知识与应用技巧： 提供有价值和有深度的历史信息 展示高度的研究特征 展示高度的可理解性 提供必要的、完全正确的信息 清晰简洁地回答问题				
组织与问题解决能力： 展示是有组织的，且容易理解 产出过程有解释 对问题或解决方法提出深刻见解 促进对概念的理解 对问题做出逻辑性的结论 显示数据或信息 展示高水平的技术能力 整体质量高 展示艺术性和创造性				

五、短视频评价表

目标	一级指标	释义	权重	二级指标		"极好"/"极差"的释义	权重
中英双语的中华文化短视频综合评价	A1 解说文本	即中英文字幕，考察短视频的文案创作和中英文写作能力，侧重语言准确性	0.1957	B11	主题	鲜明突出/模糊杂乱	0.0438
				B12	结构	清晰/混乱	0.0364
				B13	词汇	准确多样/误用单调	0.0238
				B14	语法	正确/错误	0.0573
				B15	内容	深广/肤浅	0.0344
	A2 情绪感受	立足于课程思政的爱国立志教育目标，考察观众视角的情绪体验，间接衡量短视频的感染力	0.1742	B21	唤醒度	激动不已/昏昏欲睡	0.0357
				B22	效价	正性情绪/负性情绪	0.0168
				B23	认同感	认同中国/排斥中国	0.1217
	A3 英语配音	考察基于配音特点的英语口语表达能力	0.3196	B31	准确度	语句、语音语调标准纯正/有错误或中式发音	0.1318
				B32		流利/卡顿	0.1127
				B33		自然恰当/过快或过慢	0.0394
				B34		动听悦耳/刺耳	0.0357
	A4 媒体素材	考察多媒体素材（如文字、图片、动画、音视频）的编辑、运用和整合能力	0.2438	B41	多样性	多种媒介/单一媒介	0.0620
				B42	清晰度	高清/模糊	0.1151
				B43	配乐	协调、有感染力/失调、无感染力	0.0668
	A5 格式规范	考察短视频作业主题内容之外的格式规范性（如片头题目、制作人员信息、片尾素材链接等）	0.0667	B51	时长	符合要求/违反要求	0.0165
				B52	片头片尾	完备/缺失	0.0091
				B53	字幕	完备、美观/缺失、观看	0.0411

（引自：高照 等，2022）

六、研究类项目评价指标

项目类型	评价指标	释义	权重
研究类	A1 题目	恰当、简明、准确地反映论文的研究内容	20%
	A2 摘要	要包括论文的基本研究内容、研究方法、创造性成果及其理论与实际意义	
	A3 关键词	能覆盖论文主要内容的通用技术词条,按词条的外延层次从大到小排列	
	A4 绪论	要包括研究背景、研究目标、研究意义和价值	
	A5 研究综述	要包括文献研究的相关性、充足性、全面性、评价的客观性	60%
	A6 研究设计	科学设计研究问题、研究对象、研究方法	
	A7 数据收集	科学进行数据收集	
	A8 工具运用	研究工具运用合理得当	
	A9 结果讨论	研究结果可信、相关,分析讨论逻辑清晰、科学严谨	
	A10 研究结论	研究结论可信、正确	
	A11 语言表述	语言表达的规范性、正确性、连贯性	20%
	A12 学术规范	引文出处、参考文献、图标等符合学术规范	

附录 7 翻译专业学生创新创业能力调查问卷

亲爱的同学们：

  本调查面向翻译专业学生，目的是提高创新创业教育质量。调查题目无对错好坏，请您根据自己的实际情况作答，在每个题目后相应的选项处画"√"。您的如实作答，对我们极其重要，谢谢您的支持！

一、基本信息

1. 学校名称：A. 河北师范大学　　B. 燕山大学　　C. 河北科技大学
      D. 河北外国语学院　　E. 河北科技大学理工学院
      F. 廊坊师范学院　　G. 邯郸学院

2. 所在年级：A. 大一　B. 大二　C. 大三　D. 大四

3. 性别：A. 女　B. 男

4. 是否参加过大学生创新创业大赛？ A. 是　B. 否
 共参加了几次？ A. 1 次　B. 2 次　C. 3 次及以上
 参赛的级别：A. 校级　B. 省级　C. 国家级

5. 是否参加过大学生互联网+大赛？ A. 是　B. 否
 共参加了几次？ A. 1 次　B. 2 次　C. 3 次及以上
 获奖的级别：A. 校级一等奖　　B. 校级二等奖　　C. 校级三等奖
      D. 省级一等奖　　E. 省级二等奖　　F. 省级三等奖
      G. 国家级一等奖　　H. 国家级二等奖　　I. 国家级三等奖

6. 指导教师起到多大作用？ A. 非常大　B. 比较大　C. 一般
          D. 比较小　E. 非常小

二、评价

序号	题项	非常符合	比较符合	难以确定	比较不符合	非常不符合
1	我能客观地评价自己					
2	对于认定的事，我往往能坚持到底					
3	我清楚自己的优缺点					
4	我能控制好自己的情绪					
5	我对自己很了解					
6	我总是相信自己的选择					
7	我能较好地调节自己的负面情绪					
8	我大学期间的学习成绩良好					
9	我很少意气用事					
10	我对自己做的事很有把握					
11	我对创新创业活动很感兴趣					
12	我很想通过创业实现自我价值					
13	我愿意为创新创业投入全部精力					
14	我熟练掌握了所学专业的知识技能					
15	我的知识面较广					
16	我是一个果断的人					
17	我从不瞻前顾后					
18	我善于理解别人的感受					
19	共同完成任务时，我往往能够考虑他人意见					
20	我善于激励团队成员攻坚克难					
21	我善于与人合作					

续表

序号	题项	非常符合	比较符合	难以确定	比较不符合	非常不符合
22	我能较好地与人沟通					
23	我善于安排恰当的人去做恰当的工作					
24	出现危机时，我能沉着应对					
25	我善于结交新朋友					
26	我喜欢与人交流					
27	我知道如何充分发挥团队成员的优长					
28	我能很快与人熟悉起来					
29	我有较好的危机处理能力					
30	我能够处理好团队成员之间的矛盾冲突					
31	如果创业，我能准确了解客户需求					
32	如果创业，我有能力管理好创业企业的资金					
33	在别人眼里，我是一个很有影响力的人					
34	如果创业，我相信自己可以有效应对风险					
35	我常在团队中扮演领导者的角色					
36	我善于将危机转化为机会					
37	我具备将产品或服务推向市场的能力					
38	我能够积极主动地去做该做的事					
39	我总是对周围事物充满好奇心					
40	我想象力丰富					
41	我很注重积累和拓展个人或组织发展所需的各种资源					

续表

序号	题项	非常符合	比较符合	难以确定	比较不符合	非常不符合
42	我能解决好学习、工作或生活中遇到的难题					
43	我常常能提出一些新点子、好创意					
44	我常常会把好的想法及时地付诸实践					
45	我擅长利用身边的各种资源					
46	我喜欢突破常规、推陈出新					
47	我有充足的与职业发展相关的社会资源					
48	我善于对工作进行统筹规划					
49	我具备较强的英汉互译能力					
50	我熟悉至少1个其他领域的专业知识（如经济、政治、历史、法律、计算机、金融等）					
51	我熟练掌握翻译基础知识					
52	我拥有比较丰富的百科知识（生活、历史、地理、网络、音乐、科普、旅游知识等）					
53	我拥有比较丰富的话题知识（如女性休产假的利弊、自然资源减少的原因和解决办法、网络交易的个人及社会影响等）					
54	我会应用1—2种翻译软件					
55	我熟练掌握基本的翻译技术（搜索、术语、记忆库、机器翻译等）					
56	我会在翻译实践中恰当运用翻译策略					

附录8　依托项目的个性化发展教育实践方案

党的十八大以来，我国不断推出促进文化"走出去"的政策，其中《关于进一步加强和改进中华文化走出去工作的指导意见》《关于加快发展对外文化贸易的意见》《关于加强"一带一路"软力量建设的指导意见》等文件先后印发，统筹对外文化交流、文化传播和文化贸易，努力讲好中国故事、传播好中国声音，推进文化"走出去"的力度空前加大。党的十九届六中全会通过的《中共中央关于党的百年奋斗重大成就和历史经验的决议》中提出："加快国际传播能力建设，向世界讲好中国故事、中国共产党故事，传播好中国声音，促进人类文明交流互鉴，国家文化软实力、中华文化影响力明显提升。"在中华民族伟大复兴这一战略全局和世界百年未有之大变局的大背景下，外语人才，特别是翻译专业人才担当着中国与世界跨文化交际与沟通的重要桥梁作用，即向世界讲述中国故事，传播中国声音，增强中国对外话语传播能力。

外语教育的本质诉求在于实现从语言学习到文化对话的跨越，实现双向传输的跨文化交际。在课程思政建设引领下，翻译专业依托项目的个性化发展实践旨在促进外语课程的整体教育观做出完善和改进，即在语言知识传授和思维能力培养的基础之上，将价值塑造作为重要的一个环节融入外语整体教育，形成从知识获得、思维发展到价值塑造，最终实现立德树人的整体教育目标——从语言学习与文化自信相融合的角度，聚焦中国生态话语、中国传统文化和红色革命文化等，培养学生用外语表达中国传统文化和当代价值观念的能力，在此过程中逐步涵养学生的国际视野和家国情怀，提升学生对社会主义核心价值观的认同感，达成立德树人的教育任务。

为促进个性化发展实践教育目标和课程思政德育目标的共同达成，制定本方案，主要是针对当前学生个性化学习的需求，并结合翻译专业学习内容与特点，既面向学生的个性化发展，又面向学生在"知识、能力、素质"的全面发展。

一、实践类别

（一）语言运用项目

面向学生的语言综合运用能力、跨学科知识运用能力、问题解决能力、思辨能力和创新能力，突出语言输出能力，分为说、写、译型项目。成果形式为视频、音频、书面资料等。

（二）学术研究项目

面向学生的专业知识运用能力、思辨能力、研究能力和创新能力，分为调查研究、个案研究、专题研究、文献研究等。成果形式为书面研究报告、口头学术报告与研究论文。

（三）综合实践项目

面向学生的跨学科知识运用能力、问题解决能力与创新能力。成果形式为项目作品，可以是书面故事集、英文报纸、英文短视频、语料库、公众号等。

二、过程安排

（一）第1周：项目实施总动员

根据学生的个人兴趣、能力和发展需求采取自由式和指导性的方针，确定学生活动小组的人员构成，配备个体指导教师和指导教师小组；寻求各方支持，开展项目相关领域的导入性讲座和辅导；确立项目计划，准备项目所需的文献和相关材料。

（二）第2—5周：项目实施

（1）采取活动项目校内和校外结合开展的方式，以学生为行动主体开展各项活动；

（2）教师需及时参与，并定期给予辅导；

（3）学生定期向指导教师汇报行动进展情况；

（4）教师和学生对计划实施的各阶段进行评估。

（三）第6周：项目活动总结

（1）项目成果展示汇报；

（2）实施自评、互评和教师评价；

（3）反思整改；

（4）公开展示优秀成果。

项目实施的具体步骤如附图8.1所示。

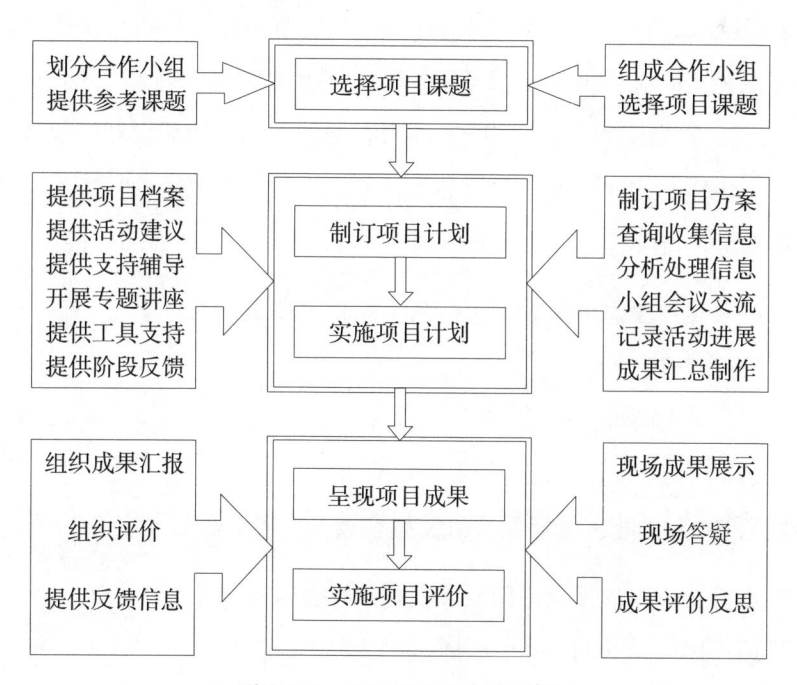

```
划分合作小组              组成合作小组
提供参考课题  →  选择项目课题  ←  选择项目课题
                      ↓
提供项目档案                         制订项目方案
提供活动建议      制订项目计划       查询收集信息
提供支持辅导  →        ↓        ←  分析处理信息
开展专题讲座      实施项目计划       小组会议交流
提供工具支持                         记录活动进展
提供阶段反馈                         成果汇总制作
                      ↓
组织成果汇报                         现场成果展示
                  呈现项目成果
组织评价      →        ↓        ←  现场答疑
                  实施项目评价
提供反馈信息                         成果评价反思
```

附图8.1 项目实施的具体步骤

（四）评估形式

采取学生自评、学生互评、指导教师评价、专家评价相结合的方法，对项目实施过程、项目成果质量，按照过程评价（20%）+最终成果（60%）+个性化发展实践教育总结（20%）的比例进行评价，以确保评价结果的科学性、全面性、公正性和准确性。

（五）2021—2022年第2学期个性化发展教育实践内容

"讲好中国故事"是自塑国家形象、提升中国国际话语权的重要传播策略。本次个性化发展教育实践以"讲好中国故事"为宗旨，聚焦"生态环保"题材。"生态环保"题材是国际社会中重要的公共话题，也是国际媒体最关注的内容之一，其本身所带有的人文关怀是其能够跨越文化差异的根本。与其他类型的题材相比，"生态环保"题材还能够摒弃意识形态上的分歧，为人类的共同发展而凝聚力量，最直观体现"人类命运共同体"，具有独特优势。因此，其跨文化传播的渗透力也极强。本次个性化发展教育实践旨在让学生参与讲好中国生态环保故事，传播中国声音，从生态环保视角向世界传递一个可爱、可亲、生动立体的中国，同时培养学生的生态环保意识并践行于实践，助力我国的生态文明建设和中国特色对外生态话语体系构建。具体项目类型包括以下六种（每个项目类型下的主题仅供参考，也可选择其他相关主题）。

1. 故事类：生态环保故事短视频（视频+中英文文本）

时长：5—10分钟。

语言：英文解说；中英文字幕。

主题1：我的环保故事（如绿色出行等）。

主题2：我的小区的环保故事（如垃圾分类等）。

2. 新闻类：新闻报道（图文或视频+中英文文本）

时长：10—20分钟；4个版面。

语言：英文解说；中英文字幕；中英文图文。

主题 1：绿色低碳发展——碳达峰、碳中和。

主题 2："一带一路"绿色发展伙伴关系倡议。

3. 演讲类：英文演讲、会议发言（音频、视频＋演讲稿）

时长：15 分钟。

语言：英文发言；中英文字幕。

主题 1：面对人与自然关系紧张所引发的气候变化、生物多样性丧失等全球性生态危机、环境危机和资源危机，增强国际社会共同应对气候变化问题的信心。

主题 2：团结合作是构建人与自然生命共同体的必由之路。

主题 3：中国坚定践行多边主义，努力推动构建公平合理、合作共赢的全球环境治理体系。

4. 翻译实践类：生态话语翻译（汉译英）

字数：不少于 6000 字。

语言：汉、英。

主题 1：碳中和、碳达峰。

主题 2：生态治理。

5. 语料库类：生态环保语料收集、整理（小型语料库＋原始文本）

语料类型 1：官方。

语料类型 2：学术。

语料类型 3：大众。

6. 研究类：专题研究、综述研究（汉语书面）

字数：5000—8000 字。

主题 1：生态话语。

主题 2：国家形象。